Dicknischl
Erzgebirgsleute von damals und heute

Eveline, Laura und Marco gewidmet –
sowie meiner Heimatstadt Annaberg-Buchholz.

Gotthard B. Schicker

Dicknischl

Erzgebirgsleute von damals und heute

🌲 Druck- und Verlagsgesellschaft Marienberg mbH

Inhalt

Seiffner Dicknischl
Beobachtungen bei den erzgebirgischen (Stehauf)-Mannlmachern   9

Denunziation im alten Annaberg
Protestantischer Dicknischl Adam Ries auf der „Schwarzen Liste" der katholischen Kirche   15

Hans Hesse oder Hannß Heße
Aus der Kriminalgeschichte eines Renaissance-Dicknischls (1465?–1540?)   19

Sexus Annabergensis
Charitas Zeumer(in) und Pfarrer Lehmann – zwei Dicknischl der besonderen Art
und die zwiespältige erzgebirgische Toleranz   25

Kinderfreund
Christian Felix Weiße (1726–1804) aus Annaberg – Lessings Literaturgefährte   29

Grafitti royal
Wilhelm Walther (1826–1913) – der Fürstenzugmaler   35

Der Mann aus Ardistan
Das Erzgebirge in der Biographie und dem Werk von Karl May (1842–1912)   39

Nietzsches liebster Gast
Die drei Leben des unverstandenen Erzgebirgers
Heinrich Köselitz – alias Peter Gast (1854–1918) aus Annaberg   45

Münchner Romantiker
Rudolf Köselitz (1861–1948) Maler der Erzgebirgsheimat   63

Annabergs erster Egmont
Eduard von Winterstein (1871–1961) – ein Nestor der deutschen Schauspielkunst am Stadttheater   67

Wo das Publikum nach Seife riecht
Der Schriftsteller Joseph Roth (1894–1939) besucht das Annaberger Theater   75

Reitzenhainer Mannl
Georg Schuffenhauer (1881–1953) – der „Nostradamus des Erzgebirges"   79

Die Lorenzianer
Gemeinschaft in Christo Jesu – Ein Erzgebirgsmythos   83

Bruderherzen
„Dicknischl" der besonderen Art – Freimaurer der Annaberger Johannisloge   95

Die „Todsünde" des Anton Günther
Einige Bemerkungen zum Suizid des bekanntesten Liedermachers des Erzgebirges nebst eines
persönlichen Briefes an den dichtenden und singenden „Dicknischl" Tolerhans Tonl (1876–1937)   105

Primadonna aus Schwarzenberg
Über die weltberühmte Sängerin Elisabeth Rethberg – die „Erzgebirgische Nachtigall"   117

Das verkannte Genie
Fremde und persönliche Erinnerungen an einen verkannten Narren – den Oberdicknischl
und Heimatdichter Arthur Schramm (1895–1994) aus Annaberg 123

Lehrer der „alten Schule"
Hugo Vogel (1906–1996) – Generationen kannten, fürchteten und liebten das Konstrukt
aus strengem Pädagogen und väterlichem Freund 137

Grande Dame des Annaberger Theaters
Erinnerungen an die Sängerin Lotte Buschan (1917–1994) 145

Sprachblätter
Porträt des Künstlers, Wissenschaftlers und Kommunisten
Carlfriedrich Claus (1930–1998) aus Annaberg 151

Eine Verwurzelte
Martha Weber (1904–1998) und ihre Gedichte 157

„Harmonie" und „Dumme Sau"
Über paar Buchholzer „Dicknischl" von damals und heute, ihre einst schöne Stadt und ihre „Hymnen" 161

Tannhäuser
Erinnerungen eines Dicknischls an eben solche im Annaberger Männer-Chor 173

Die Posamenten-Lady
Vorlaute Betrachtungen über meine Schulfreundin Doris Seifert (Burkert) 177

Zum Neinerlaa
Über den gastronomischen Buschmann-Dicknischl 181

Weltraum in Holz
Annäherungen an den Bildhauer und Weltreisenden Dietmar Lang aus Frohnau 185

Alte Wurzeln – neie Triebe
Über die Erzgebirgs-Gruppe „Wind, Sand und Sterne" 191

Lyrische Dicknischl
Kurzporträts erzgebirgischer Dichter und Dichterinnen aus Annaberg und Umgebung 195

Dicknischl anonymicus
Oh, Arzgebirg! – Schramm oder nicht Schramm? 209

Über den Autor 212
Bildnachweis 213
Literaturnachweis 214

Dicknischl

Erzgebirgsleute von damals und heute

Im Erzgebirge ist das Wort „Dicknischl" kein Schimpfwort. Man könnte fast behaupten, dass es den Rang der „Gutgusch" (Feinschmecker) oder der „Sperrgusch" (Neugieriger) eingenommen hat. Als Dicknischl (also Dickschädel, Dickköpfe, Starrköpfe) werden hier oben Leute bezeichnet, die sich zeitlebens in irgendeiner Weise gegen persönliches, politisches oder soziales Ungemach durchgesetzt haben. Und dass es solche Menschen zu allen Zeiten gab, sollen die folgenden Porträts, Geschichten und Aufsätze belegen.

Ob es sich dabei um den Rechenmeister Adam Ries handelt, der sich gegen die katholischen „informellen Mitarbeiter" aus Annaberg verteidigen musste, nur weil er im protestantischen Buchholz den Gottesdienst besuchte, oder sich das Erzgebirgs-Original Arthur Schramm gegen Lausbuben auf der Straße und gegen zwei Diktaturen geltungshungrig durchsetzen musste – beide waren sie Dicknischl in ihrer Zeit. So auch der Liedermacher Anton Günther, der Nietzsche-Intimus, Musiker und Heimatdichter Heinrich Köselitz alias Peter Gast, der Kinderfreund Felix Weiße, der fabulierende Völkerfreund Karl May, der Annaberger Philosoph und Graphiker Carlfriedrich Claus oder der Pädagoge Hugo Vogel. Auch die Freimaurer und die „Lorenzianer", genau so wie die Folk-Gruppe „Wind, Sand und Sterne" müssen in gewisser Weise Dicknischl gewesen sein, um den Angriffen anderer sowie den Zeitumständen widerstehen zu können.

Durchgesetzt haben sich auch solche Menschen aus dem Erzgebirge, die man kaum noch kennt oder von denen wenig bekannt geworden ist. Zu ihnen gehören u.a. die Sängerinnen Lotte Buschan und Elisabeth Rethberg, die Unternehmerin Doris Seifert, der Gastronom Karl-Heinz Buschmann oder der Holzbildhauer Dietmar Lang. Und was haben die Nicht-Erzgebirger wie der Schauspieler Eduard von Winterstein oder der Schriftsteller Joseph Roth in diesem Buch zu suchen, wird man fragen? Nun, der eine war der erste Egmont am Annaberger Theater als dieses vor über 100 Jahren eröffnet wurde und seinen Aufenthalt hier in seinen Erinnerungen als die schönste Zeit seines Lebens bezeichnete. Und der andere hat – neben einer sozialkritisch formulierten Sicht auf die erzgebirgischen Weber – eine gelungene Innenansicht von einer Aufführung des alten Stadttheaters geliefert. Beide haben also nicht nur über hiesige Dicknischl berichtet, es waren auch selber welche.

Sie alle, und noch viele Dicknischl mehr, zu denen sich der Autor dieses Buches in aller Bescheidenheit auch gerne selbst zählen möchte, sollen hier als Beispiel stehen für Unerschrockenheit, Durchsetzungskraft und Mut – auch in schweren Zeiten. Dabei geht es nicht in erster Linie um die Wiedergabe der bekannten biographischen Daten, sondern vielmehr auch um tiefere Einsichten in die Lebensumstände sowie die psychische Struktur jener starken Charaktere an Hand von umfangreichem und teilweise erstmalig verwertetem Faktenmaterial.

Zu den vielen namhaften Dicknischln von einst gehören aber auch die zahlreichen Namenlosen, wie z.B. die gebeutelten Männelmacher unserer Tage aus dem Erzgebirgsort Seiffen, die man auch als Stehauf-Mannln bezeichnen könnte und denen die erste Geschichte gewidmet sein soll:

Seiffner Dicknischl

Beobachtungen bei den erzgebirgischen (Stehauf)-Mannlmachern

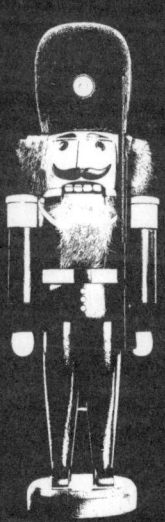

Die Schweizer Alpenländler behaupten von sich, dass sich Weihnachten bei ihnen in den Bergen mit keinem anderen Fest auf dieser Welt vergleichen kann. Mit andächtig verklärten Augen schwärmen die Österreicher von den alten Weihnachtsliedern, wie sie zur Advent- und Weihnachtszeit von den Salzburger Kirchtürmen geblasen werden. Und die Deutschen meinen, ihre Weihnachtsmärkte seien die innigsten in ganz Europa. Dass mit Deutschland dabei hauptsächlich der Freistaat Bayern gemeint sein kann, wird einem schlagartig gewiss, wenn man dem Berliner Weihnachtsmarktrummel mit heiler Haut entfliehen konnte. Das jedenfalls war die gängige Auffassung vor etlichen Jahren.

Zu einer Zeit, als es im Westen Deutschlands schon längst die nichtentflammbare synthetische Fichte zum Zusammenklappen mit dem Tannenduft aus der Spraydose gab, während die rückständigen, aber umweltbewussten Ostdeutschen, sich ihren Weihnachtsbaum noch immer heimlich aus dem Wald schlagen oder von einem der Märkte für einen Spottpreis erstehen mussten. Auch die täuschend echt aussehenden, fernöstlichen Imitationen der traditionsreichen erzgebirgischen Weihnachtsfiguren, wie etwa Nussknacker, Räuchermann und Pyramide, wie sie heute so preiswert in jedem Supermarkt, gleich neben den pflegeleichten Weihnachtsbäumen, zuhauf aufgetürmt sind, waren für den Vorwende-Erzgebirger unerreichbar. Er musste sich mit den profanen geschnitzten oder gedrechselten Holzfiguren aus der gleichgeschalteten heimatlichen Staatsproduktion das Weihnachtsfest versauern lassen.

Damit war nun endlich Schluss! Schließlich ist man auch hier oben hinter den Bergen für die Freiheit des nicht nadelnden Weihnachtsbaumes mit brennenden Kerzen (übrigens damals noch echten) auf die Straße gegangen. Aber auch diese Zeit liegt schon wieder ein paar Jährchen zurück und die einst demonstrierenden oder sich stets anschmiegenden Dicknischl aus dem deutschen Weihnachtsland – so nennt man das Erzgebirge nämlich seit alters her – haben von ihrer Reisefreiheit weidlich Gebrauch gemacht. In hellen, heiteren Scharen sind sie in vollgepferchten Bussen alljährlich, insbesondere zur Weihnachtszeit, in ihre zukünftige Vergangenheit gereist: nach Nürnberg, München, Salzburg, Wien und an andere Plätze dieser gemütlichen europäischen Ecken, um weihnachtliche Atmosphäre zu schnuppern. Schnupperreisen nennen das dann auch die nimmermüden Unternehmen mit ihren Billigangeboten. Zur großen Überraschung fanden die Gebirgler auf den dortigen Weihnachtsmärkten unter echten Tannen und Fichten auch kleine Buden aus Holz, in denen – und jetzt kommt das Unglaubliche – ihre Räuchermänner, Engel und Bergmänner, die Pyramiden und Schwibbögen, all die Nussknacker und Engelkapellen für gepfefferte Preise angeboten wurden.

Die Männelmacher aus Seiffen, jenem Ort im Erzgebirge, in dem seit über 120 Jahren Holzfiguren hergestellt werden, verstanden die Welt nicht mehr. Sie bestaunten ihre Produkte und konnten es gar nicht fassen, als eine zobelpelzbemantelte Dame ihrem gamsbartbestückten Goldrandbrillenträger mit ihrem niedlichen bayerischen Akzent kaum dazu überreden brauchte, für ihr geräumiges Wohnzimmer eine der den venezianischen Lüstern nachempfundene Holzspinne aus dem Erzgebirge für schlappe 400 Mark zu kaufen. Einer der fassungslosen Schnitzer konnte es sich nicht verkneifen, mit seinen schwieligen Händen einem der zierlichen Engeln heimlich unter den Rock zu schauen, dorthin, wo für gewöhnlich Made in China eingebrannt steht. Mit strahlenden, aber doch etwas skeptischen Blicken konnte er seiner Frau in nahezu tränensticktem Hochdeutsch – was einem von dort oben nun wahrlich nicht leicht fällt – vorlesen: „Erzgebirgische Volkskunst Seiffen". Von nun an ging alles ganz schnell: Die Rückfahrt wurde dazu genutzt, um sich zunächst in deftiger

Albert Fürchtner (1844–1923) *Richard Langer (1887–1957)*

erzgebirgischer Mundart gegenseitig seine Beschränktheit, Dämlichkeit, ja sogar Blödheit vorzuwerfen. Da hatte man nun geglaubt, dass sich mit den neuen Verhältnissen auch das Verhalten der Leute über Nacht ändern würde, und so mancher hat unter dieser irrigen Annahme seine Holzbude resigniert – aber wie man heute weiß – voreilig geschlossen.

Daheim im alten Männl-Ort angekommen, ging man wieder an die seit Urväterzeiten gewohnte Arbeit. Man legte Holz, Geld und Ideen zusammen, bildete ein genossenschaftliches Produktionskollektiv, das Tag und Nacht werkelte, denn die geschenkefreudige Weihnachtszeit stand schließlich vor der Tür. Überall rauchten die Schornsteine, die Drehmaschinen surrten und das Schnitzmesser kam kaum noch zur Ruhe. Die ganze Familie wurde mit eingespannt: die Jungs mussten kleistern, die Mädchen bemalen und Mutter saß schon in der Ecke und rechnete den zukünftigen Gewinn zusammen. Die Großmutter erinnerte sich an die früheren Hutzenabende, bei denen die Menschen in den Stuben zusammenrückten, sich alte Geschichten erzählten und Lieder sangen, bevor jene Zeit kam, in der die Leute an einer merkwürdigen inneren Unterkühlung litten, die nun wieder einer Erwärmung zu weichen schien. Man ging auf die Weihnachtsmärkte bis hinauf an Sachsens Grenze und hinunter in die Alpengegenden. Selbst im hohen Norden und im nicht allzu fernen Osten waren die Figuren aus dem Erzgebirge wieder begehrt. Und in Seiffen sowie in anderen Orten dieser von Arbeitslosigkeit gebeutelten Region zog wieder ein erträglicher Frieden ein. Ein Weihnachtsfrieden gar? Schön wäre es gewesen.

Aber wie meint doch das Sprichwort: „Es kann der Liebste nicht in Frieden leben, wenn es dem bösen Nachbarn nicht gefällt!" Ob es nun ein Feuerteufel aus der Nachbarschaft war, oder „nur" die Fahrlässigkeit eines Handwerkers, der bei Reparaturarbeiten an der Männel-werkstatt die Sicherheitsvorschriften vergaß, ist für das traurige Ergebnis kaum von Belang. Kurz vor Weihnachten stand plötzlich die „Werkstatt des Christkindels" in hellen Flammen und all die wundervollen Sachen aus Holz waren in nur wenigen Minuten Feuer, Rauch und Asche. Selbst die Tränen der Umstehenden reichten in dieser Nacht nicht aus, den gewalti-gen Brand zu löschen. Es kam der Tag und das Werk der Vernichtung lag in seinem ganzen

Kirche in Seiffen

Ausmaß vor dem kleinen arbeitsamen Spielzeugdorf. „Doch wenn die Not am größten...", – diese Erkenntnis hat die Erzgebirger von jeher nicht verlassen und so dauerte es gar nicht lang bis aus den Häusern, Hütten sowie den kleinen und großen Lagern des ganzen Ortes die unversehrten Weihnachtsfiguren zusammengetragen wurden, um den Männelmachern zu helfen, die es am ärgsten getroffen hatte. Man gab ihnen quasi Startkapital, damit es auch für deren Familien ein Weihnachtsfest werden möge, wie es hier oben seit alters her Brauch ist: bescheiden, familiär und in heiterer Besinnlichkeit.

„Es ist wieder Weihnacht im Erzgebirge" – raunt man sich heutzutage selbst außerhalb der Grenzen Deutschlands zu. Und das will auf etwas ganz Besonderes hindeuten. Auf einen Landstrich, in dem die Menschen zur Weihnachtszeit ihre Fenster mit Lichtern schmücken, wie sonst nirgendwo auf der Welt. Auf eine Gegend, in der man sich zu Hause fühlen kann, auch dann, wenn man aus der fremdesten Fremde kommt. Ziemlich schnell versteht man

Weihnachtsfiguren aus der Werkstatt Fürchtner

dann, was mit diesem seltsamen erzgebirgischen Lauten „Dr ham, is dr ham!", jener hochdeutschen Feststellung „Daheim ist daheim!", wirklich gemeint ist: Um die sechste Stunde läuten in den Dörfern und Kleinstädten die Kirchenglocken. Das ist die Zeit, wo das so genannte „Neinerlaa" (Neunerlei) – ein aus neun Speisen bestehendes einfaches Mahl – auf den Heilig-Abend-Tisch kommt, auf dem ein extra Teller „für den Fremden Gast" gestellt wird, wie es der hier oben noch heute praktizierte Ritus verlangt. Selbstverständlich hat unter der Tischdecke etwas Stroh zu liegen und unter den Tellern kleine Münzen, beides um die Mächte der Weihnacht darauf aufmerksam zu machen, dass auch im kommenden Jahr immer genügend Kleingeld im Haus sein möge. Die Kinder können die Bescherung kaum erwarten, die meistens noch vor der Mitternachtsmetten erfolgt, um nicht, wie in anderen Gegenden, die lieben Kleinen noch bis zum ersten Weihnachtsfeiertag auf die Geschenke-Folter zu spannen. Nun rückt der Stollen, dieses üppige Weihnachtsgebäck – das die Form des in Windeln gewickelten kleinen Jesusknaben haben soll – in den Mittelpunkt der Aufmerksamkeit. Denn nur am Weihnachtsabend darf dieses gute Stück in streng (aber)gläubigen Erzgebirgsfamilien angeschnitten werden. Andernfalls stirbt jemand aus dem Kreis der Lieben, was ebenfalls dann zu befürchten ist, wenn der Stollen auf dem Transport vom Bäcker nach Hause zerbricht. Doch jetzt ist es so weit. Die Glocke von der kleinen, rundeckigen Seiffener Barockkirche ruft nicht nur die Gläubigen zur Mitternachtsmetten. Der Schnee knirscht vor Kälte unter den schweren Tritten der Männelmacher, die mit ihren Laternen den Weg durch die dunkle Nacht bahnen und vielleicht nicht nur auf diesem Gang zur spärlich erleuchteten Kirche den rechten Weg weisen ...

Seiffner Kinner

Von Max Wenzel (1930)

Hot uns die Tog e Ma genannt:
Kinner wärn mir aus 'n Weihnachtsland.
Dos Land wär dos schennste weit un breit,
un drubn do wuhneten gelückliche Leit.
Dr Rupperich hätt sei Warkstell do,
un Engele käme vun Himmel ro;
un alles laabet vun setting Sachen,
die dr ganzen Walt när Frähd täten machen.

Ich mark oder nischt vun all daarer Lieb,
vielleicht sei meine Aagele ze trüb.
Ich waß när, doß mir Kinner sitzen
jede Stund, die Gott waarn läßt, ben
Spielzeigschnitzen.
Öb mir gelücklich sei? Ich waß fei net!
Gelück is vielleicht när e sette Red
wie vun Rupperich un vun de Engeln aah,
ich hob zewingst noch kenn gesaah!

Oder mir sei nu emol, dos is waltbekannt,
gelückliche Kinner in Weihnachtsland.

Seiffner Kinder

Hat uns doch dieser Tage ein Mann genannt:
Kinder wären wir aus dem Weihnachtsland.
Das Land wäre das schönste weit und breit,
und dort oben, da wohnten nur glückliche
Leut'. Der Ruprich (Weihnachtsmann) hätte
seine Werkstatt dort, und Engel kämen vom
Himmel runter; und alle lebten von solchen
Sachen, die der ganzen Welt nur Freude würden
machen.

Ich merke aber nichts von all dieser Lieb',
vielleicht sind meine Äuglein zu trüb.
Ich weiß nur, daß wir Kinder sitzen jede Stund',
die Gott werden läßt, beim Spielzeugschnitzen.
Ob wir glücklich sind? Ich weiß es wirklich
nicht! Glück ist vielleicht nur so eine Rede wie
vom Ruprich (der Weihnachtsmann) und von
den Engeln auch, ich habe zumindest noch
keine gesehn!

Aber wir sind nun einmal, das ist weltbekannt,
glückliche Kinder im Weihnachtsland!

Aus dem Erzgebirgischen übertragen von G.B.S.

Denunziation im alten Annaberg

Protestantischer Dicknischl Adam Ries
auf der „Schwarzen Liste" der katholischen Kirche

Die Geschichte derer, die sich auf ihrer eigenen Schleimspur den jeweils Mächtigen an-
schmieren, um über Verpetzung, Anzeige und
Verrat anderer Menschen persönliche Vorteile
zu erheischen, die Geschichte des Denunzian-
tentums also, ist so alt wie die machtgeteil-
te Menschheit selbst. Der Sturz ägyptischer
Pharaonen, die Vernichtung aufrechter De-
mokraten Griechenlands oder die Ermordung
römischer Cäsaren wäre ohne die hinterlistige,
schmutzige und feige Kleinarbeit eines will-
fährigen Heeres von Denunzianten nicht denkbar gewesen. Die Hexenjagden des Mittelalters,
die Inquisitions-Tribunale der katholischen
Kirche oder die Verräter-Orgien im Vorfeld des
Renaissance-Humanismus und einer erst damit einhergehenden Toleranzbewegung wäre
ohne jene Misslinge nicht ausgekommen.

Auch die neuere Geschichte kann mit unzähligen Beispielen von Denunziationen zum Zwecke der Machterhaltung, bzw. zur Ausgrenzung und Auslöschung Andersdenkender – besonders gegen Minderheiten – aufwarten. Ob es sich dabei um die Vernichtung von Juden, Freimaurern, Kommunisten, Romas oder Homosexuellen durch die Nazis, um die Beschnüffelungspraktiken der DDR- und BRD-Geheimdienste oder um das während der politischen Wende von der Christlich Demokratischen Union eingerichtete „Bonzen-Telefon" handelt, immer wurden Menschen mit eitlem Mitteilungsdrang und unbefriedigtem Geltungsbedürfnis für letztendlich niedere Zwecke als Denunzianten missbraucht. Oder sie haben sich, auf der Seite der siegreichen Massen wähnend, hofieren, kaufen und damit moralisch verschleißen lassen. Meist wurden aus denunzierenden Tätern einsame Opfer.

Als Epperstein oder Epperlein, in anderen Quellen auch als Kerstein, taucht jener Denunziant auf, der versucht hat, unseren protestantischen Rechenmeister Adam Ries und einige seiner Freunde beim damaligen katholischen Rat der Stadt Annaberg anzuschwärzen. Im Jahre 1525 soll es gewesen sein, in den politisch unruhigen Zeiten des Bauernkrieges also. Ries war gerade zum herzoglichen Rezessschreiber ernannt worden und besuchte mit seinen Freunden – zu denen auch Nickel (Nicol) Pflug zählte – die Gottesdienste im ernestinischen, sprich evangelischen Buchholz. Eine Angelegenheit, die dem erzkatholischen Herzog Georg dem Bärtigen, den Stadtgründer von St. Annaberg, überhaupt nicht behagte. Schließlich war Adam Ries nicht irgendwer, sondern ein über seinen Geburtsort Staffelstein und den Wirkungskreis Annaberg hinaus bekannter Rechenmeister, eine markante Persön-

Stadtansicht Buchholz, Federzeichnung von Wilhelm Dilich (1571–1650) aus dem Jahre 1628

lichkeit mit einer „gefährlichen" Ausstrahlung auf die Untergebenen und deren zukünftige Glaubensrichtung. Auf solch einem Kirchgang ins benachbarte Buchholz wird es gewesen sein, dass man „vor Oswald Goldschmidts Haus" – wie es in den Denunziations-Annalen heißt – in eine heftige politische Debatte geriet. Nickl Pflug soll sich dabei „gegen den tyrannischen Fürsten Herzog Georg" und dessen Mühlenenteignungen derart erregt haben, dass er sich zu der Bemerkung hinreißen ließ: „Man muss alle Fürsten aus dem Lande jagen, die den armen Müllern solches antun". Davon erhielt der Rat in Annaberg durch Epperlein umgehend Kunde. Die Quellen sind sich uneins darüber, ob der Denunziant im Haus des Oswald Goldschmidt wohnte und den Streit aus dem Fenster belauschte, oder ob Epperlein mit in der Gruppe war und sich als Freund von Ries ausgab. Er nannte jedenfalls die Namen aller, die sich an „jener aufbegehrlichen Rede" beteiligt hatten – auch Adam Ries stand von da an mit auf der „Schwarzen Liste" der geheimen Stadtpolizei und der katholischen Kirche Annabergs.

Wir wissen nur sehr ungenau, was mit jenen geistigen Aufwieglern in Annaberg im Einzelnen geschah. Ob Nickl Pflug mit Sanktionen belegt wurde, wie so viele andere in diesen turbulenten Zeiten, oder man es dabei beließ, ihn lediglich auf die Liste der zu beobachtenden Personen zu setzen, – wir wissen es nicht. Bekannt ist allerdings, dass der „gestrenge und ehrenveste Hauptmann uff St. Annaberg", Heinrich von Gerßdorf, am 29. November anno 1530 dem Herzog Georg eine Liste übergab, auf der alle Bürger Annabergs verzeichnet waren, die sich öffentlich oder heimlich zum protestantischen Glauben bekannten, – darunter befand sich auch Adam Ries. Obwohl Ries in der Literatur verschiedentlich als auf-

rechter Bekenner der neuen lutherischen Lehre geschildert wird, sind ihm aus seiner Haltung offenbar keine Nachteile erwachsen. Offen bleibt dann allerdings doch die Frage, warum so viele weise, anerkannte und verdienstvolle protestantische „Dicknischl" wie etwa Rivius, Ehring, Behem, Badehorn und andere Annaberg verlassen mussten oder unter dem Verfolgungsdruck der Herrschenden der Bergstadt den Rücken gekehrt haben, während Adam Ries wahrscheinlich schon 1530 (spätestens jedoch 1532) die verantwortungsvolle Position eines Berg- und Gegenschreibers übertragen bekam. Hier erhält das historische Gerücht einen brei-

ten Spielraum: Ist den teilweise stark idealisierenden Darstellungen in der Ries-Literatur zu folgen, dass der Herzog diesen „Bergmann von der Feder" wegen seiner mathematischen Fähigkeiten brauchte und dafür ideologische Kompromisse einging? War der Rechenmeister etwa gar ein berechnender Anschwärzer seiner Freunde, um sich die Gunst des Herzogs und damit seine Position zu sichern? Oder gehörte Ries vielleicht doch eher zu jenen Renaissance-Menschen, die es verstanden, sich zwar mit der Macht zu arrangieren, aber nicht deren Ware zu werden? Man neigt zum Letzteren, doch wird nicht ganz froh dabei.

Adam Ries, Bleistiftzeichnung von
Margot Figura, Annaberg, 1962

In all den klugen Büchern über diesen Menschen an „Denkkraft und Leidenschaft" ist wenig zu finden über dessen Charakterzüge, seine Psyche, seine Sinnlichkeit und Genussfähigkeit. War er feige oder mutig in jenen Zeiten großer gesellschaftlicher Umbrüche? Wie ging er mit den Denunzianten in seiner Nähe um? Wie lebte er selbst Toleranz in einer toleranzlosen Welt?

So gesehen, wissen wir sehr wenig über den Menschen Ries, und damit erst mal viel zu viel über den oft genug verklärten Mathematiker. Daher ist es an der Zeit, den ganzen Ries für die Gegenwart neu zu sichten, soweit das überhaupt mit entsprechendem Quellenmaterial geleistet werden kann, ohne dabei auch notwendige belletristische Deutungs- und Annäherungsversuche vorzuverurteilen.

Vielleicht kann diese kleine Denunzianten-Episode eine Anregung in eine andere Denk- und Forschungsrichtung in Sachen Ries bedeuten. Vielleicht können auch über solch einen Ansatz tiefere Einblicke in die gesamte, auch die private Lebenssphäre des Rechenmeisters aus Annaberg dann genauere Informationen über das Verhältnis von Individuum und Macht – damals wie heute – zu Tage fördern. Somit wäre das nicht nur ein weiterer Beitrag zur Abrundung der Biographie von Ries, sondern auch zur Geschichte der Denunziation am Beispiel einer damals großen Stadt. „Erst in einer wirklichen Demokratie", meint der Philosoph Ernst Bloch, „sind auch die Denunzianten arbeitslos!" Was lediglich beweist, dass die Verhältnisse zu Adam Riesens Zeiten halt doch noch keine demokratischen gewesen sein können ...

Hans Hesse oder Hannß Heße

Aus der Kriminalgeschichte eines Renaissance-Dicknischls (1465?–1540?)

Hans heßmoler ———————————————————

Vom Maler Hans Hesse, dem genialen Schöpfer des Annaberger Bergaltars, sind uns nur sehr spärliche Lebensdaten bekannt. So wissen wir nicht genau, wo und wann er geboren wurde. Es ist auch kaum bekannt, in welcher Gegend die Grundlagen für seine spätere künstlerische Meisterschaft gelegt worden sind. Kunstwissenschaftliche Analysen seines umfangreichen Bild-Werkes kommen zu dem Schluss, dass er aus dem Raum um Nürnberg stammen könnte. Stilkritische Vergleiche seines Schaffens belegen die Zugehörigkeit zur fränkisch-nürnbergischen Malschule. Eine Zeitlang wurde angenommen, dass es sich bei dem im Annaberger Fleischerviertel (auch Assman-Zapp-Viertel genannt) ansässigen Hans Hesse um unseren Altar-Maler handelt.

Wenn sich Hans Hesse im Jahre 1501 – wie es die Türkensteuerliste von Annaberg zeigt – bereits in der Stadt aufgehalten haben soll, so ist heute sicher, dass es noch einen zweiten Hans Hesse gegeben haben muss, denn an den Maler Hesse sind Aufträge bis 1506 lediglich aus Zwickau und Umgebung ergangen, wo er bis 1506 auch eine eigene Werkstatt betrieben haben soll. Erst nach 1506 sind die von ihm erhaltenen Altäre in der Annaberger St. Annenkirche sowie in der Kirche des Franziskanerklosters (nach der Zerstörung in der Kirche von Buchholz aufbewahrt) entstanden.

In der spärlichen Literatur zu seiner Person wird behauptet, dass der Maler Hans Hesse „mit Sicherheit ab 1506 in Annaberg ansässig war", da gegen ihn im gleichen Jahr ein Prozess wegen Totschlags am Goldschmied Hans Seiffart durchgeführt worden sein soll. Als Belege werden von den Historikern eine Reihe von Akteneintragungen und Archivunterlagen zitiert, die beweisen sollen, dass kein anderer als „Hans Hesse der moler im wechselseitigen Streite und Affekt" getötet haben soll. Einem Hans Hesse werden auch entsprechende Sühnemaßnahmen auferlegt. So wird er zum Hausverkauf gezwungen und hat den Erlös (43 Gulden) in Raten „an Merten Seiffart hanns goldschmids gelassen Son" zu zahlen.

Nun wird spekuliert, ob es sich – wegen der geringen Verkaufssumme – vielleicht um ein recht kleines Haus gehandelt hat, oder ob er sich bereits vor 1506 ein unbebautes Grundstück besorgt hatte, auf dem er rasch ein Haus errichtete. Unbebaute Grundstücke wurden damals zunächst nicht ins Grundbuch eingetragen.

Rückseite des Bergaltars (Ausschnitt, Mitteltafel) in der St. Annenkirche zu Annaberg von Hans Hesse geschaffen um 1519, geweiht 1521

Rückseite des Bergaltars. Im Hintergrund der Galgen. „Der Tote ist kein Mörder und kein Dieb.
Es ist ein Bergmann aus Frohnau, der sich um mehr Lohn mit dem Bergvogt geprügelt hat".

In den Dokumenten der Jahre zwischen 1510 und 1520 kommt es teilweise zu einem recht makabren Durcheinander im Fall Hans Hesse. Da gibt es häufig Verwechslungen von Opfer und Täter, was später korrigiert werden muss. Da wird in einer Urkunde von 1513 der bereits tote Seiffart „deß goldschmidts Son den der moler Hanß heße erschlagen" in die Schneiderlehre gegeben. Da ist man sich nicht sicher, ob Vater Seiffart ein oder zwei Söhne hinterließ. Von einem Enderlein Seiffart ist da plötzlich die Rede, dann wieder von einem „Enderlein bartl, hanßens bartels des goldschmiedes sohn, den hans hesse entleibt...". Also was nun? Den also auch noch? Oder den und den anderen nicht!? Vielleicht auch keinen von beiden?!

Wie erwähnt, soll es zwei Hans Hesse im damaligen Annaberg gegeben haben. Was ist also mit dem anderen? Warum hat man nur den „moler", den Künstler, den Fremden aus dem Frankenland verfolgt? Auch wenn Ingo Sandner in seinem hervorragenden Buch über unseren Maler der Spätgotik der Meinung ist, dass die in den Urkunden aufgeführten Eintragungen die Mordtat durch Hans Hesse belegen könnten, so ist damit noch lange nichts bewiesen. Zumal die Aktenlage äußerst spärlich und die Hinweise auf den Sachverhalt eher als diffus und verwirrend bezeichnet werden müssen. Und so kommt auch Sandner zu dem Schluss, nachdem er ein wirklich gründliches Aktenstudium – insbesondere auch der Annaberger Quellen – vorgenommen hatte, dass alle nach den Jahren 1519/20 aufgefundenen Unterlagen zwar einen Hans Hesse betreffen, „...doch bestehen berechtigte Zweifel, dass es sich um den Maler Hans Hesse handelt. Es dürfte sich um einen zweiten in Annaberg ansässigen Bürger gleichen Namens handeln." Nicht nur Ingo Sanders Zweifel scheinen durchaus berechtigt. Sollte unser Maler nämlich tatsächlich der Mörder gewesen sein, so wäre es unwahrscheinlich, dass er in den genannten Jahren noch Transaktionen mit Häusern in Annaberg hätte anstellen können. Über den anderen Hesse aber können Käufe und Verkäufe in den Annaberger Häuserlehnbüchern II-IV nachgewiesen werden. Es dürfte sich dabei aller Wahrscheinlichkeit nach um einen angesehenen und wohlhabenden Bürger von Annaberg gehandelt haben. Von daher erhält jene Hypothese wieder neue Nahrung, die davon ausgeht, dass hier vielleicht doch der tatsächliche Mörder durch bürokratische Zufälle und wegen des selben Namens mit dem anderen verwechselt wurde, bzw. dass es sich um eine bewusste Irreführung des gemeinen Volkes handelte.

Die „Flucht" des Malers Hans Hesse in das ernestinische und später evangelisch werdende Buchholz sowie die dortigen Bestrebungen, „aus Buchholz eine Art Freistatt zu machen", wie L. Bartsch schreibt, belegen noch längst nicht den Mord oder ein damit zusammenhängendes Schuldgeständnis seitens des Malers Hesse (übrigens ist bis heute ein solches von Hans Hesse auch nicht bekannt). Vielmehr war es für ihn eine Stadt, in der er unbehelligt bleiben konnte, bis sich seine Vermögensverhältnisse gebessert hatten. Eine Stadt, die zur damaligen Zeit quasi Ausland war und in der er seinen künstlerischen Ambitionen ungestörter nach- und der neidischen Annaberger Konkurrenz aus dem Weg gehen konnte. Dass Hans Hesse in Buchholz ein Haus besessen hat, ist sehr wahrscheinlich. Das 1. Buchholzer Häuserlehnbuch ist zwar verschollen, aber im 2. taucht der „Moler Hans Hesse" mehrmals auf; im Jahre 1529 sogar einmal unter den Buchholzer Viertelmeistern.

Dass er es im Laufe der Jahre zu einem angesehenen Bürger der Stadt gebracht haben muss, geht aus einer Bemerkung in der Buchholzer Chronik von Christian Meltzer hervor: „Anno 1520 werden in der Vollmacht zur Erbhuldigung wegen der Verbrüderung derer Herzogen zu Sachsen und Landgraffen zu Heßen beniemet Peter Klinger und Hannß Heße." (Man stoße sich nicht an der unterschiedlichen Schreibweise, wie es damals so üblich war, es handelt sich immer um den Maler Hans Hesse). Später versichert Meltzer, dass es sich tatsächlich um den Maler des Pflugschen Altars, dem Bergaltar und dem Hochaltar der Franziskanerkirche handelt. Bis 1539 finden sich Eintragungen über Aktivitäten des Malers im Bezug auf Häuserkauf und Verkauf sowie Aufträge im Hinblick auf sein künstlerisches Schaffen. In den Zeitraum zwischen 1530 und 1539 kann keines seiner erhalten gebliebenen Werke eingeordnet werden. Demzufolge ist anzunehmen, dass sowohl das fortgeschrittene Alter aber auch soziale Zwänge ihn in seiner künstlerischen Produktivität behinderten. Nimmt man die Zeitspanne von seinen ersten Werken in Zwickau bis hin zum Buchholzer Hauskauf im Jahre 1539 für 168 Gulden, so könnte sein Geburtsjahr vor 1470 und sein Todesjahr nach 1540 angesiedelt werden. Davon hat er die meiste Zeit in Annaberg und noch viel mehr in Buchholz verbracht. Der andere Bürger Hans Hesse taucht auch in den Annalen auf, diesmal allerdings durch seine Witwe, die 1532 den Jobst Wenzel heiratet, wie im I. Annaberger Proklamationsbuch (vergleichbar mit Aufgebotsbuch bei Eheschließungen) nachzulesen ist. Dieser andere Hesse stand selbstverständlich nicht so im Mittelpunkt wie sein malender und berühmt gewordener Namensvetter. Vom anderen Hesse wissen wir noch weniger als vom Maler. Wir wissen z.B. nicht, wie wohlhabend er wirklich war. Wie gut seine Verbindungen zu den örtlichen Behörden – insbesondere zu den Justizorganen – gewesen ist. Ob er vielleicht jähzornig sein konnte oder in stärkerem Maße dem Alkohol zugesprochen hatte, vielleicht gar zu Affekthandlungen neigte... – alles Möglichkeiten und versuchte Unterstellungen in einem?! Vielleicht, – vielleicht auch nicht.

Unser „moler hans heße" (eine Schreibweise, wie sie in den meisten Dokumenten auftaucht) war in erster Linie ein bedeutender Renaissance-Humanist. Er war zunächst ein katholischer Maler, der es zu einem sehr frühen Zeitpunkt in der Kunstgeschichte fertig gebracht hatte, evangelische, nein – protestantische Inhalte in Gestalt von Gestalten auf ein Altarbild einer katholischen Kirche zu bringen, welche die bergmännische Arbeit und deren Arbeiter, samt ihren Frauen, aus seinem selbst erlebten Umfeld wiedergeben. Auf der Rückseite seines berühmt gewordenen Annaberger Bergaltars sehen wir den Galgen mit einem Gehängten. Der Tote ist kein Mörder und kein Dieb. Es ist ein Bergmann aus Frohnau, der sich um mehr Lohn mit dem Bergvogt geprügelt hat. Die Bergherren haben ihn hinrichten lassen, weil er sich der Obrigkeit widersetzte. Hesses Anklage gegen die Willkür entspringt einem ausgeprägten Gerechtigkeitssinn, wie er vielen Renaissance-Humanisten zu eigen war. Er war ein Künstler, ausgerüstet mit einem hohen Maß an Sensibilität, Leidenschaft und meisterlichem Können. Seine Altarbilder, Epitaphien, Glasgemälde und Heiligenbilder sprechen eine Sprache, die ganz erfüllt ist von einer religiösen Ethik und Moral, der freilich auch bei Hesse nichts Menschliches fremd ist, wie er dies in ganz besonders frappierender Weise als Einheit im Annaberger Bergaltar zu gestalten verstand.

Er war ein aufgeklärter Christen-Mensch, aber in erster Linie eben Mensch. Er lebte nach den zehn Geboten und verletzt sie auch regelmäßig. Wir wissen nicht, wie er das fünfte Gebot einhielt. Vielleicht hat er es gebrochen. Es gibt keine Beweise und ein paar schwache Indizien. Es gibt aber in der christlichen Ethik die Begriffe von Sühne und Vergebung. Sollte Hans Hesse die angenommene Tat gebeichtet haben, so hat er nach katholisch-religiösem Verständnis mit Absolution zu rechnen. So gesehen wäre dann sein ganzes Schaffen auch ein großes Werk der Sühne gewesen. Die weltliche Rechtsprechung hat sich für solche unklaren Fälle eine humane Lösung geschaffen, die auch unserem Hans Hesse nach all den Jahrhunderten endlich zugute kommen sollte: „Im Zweifel für den Angeklagten!"

Sexus Annabergensis

Charitas Zeumer(in) und Pfarrer Lehmann –
zwei Dicknischl der besonderen Art und die
zwiespältige erzgebirgische Toleranz

Zu allen Zeiten waren Menschen, die sich anders gaben, lebten, aussahen oder auch nur
dachten als es die gesellschaftlichen „Nor-
men" verlangten, Zielscheiben des Spottes,
der Verachtung, Knechtung, Erniedrigung,
Beleidigung, Demütigung, Verfolgung, Vertreibung und nicht selten der Vernichtung. Zu
allen Zeiten maßten sich „Normierte" an, über
Minderheiten jeglichen Couleurs moralisch
zu befinden und ihre vermeintlich rechtlichen
Stäbe zu brechen. Bis hinein in die unmittel-
bare Gegenwart reicht die Ausgrenzung derer,
die anders sind, – ob nun ihrer Erscheinung,
ihrem Wesen, ihrer Anschauung von der Welt
oder ihrem sexuellen Verhalten nach.

Auch in noch so gepriesenen Demokratien, – von der Römischen Polis bis zu scheinbar demokratischen Staatsgebilden unserer Tage, – bestimmte die wie auch immer angepasste Mehrheit, über die „Bunten Vögel", die Außenseiter, die lobbylosen Minderheiten, denen man seinen ganzen existenziellen Frust, seine Verzagtheit, Hilfs- und Hoffnungslosigkeit, seine Wut und Verzweiflung, seine Gereiztheit, – eben den ganzen Hass auf scheinbar „Übermächtiges" entgegenschleudern kann. Im Wechselspiel der Zeiten können dies mal Juden, Christen, Moslems, Kommunisten, Radfahrer, Fußgänger, Frauen, Kinder, Ausländer, Punks oder Homosexuelle sein. Dass es sich bei dieser bunten Vielfalt lediglich um die Differenzierung der Masse handelt, zu der jeder einzelne selbst irgendwie gehört, wurde noch zu keiner Zeit massenhaft begriffen.

Nur einzelne, kleine Gruppen von Menschen waren es in der Geschichte der aufgeklärten Menschheit, die nicht nur Appelle zur Toleranz formulierten, sondern sie auch selbst vorlebte. Gerade das Erzgebirge, jener enge geographische Raum, in dem die Menschen von jeher mit Ein- und Beschränkungen in vielen Bereichen ihres Handelns und Denkens leben mussten, brachte erstaunlich viele Toleranz-Träger hervor. Dabei stehen die geistigen Größen der Renaissance mit in der vordersten Reihe. Für viele Lehrer der Annaberger Lateinschule, den exzellenten Künstlern dieser Stadt oder den meisten protestantischen Theologen und Geistlichen war tolerantes Verhalten gegenüber ihren Mitmenschen oftmals Lebensmittel und somit zu einem der wesentlichsten Züge des Renaissance-Humanismus auch in unserem Gebirge geworden. Aber auch die so genannten kleinen Leute übten sich allem Anschein nach damals mehr in Toleranz, als dies zuweilen heute der Fall ist. Dies schloss nicht aus, dass man Meinungsverschiedenheiten nicht auch mal mit unlauteren, intoleranten Mitteln – bis hin zum Schädeleinschlagen – austrug, ob nun in den politischen Wirren zwischen den beiden großen Glaubensrichtungen, in kriegerischen Auseinandersetzungen jener Zeit oder in den Kleinkriegen innerhalb der Familien und zwischen den Nachbarn. Und dennoch zieht sich durch viele Berichte und Dokumente aus alter erzgebirgischer Zeit so etwas wie ein weißer Faden der Güte, der inneren Ruhe, der Achtung gegenüber dem Anderen, auch dem Fremden, der Versöhnung nach heftigem Streite und der Vergebung von „Sünden aller Arten". Oftmals waren es die Männer der Kirche, die nicht nur allein durch die gleichnishafte Verweltlichung der Evangelien und deren Verkündigung, sondern besonders durch ihr persönliches Verhalten zur Friedfertigkeit und zum toleranten Umgang miteinander beigetragen haben.

Ein ganz Großer unter ihnen war der lebenslang bescheiden gebliebene Pfarrer aus Scheibenberg, der Erzgebirgschronist Christian Lehmann. In seinem „Historischen Schauplatz...", besonders in den Kapiteln XV und XVI, schreibt er über allerlei Zufälligkeiten und „Über Kurioses von Menschen". Dies geschieht ohne Häme, Sensationslüsternheit oder Überheblichkeit. In sachlicher und volksliebender Weise bekennt er dort: „Ich schreibe für den einfachen armen Gebirger und lasse anderen ihre Spekulationen." Ereignisse, die heute mitunter wissenschaftlich leicht erklärbar sind, waren zu Lehmanns Zeiten durchaus Gegenstände für Mystizismus und Spekulation. Die „Vermarktung" der Leiden anderer wurde manchmal pharisäerhaft betrieben und auch schon mal mit roher physischer Gewalt – zum psychischen Schaden auch der Nichtbetroffenen – genüsslich ausgestellt, wie wir es z.B. von der „Annaberger Krankheit" wissen, jenen psychisch-sozialen Problemfällen, wie sie Anfang des 18. Jahrhunderts in Annaberg und Umgebung auftraten. Durch die realistische Beschreibung der Dinge durch Lehmann und vor allem durch dessen protestantische Haltung zu ihnen, setzte in einigen Teilen der Bevölkerung des Erzgebirges nachweislich ein Nach- und Umdenken im bescheidenen Rahmen ein.

St. Johannis-Kirche in Scheibenberg, die Wirkungsstätte des Erzgebirgschronisten und Pfarrers Christian Lehmann (1611–1688)

So verweist Lehmann ausdrücklich auf einen Vorgang, der sich im September 1695 in Annaberg zugetragen hat. Dort wurde eine 70 Jahre alte Person beerdigt, die „… zeitlebens in Weibskleidern gegangen ist aber ein männlich Gesicht und Rede und um das Kinn einen ziemlich angeflogenen Bart" trug. Natürlich hatte man „wegen des sexus" der Charitas Zeumerin, wie sie genannt wurde, schon immer einige Vermutungen, aber keiner wusste Genaueres. Erst der Tod der Frau, bzw. des Herrn Zeumer, brachte es an den Tag, dass er/sie transsexuell, – also ein „Zwitter" war. Medizinisch befand man nämlich damals, dass „sie utriusque sexus membra" (beidgeschlechtliche Teile) und „daß sie niemals fluxus muliebrie laboriert" (monatliche Blutung) hatte und erst bei der „Abkündigung der Leiche" doch „mehr männlichen Geschlechts wäre erkannt worden". Trotz dieser offensichtlichen Feststellungen waren die Annaberger damals so tolerant und haben nicht nach jenem äußeren Schein einen Mann begraben, sondern nach dem Wesen der Person entschieden: „Dieweil sie sich aber als ein Weibsbild aufgeführt, mit weiblicher Handarbeit genährt und jederzeit für ein Weibsbild gehalten worden, wurde sie auch mit den weiblichen Prädikaten zur Erde bestattet."

Christian Lehmann selbst hat allerdings am eigenen Leibe, aus seiner unmittelbaren Umgebung heraus erfahren müssen, wie abgründig Intoleranz wirken kann. Seine Sammelleidenschaft über Ereignisse in unserem Gebirge, sein Eintreten für Andersdenkende und -fühlende, aber auch die von ihm häufig formulierten zeitkritischen Positionen fanden nicht immer den ungeteilten Zuspruch seiner Scheibenberger Gemeinde. Im Jahre 1673 musste sich der Pfarrer Lehmann deshalb in einer „Notwendigen wohlbegründeten Apologie gegen die von der Bürgerschaft beim Konsistorium eingegebenen unbegründeten Calumnien, mit Unwahrheiten, Nullitäten und Lappalien angefüllten 16 Klagepunkten wider ihren alten Pfarrer" verteidigen. Der „gemeinderätliche Untersuchungsausschuss" verlor damals die Klage. Ein früher Sieg von Gerechtigkeit und Toleranz, der in unserer Erzgebirgserde hoffentlich langlebige Wurzeln geschlagen hat und mancherorts der Wiederbelebung harrt…

Kinderfreund

Christian Felix Weiße (1726–1804) aus Annaberg –
Lessings Literaturgefährte

Auch im Zuge der neuerlichen Annaberger
Straßen-Schilder-Umbenennung ist es nun
zum wiederholten Male vergessen worden, jenes kleine, seit Jahrzehnten falsch geschriebene Straßen-Hinweis-Schild auf den Annaberger Kinderfreund Christian Felix Weiße (mit
ß statt wie dort mit ss). Sein berühmt gewordener Ausspruch „Morgen, morgen, nur nicht
heute, sprechen immer träge Leute !" – könnte
in diesem Zusammenhang hoffen lassen, dass
die Annaberger Stadtväter zumindest über-
morgen eine längst überfällige Korrektur ver-
anlassen werden.

Am 28. Januar 1726 ist der nachmalige Dramatiker, Lyriker, Librettist und Kinderfreund in Annaberg geboren worden und hat nicht mehr als ein Jahr hier gelebt. Seine spätere Berühmtheit war es, die den Geburtsort immer wieder ins Gespräch brachte und zu dem er lebenslange Bindungen hatte. Sein Vater, „der hochgelahrte Rector der Lateinschule zu St. Annaberg" und Lehrer für orientalische und neuere europäische Sprachen, Christian Heinrich Weiße, tat alles dafür, um diese Beziehungen zur Heimat nie ganz abreißen zu lassen. Auch dann nicht, als die Eltern erst nach Altenburg und später nach Leipzig/Stöckeritz zogen. Aber auch von Mutters Seite her, einer Tochter des Archidiakon Cleemann aus Chemnitz, Christiane Elisabeth, und deren Vorfahren, scheint reichlich „Erbgut" aus dem Erzgebirge und dem näheren Umland bei Felix verinnerlicht worden zu sein.

Gern erinnerte er sich an die Besuche bei seinem Chemnitzer Großvater, der Rektor einer Schule war und dort Komödien mit seinen Schülern zur Aufführung brachte, die Felix mit Staunen verfolgte. Erste lyrische Versuche sind aus seiner Altenburger Gymnasialzeit bekannt. Damals begannen auch die späterhin dann weiter ausgebauten und ein Leben lang gepflegten Kontakte zu Lessing und zu den Männern des „Sturm und Drang" sowie den Aufklärern Kleist, Bodner, Gleim, Uz, Gellert und Nicolai, die sowohl literarische Freunde und Verehrer, aber auch Kritiker seines künstlerischen Werkes waren. Besonders Gotthold Ephraim Lessing war es, der Weißes Werk in seiner „Hamburgischen Dramaturgie" sowohl mit Lob („Amalie") aber auch mit herber Kritik („Richard der Dritte") bedacht hat. Die teilweise vernichtenden Bemerkungen, die Lessing für Weißes unkritische Shakespeare-Adaptionen fand, akzeptierte dieser gelassen und wandte sich nunmehr verstärkt der Oper und dem Singspiel zu. Eine enge und produktive Zusammenarbeit mit dem Komponisten Johann Adam Hiller (1728–1804), für dessen Singspiele er zahlreiche Libretti schuf, schließt sich an. Mit diesen Werken leistet Chr. F. Weiße durchaus einen wichtigen Beitrag zur Entwicklung des volksnahen deutschen Singspiels, der eine nachhaltige Wirkung auf dieses musikalische Genre haben sollte.

Weiße ist uns weniger hinsichtlich seiner oftmals fatalen Dramen und kaum wegen seiner Singspieltexte als wertvoller Literat und Künstler bekannt. Eher vielleicht noch durch seine Natur- und Liebeslyrik, die in wohltuender sprachlicher Leichtigkeit und Gedankenklarheit daherkommt. Diese Eigenschaften sind es dann auch, die ihn zu hoher Meisterschaft in seinem eigentlichen literarischen Metier finden ließen. Wir verdanken ihm eine einmalige Hinterlassenschaft von Kinder- und Jugendliteratur, die einen entscheidenden Wendepunkt im literarischen Schaffen des 18. Jahrhunderts für diesen Leserkreis in Deutschland darstellte. Mit Weiße vollzog sich somit die Vereinigung von Pädagogen und Literaten, wie sie in den Jahren zuvor aufklärerisch angestrebt wurde und für die Ausbildung und Verbreitung des humanistischen Bildes vom freisinnigen Menschen notwendig war. Solche Werke wie „Kleine Lieder für Kinder" (1766), „Der Kinderfreund – Ein Wochenblatt" (1775

Sammlung

der besten deutschen

prosaischen Schriftsteller

und

Dichter

Vier und siebenzigster Theil.

Weißens komische Opern.

Mit allerhöchst-gnädigst Kayserlichem Privilegio.

Carlsruhe
bey Christian Gottlieb Schmieder.
1778.

begonnen) oder die „Beiträge zu kleinen Schauspielen für die Jugend" (1779) hatten über die Entstehungszeit hinaus bedeutenden Einfluss auf die Ausformung der aufgeklärten Kinder- und Jugendliteratur schlechthin. Nicht nur im bekannten Reim „Morgen, morgen, nur nicht heute...", der aus seinen „Kinderliedern" stammt, die er schrieb als sein erstes Kind etwa ein Jahr alt war, sind offensichtliche Reflexionen zu seiner Familie und besonders zu seinen Kindern nachweisbar. Sein „A-B-C Buch", das zu jedem Buchstaben ein Bild, eine Erzählung, ein Lied und einen Sittenspruch hatte, gab er heraus als seine Tochter sechs Jahre alt war. Besonders aber im „Kinderfreund" – eine der ersten deutschen Kinderzeitungen – die zunächst in Wochen- und später in Monatsnummern herausgegeben wurde, oder im „Briefwechsel der Familie des Kinderfreundes", der von 1784 bis 1792 in zwölf Bänden erschien, ist viel Erlebtes aus der eigenen Familie eingeflossen.

Immer wieder zog es den Dichter hinauf in die Landschaft seiner erzgebirgischen Vorfahren und besonders in seine Geburtsstadt Annaberg. Im Jahre 1788 begleitete Weiße seine Tochter zu einem Kuraufenthalt nach Karlsbad. In seiner „Selbstbiographie" berichtet er darüber: „Um die Reise über das steinige Erzgebirge so angenehm wie möglich zu machen, sollte sie über das herrlich Lichtenwalde, das vortrefflicher Thal der Zschopau und meinen Geburtsort Annaberg gehen". In Annaberg selbst musste die Reise dann unterbrochen werden. Ob der Anlass dafür der „dichte Augustnebel" oder die Stillung des Heimwehs war, – Weiße deutet nur an. Man nahm Quartier beim Annaberger Postmeister Reiche und dessen Gattin, einer geborenen Eisenstuck. Und beide machten ihnen, so berichtet Weiße weiter, „...durch Liebenswürdigkeiten den Annaberger Nebel vergessen." Am 16. Dezember 1804 starb der Kinderfreund, der weitbekannte Aufklärer und Humanist, der wahrscheinlich erste deutsche Kinderbuchautor, der gebürtige Annaberger in Stötteritz bei Leipzig.

Die Weiße-Stiftung
Dichters Geburtstag – soziales Annaberg

Es war Winter in Annaberg. Richtiger Winter, wie es ihn vor vielen Jahren im Erzgebirge scheinbar regelmäßiger gegeben haben soll, als mitunter heutzutage. Man schrieb den 28. Januar des Jahres 1826. Der 100. Geburtstag des Annaberger Dramatikers, Librettisten, Lyrikers und Kinderfreundes – Christian Felix Weiße. Schulfrei! Aus allen Annaberger, Buchholzer und Frohnauer Schulen waren an diesem Tag die Kinder mit ihren Lehrern zum Annaberger Marktplatz gezogen, um sich dort zusammen mit „achtenswerten Kinderfreunden", – wie der Chronist zu berichten weiß –, zu einem überdimensionalen W zu formieren.

Über 50 Pferdeschlitten standen bereit, um mit der bunten Schar im weiten Bogen durch die Straßen und Gassen von Annaberg und Buchholz zu fahren. Im Schießhaus gab es dann

Komische Opern

von

C. F. Weiße.

Zweyter Theil.

Die verwandelten Weiber.

Der lustige Schuster.

Der Dorfbalbier.

Mit allerhöchst - gnädigst Kayserlichem Privilegio.

Carlsruhe

bey Christian Gottlieb Schmieder.

1778.

für jeden ein Mittagessen und bis gegen fünf Uhr konnte getanzt werde. Aller Wahrscheinlichkeit nach fand die darauf folgende „ernste Feier" im Friedrichsaal des Museum, also im großen Saal des späteren Hotels „Erzhammer", statt. Nach einer Reihe von Gesängen und Reden zur Würdigung von Chr. F. Weiße hatte der Diakonus Schumann reichlich Geschenke an die anwesenden Waisenkinder und Pflegeeltern verteilt. An den Ausgängen des Friedrichsaales wurde am Ende der Veranstaltung eine Sammlung durchgeführt, die mehr als 150 Taler für die „Vergrößerung der menschenwürdigen Anstalt" eingebracht haben soll.

Aus den spärlichen Quellen zur Annaberger Weiße-Stiftung konnte bisher nicht eindeutig ermittelt werden, ob es sich bei dem hier genannten stadtweiten Fest um die Gründungs-Veranstaltung gehandelt haben könnte oder ob es eine Jubel-Feier anlässlich des 100. Geburtstages von Weiße war, bei der die Stiftung das Patronat inne hatte. Es ist zu vermuten, dass die Stiftung bereits vor dem Jahre 1826 in Annaberg bestanden haben wird, da die Verehrung für den Sohn der Stadt groß gewesen sein muss. Es wäre auch denkbar, dass sich aus einem aufklärerischen literarischen Salon heraus der Gedanke zur Bildung einer Waisenversorgungsanstalt entwickelt hat, die später zur Stiftung wurde. Hier könnten dann die Hinweise von Wildenhahn in „Das Obererzgebirge und seine Hauptstadt Annaberg" (1892) zutreffend sein, wenn er von der Gründung der Weiße-Stiftung im nämlichen Jahr spricht. Die Heimatforschung hat hier also noch ein interessantes und wichtiges Forschungsfeld vor sich. Im Hinblick auf die soziale Situation und manch kultureller Defizite vieler Kinder und Jugendlicher im heutigen Annaberg und seiner Umgebung sowie in Anknüpfung an bewährte Traditionen sollte geprüft werden, ob eine Wiederbelebung der Weiße-Stiftung in der Heimatstadt des Kinderfreundes nicht angeraten wäre. Für die erzgebirgischen Kinderfreunde könnte Chr. F. Weißes Wahlspruch dabei vielleicht ein anregender Denk- und Leitspruch sein:

„Wer das kann, was er will, ist ein glückseelger Mann.
Doch weis' und groß ist der, der das will, was er kann!"

Grafitti royal

Wilhelm Walther (1826–1913) – der Fürstenzugmaler

Vermutlich waren es Bauern aus dem Frankenland und Mönche aus dem böhmischen Klos-
ter Osseg, die im Jahre 1207 ein am Oberlauf
der Flöha und im Walde gelegenes Dorf gegründet haben, das ab 1213 als Kämmerswal-
de – später Cämmerswalde – in alten Schriften
offiziell auftaucht. Ein Dorf der Kolonisten des
böhmischen Königs Ottokar I. also, von denen
einer sein Kämmerer Slavko I. war, von dem
der Ort seinen Namen erhalten haben soll. Sowohl die Jahre der Pest als auch die Schweden-
besetzungen im Dreißigjährigen Krieg ließen
den kleinen Grenzort in seiner Geschichte nur
selten zur Ruhe und nie zu größeren Reichtü-
mern kommen.

Die im 19. Jahrhundert einsetzende Holzverarbeitung sowie die Arbeit in der Landwirtschaft haben auch hier einen strebsamen, dicknischligen und bescheidenen Erzgebirgscharakter hervorgebracht. Mit solchen Eigenschaften war auch jener ausgerüstet, den wir noch heute als „den letzten Mann im Dresdener Fürstenzug" ausmachen können: Der Erzgebirger Wilhelm Walther wurde am 18. Oktober 1826 in Cämmerswalde geboren. Er ist der Schöpfer dieses oft bestaunten, einmaligen Kunstwerkes an der Dresdener Schlossmauer, längs der Auguststraße, auf dem er sich selbst konterfeit hat. Sein Vater, ein aus Seiffen stammender Revierförster bei der von Schönbergschen Herrschaft auf Purschenstein, hat offenbar die Liebe seines Sohnes zur erzgebirgischen Heimat frühzeitig geweckt und später künstlerisch vertieft. In einem mietfreien Zimmer, in dem die gesamte Familie leben musste, brachte der kleine Walter seine ersten „Waldgeheimnisse" zu Papier. Eine zeichnerische Arbeit, die unter gleichem Titel Jahre später in England, wohin sie verkauft worden sein sollte, wieder auftauchte. Die Familie wechselt in den 30er Jahren den Wohnsitz nach Neuhaus. Dort erhält der Vater die Möglichkeit, ein kleines Lotteriegeschäft zu betreiben. Die bildkünstlerischen Fähigkeiten von Wilhelm Walther sind wahrscheinlich in der Neuhausener Schule entdeckt worden, denn von hier aus nahm er regelmäßigen Zeichenunterricht bei Meister Wanke, einem geschätzten Spielzeuggestalter aus Seiffen. Auch Wilhelm erhielt nach Abschluss der

Schule eine Reihe kleinerer Aufgaben für die Gestaltung von Holzspielzeug. Einige Zeit bemalte er in Zöblitz Dosen aus Serpentinstein mit Ornamenten, welche die erzgebirgische Flora naiv widerspiegeln, später jedoch im Rankenwerk des „Fürstenzuges" meisterlich verarbeitet wurden. Endlich im Jahre 1842 begann er sein langersehntes Studium an der Kunstakademie in Dresden. Häufige Unterbrechungen aus privaten, aber besonders auch finanziellen Gründen führten erst 1886 zum Studienabschluss. Wahrscheinlich hatte es Wilhelm Walther seinen ehemaligen Professoren Pechel und Hübner zu verdanken, dass er sich an der Ausschreibung für die Gestaltung der kahlen Wand am Stallhof in der Dresdener Auguststraße beteiligen konnte. Er ließ die gesamte Konkurrenz hinter sich und bekam 1868

Konrad der Große (1127–1156) führt den Dresdener Fürstenzug (Ausschnitt) an

den Auftrag zur Realisierung des „Fürstenzuges". Sein Entwurf sah vor, auf dem Grund eines Teppichs die Fürsten der Zeiten von der Übernahme der Mark Meißen durch die Wettiner im Jahre 1089 bis ins 19. Jahrhundert, „durchsetzt mit allerlei Bürgersleut und Volk", durch die Auguststraße zum Schloss ziehen zu lassen.

Unzählige Studien und Vorarbeiten bezüglich der historisch-korrekten Kleidung, der Herrscherinsignien, der Heraldik, bis hin zu den damals gebräuchlichen Pferderassen und deren Zaumzeug waren erforderlich, bevor die gewaltige Arbeit in der aus dem 14. Jahrhundert stammenden Technik des italienischen Sgraffito ausgeführt werden konnte: Eine Wandmalerei, bei der auf einer Fläche, die mit verschiedenfarbigen Putzschichten bestrichen worden ist, die bildliche Darstellung aus dem noch frischen Putz gekratzt wird (ital. sgraffiare = kratzen = weitläufig verwandt mit Grafitti). Im Jahre 1906 ist die damals notwendige Erneuerung des „Fürstenzuges" unter Aufsicht und Anleitung des nunmehrigen Professors Wilhelm Walther durchgeführt worden. Diesmal wurde das gewaltige Werk auf 25.000 Kacheln aus Meißner Porzellan gemalt und gebrannt. Damit ist gleichsam ein neues Kunstwerk geschaffen worden, welches seinem Vorläufer zwar noch dem Inhalt nach entspricht, sich aber in der Technik und Form vom damaligen unterscheidet. Die sinnlose Zerstörung unseres schönen „Elb-Florenz" im Februar 1945 durch amerikanische und

Schlussgruppe des Dresdener Fürstenzuges u. a. Architekt Nikolai, Bildhauer Schilling und Hähnel, Maler Ludwig Richter, erzgebirgischer Bergmann und Bauer sowie der Schöpfer des Fürstenzuges Wilhelm Walter (1826-1913) als letzte Figur (mit in diesem Ausschnitt)

englische Bomben zog auch dieses einmalige künstlerische Werk von internationalem Rang stark in Mitleidenschaft. Als eine großartige denkmalpflegerische Leistung muss daher die fachkundige Waschung sowie die originalgetreue Erneuerung und Ergänzung der zahlreichen beschädigten bzw. fehlenden Kacheln in den Jahren 1978/79 bewertet werden. Nach genauen Unterlagen wurden von den Mitarbeitern der Meißner Manufaktur die entsprechenden Kacheln in liebevoller Kleinarbeit angefertigt, um die 102 Meter lange, weltbekannte Sehenswürdigkeit Dresdens der Nachwelt zu erhalten. Wie sehr Wilhelm Walther bei der Konzeption und Ausführung des „Fürstenzuges" seine erzgebirgische Heimat vor Augen hatte, kommt u.a. in dem der heimatlichen Bergflora nachgebildeten Rankenwerk sowie typischen erzgebirgischen Personen zum Ausdruck. In der Gruppe um den Fürsten Albrecht der Beherzte und Friedrich der Weise – also zwischen 1486 und 1525 – befindet sich der erzgebirgische Köhler. Seine Handhaltung wird in der Literatur als Erzählgeste gegenüber seinen bürgerlichen Begleitern gedeutet, denen er angeblich die Geschichte vom Prinzenraub anschaulich erläutert haben soll.

Ganz am Ende des Zuges schließlich – so bescheiden wie sein langes Leben war – kommt er selbst daher, jener „letzte Mann im Dresdener Fürstenzug", unser Erzgebirger Wilhelm Walther aus Cämmerswalde. Zwischen seinen Professoren Peschel und Hübner, denen er so viel zu verdanken hat, und dem von ihm verehrten Ludwig Adrian Richter aus Dresden, blickt er nachdenklich unter seinem breitkrempigen Künstlerhut hervor. Nachdenklich vielleicht auch wegen jener alten und neuen Aufmärsche, die sich zuweilen gespenstig an seinem Lebenswerk vorbei bewegten und allzeit einen kulturvernichtenden Kontrast zum humanistischen Kunstwerk im Hintergrund abgaben ...

Seine Grabstätte befindet sich auf dem Dresdener Matthäus-Friedhof. Der Stein darauf teilt uns mit, dass er 1913, im gesegneten Alter von 87 Jahren, in Dresden verstorben ist.

Der Mann aus Ardistan

Das Erzgebirge in der Biographie und dem Werk von Karl May (1842–1912)

Wenn von Karl May die Rede ist, dann tauchen die Bilder der Kindheit und Jugend vor einem auf, wie er uns mit seinen Büchern in ferne Welten entführte und die ersten Impulse für eine lebenslange Leselust gab. Erst später dann befasste man sich vielleicht mit dem Leben dieses Mannes und erfuhr gar etwas von einem Aufschneider und Kleinkriminellen, einem Lügner und Zuchthäusler. Nur wer sich davon nicht schockieren lässt, sich weiter in die Biographie vertieft, kann etwas vom gelebten Humanismus Mays erfahren, der bis in seine letzten Tage reichte und dem die erste Friedensnobelpreisträgerin, Bertha von Suttner, bei Mays Rede in Wien (22.3.1912 im Großen Sophiensaal vor 3.000 Zuhörern, eine Woche vor seinem Tod) ihren „Gesinnungsgenossen" deswegen huldigte.

Kaum, oder nur beiläufig, wurde der Mensch May und sein Werk auf seine Herkunft und auf die Einflüsse hin untersucht, die aus seiner sächsischen Heimat, insbesondere dem Erzgebirge, auf ihn kamen. Es ist daher an der Zeit, dem Erzgebirger Karl May, der mit seiner Durchsetzungsgabe und Beharrlichkeit ein echter Dicknischl war, ein paar Zeilen zu widmen. Waren es doch insbesondere die Jahre in Ernstthal und Umgebung, die sein gesamtes Leben geprägt haben. Es war seine Heimat, das Erzgebirge, das ihn mitunter fast vernichtete, später aber immer wieder Halt gab, wenn er zu scheitern drohte. Es waren aber auch Menschen von hier oben, die ihm nicht nur wohlgesonnen waren, ihn denunzierten, Neid über ihn ausgossen, ihm Schaden zufügten und ihn verkannten. Wozu er allerdings auch genügend Anlass bot, der solches provozierte. Aber als religiöser Humanist verfügte er auch über ein hohes Maß an Toleranz, die ihn befähigte, seine Heimat dennoch nicht zu verachten oder sie gar für immer zu verlassen. Und er erinnert sich an seine Herkunft:

„Ich bin im niedrigsten, tiefsten Ardistan geboren, ein Lieblingskind der Not, der Sorge, des Kummers. Mein Vater war ein armer Weber. Meine Großväter waren beide tödlich verunglückt. Der Vater meiner Mutter daheim, der Vater meines Vaters aber im Walde. Er war zu Weihnacht nach dem Nachbardorf gegangen, um Brot zu holen. Die Nacht überraschte ihn. Er kam im tiefen Schneegestöber vom Wege ab und stürzte in die damals steile Schlucht des ‚Krähenholzes‘, aus der er sich nicht herausarbeiten konnte. Seine Spuren wurden verweht. Man suchte lange Zeit vergeblich nach ihm. Erst als der Schnee verschwunden war, fand man seine Leiche und auch die Brote. Überhaupt ist Weihnacht für mich und die Meinen sehr oft keine frohe, sondern eine verhängnisvolle Zeit gewesen."

Ins „ärmste, schmutzigste Ardistan" ist Karl Friedrich May am 25. Februar 1842, um 22 Uhr in der Niedergasse, also hineingeboren worden, wie er die kleine Erzgebirgsstadt Ernstthal in der sächsischen Kreisdirektion Zwickau (erst 1898 mit Hohenstein zusammengelegt) in seiner Autobiographie aber auch in seinem Spätwerk „Adistan und Dschinnistan" nennt. Und dort herrschte nach seiner Meinung „tief unten über Ardistan ein Geschlecht von finster denkenden, selbstsüchtigen Tyrannen, deren oberstes Gesetz in strenger Kürze lautet: ‚Du sollst der Teufel deines Nächsten sein, damit du dir selbst zum Engel werdest!‘ Und hoch oben regierte schon seit undenklicher Zeit über Dschinnistan eine Dynastie großherziger, echt königlich denkender Fürsten, deren oberstes Gesetz in beglückender Kürze lautet: ‚Du sollst der Engel deines Nächsten sein, damit du nicht dir selbst zum Teufel werdest!‘ Dieses Lebens-Fazit resultiert aus all seinen Erfahrungen, die er auch in seiner Heimat machen musste. Dabei waren es aber nicht immer Menschen aus dem Erzgebirge, die ihm das Leben schwer machten, sondern auch Zugereiste, Fremde – und insbesondere er sich selbst. Ernstthal war damals eines der Zentren der Armut im Erzgebirge. Von den 2630 Einwohnern lebten mehr als 80% von der Heimweberei, die seit Beginn des Jahrhunderts stets im Niedergang begriffen ist. 84 Haushalte zählen 1845 zu den Ärmsten der Armen, wie

Ludwig Pasch beim Aktenstudium herausgefunden hat. Nebentätigkeiten, wie der Schmuggel über die nahe Grenze, waren da an der Tagesordnung. Viele verließen ihre Heimat, um ein neues Leben in der Neuen Welt zu beginnen. Das Schulwesen ist wegen hoher Verschuldung nur noch teilweise aufrecht zu erhalten. Einen „Kellerkeim von Jungen" nennt Arno Schmid das Kind treffend, das da mit schimmeligen Brötchen, Unkrautsuppe und Kartoffelschalenabsud heranwächst. Die Ernährungslage ist katastrophal, Mangelkrankheiten sind die Folge. Kein Wunder also, wenn Karl May blind geboren wird und erst mit fünf Jahren – nach zahlreichen Pfuschern – von Ärzten aus Dresden das Augenlicht wieder erhält. Das Elend der Familie May muss unbeschreiblich groß gewesen sein. Neben der stetigen Existenzangst, der Armut und den andauernden Entbehrungen kommt noch die psychische Belastung hinzu, die durch die hohe Kindersterblichkeit auch im Haus May verursacht wurde. Von den vier Kindern, denen Karl folgte, starb das erste nach neun Monaten, das dritte kurz vor seinem zweiten Geburtstag, das vierte wurde nur sechs Wochen alt. Die sechs letzten Kinder starben alle kurz nach der Geburt. Somit ist Karl das fünfte von 14 Kindern, die seine Mutter Christiane Wilhelmine Weise (1817–1885) seinem Vater, dem Alkoholkranken Heinrich August May, (1817–1888) zwischen ihrem 19. und 43. Lebensjahr gebar. Die Mays sind eine alteingesessene Weberfamilie im Erzgebirge. So hat Hans Zesewitz aus Hohenstein-Ernstthal eine noch unveröffentlichte Ahnentafel entdeckt aus der hervorgeht, dass ein Urahn in der siebten Vorgeneration, Andreas Stephan (1666–1719), Webermeister in Ernstthal war. Auch fast alle anderen Vorfahren, einschließlich Karls Vater, waren erzgebirgische Weber. Mütterlicherseits war der Großvater, Christian Friedrich Weise (1788–1832), ebenfalls Weber, der sich aber das Leben nahm „Ursach: Trunkenheit und Verzweiflung", wie das Kirchenbuch vermerkt.

Leider haben beide Elternteile auf Karl May negativen Einfluss ausgeübt. Wenn seine Elogen über die Mutter (ob in der Selbstbiographie, oder im Gedicht) auch das scheinbare Gegenteil vermuten lassen, so ist doch nachzuweisen, dass sie sich eher passiv und abweisend ihrem Sohn Karl gegenüber verhält. Sie ist aber, trotz der enormen Belastungen, die aktive Seite der Ehe. So rafft sie sich z.B. auf, um dem Elend zu entfliehen, einem eigenen Beruf nachzugehen. In Dresden absolviert sie einen Kurs als Hebamme, den sie am 13. Februar 1846 mit „vorzüglich gut" abschließt. Daraufhin erhält sie die freie Stelle als Hebamme von Ernstthal. Ein Posten, den später ihre Tochter Caroline Wilhelmine verh. Selbmann (1849-1945) übernehmen wird. Das Selbstbewusstsein der Mutter wird auch gespeist durch eine Erbschaft, die sie 1838 antreten konnte und zu der neben Barvermögen auch das Geburtshaus der Mays gehörte. Karls Vater bringt aber innerhalb kürzester Zeit auch diese Ersparnisse unter die Leute – insbesondere ins Wirtshaus. Auch die Investition in einen Taubenhandel bringt nicht den erhofften Erfolg. Bald schon muss das Haus in der Niedergasse verkauft werden. Der Erlös von 515 Talern rinnt in den folgenden Monaten durch die Kehle des Vaters, während sich die Familie mit dem Nähen von Leichenhandschuhen in der

Mietwohnung im Haus des Webermeisters Selbmann am Markt über Wasser halten muss. Und obwohl der Vater gegenüber Karl mit Schlägen nicht zimperlich umgeht und der Junge oft den „birkenen Hans", die Zuchtrute aus gedrehten Birkenzweigen, die stets am Webstuhl griffbereit hängt, zu spüren bekommt, schreibt er nahezu liebevoll über ihn in seiner Autobiographie „Mein Leben und Streben": „Mein Vater war ein Mensch mit zwei Seelen. Die eine Seele unendlich weich, die andere tyrannisch, voll Übermaß im Zorn, unfähig, sich zu beherrschen. Er besaß hervorragende Talente, die aber alle unentwickelt geblieben waren, der großen Armut wegen. Er hatte nie eine Schule besucht, doch aus eigenem Fleiße fließend lesen und sehr gut schreiben gelernt. Er besaß zu allem, was nötig war, ein angeborenes Geschick. Was seine Augen sahen, das machten seine Hände nach. Obgleich nur Weber, war er doch im stande, sich Rock und Hose selbst zu schneidern und seine Stiefel selbst zu

„Das Buschgespenst" spielt im Erzgebirgsdorf Hohenthal (also Hohenstein-Ernstthal) und wurde von der DEFA Ende der 70er Jahre – in der Hauptrolle Manfred Krug – verfilmt

besohlen. Er schnitzte und bildhauerte gern, und was er da fertig brachte, das hatte Schick und war gar nicht so übel." Die Sozialisierung des Karl May hat im Erzgebirge, in diesem krassen, widersprüchlichen Milieu stattgefunden. Und diese Prägungen beeinflussten auch wesentlich sein gesamtes Leben und Werk. Seine Blindheit, und damit auch seine Kindheit, ist im fünften Lebensjahr zu Ende. Von 1848 bis 1856 besucht er die Schule. Karl ist ein begabter Schüler. Das nutzt der Vater aus, indem er einerseits seinem Jungen ein Vielwissen verschreibt, das er über Kontakte zum Pfarrer und Rektor, aber auch durch Bereitstellung von alten Gebetbüchern, Rechenfibeln und antiquierten Naturgeschichten organisiert. Und andererseits will der Vater offensichtlich an seinem Jungen damit etwas gut machen, bzw. sein eigenes Versagen kompensieren. Hier scheint auch eine Erklärung zu liegen, warum Karl Mays Umgang mit Wissen, insbesondere auch mit den Wissenschaften, sich auf hohem dilettantischem Niveau ansiedeln konnte. Vergleichbares gilt auch für die Förderung der musikalischen Begabungen des Jungen: Beim Kantor erlernt er das Geigen-, Klavier- und Orgel-

spiel sowie Grundbegriffe des Tonsatzes, was sich später in bescheidenen Kompositionen niederschlagen sollte. Seine Freizeit ist also ausgefüllt weit über das hinaus was sonst derartige Armut ermöglichte. Aber offensichtlich gab es da doch noch Reserven, die der Vater entdeckte und mit einer für den 12-jährigen Karl nicht besonders förderlichen Beschäftigung ausfüllte: Kegelaufstellen. In der Hohensteiner Schankwirtschaft „Engelhardt", in der Vater May auch Stammgast war, wurde ein Kegelaufsetzer gesucht. Und so verbringt Karl die restliche freie Zeit im Dunstkreis der berauschten Gesellschaft, deren Stammtischgespräche – die hoch-politischen und die derb-zotigen – ihm nicht verborgen blieben. Hinzu kommt noch jene Hintertreppenbücherei der Kneipe, die von Schund- und Kitsch-„Literatur" überquoll. Und trotz alledem verlässt Karl May die Rectorats-Schule mit dem Prädikat „Sittliches Verhalten 1, Wissenschaften 2". Inwieweit all das auf sein späteres Gesamt-Werk nachhaltig Einfluss hatte, ist bereits ausführlich von der Literaturwissenschaft untersucht worden. Während in einzelnen Werken der Indianerliteratur immer mal wieder sowohl inhaltlich (Bräuche, Lieder) als auch sprachlich (typische erzgebirgische Ausdrücke sind eingeflochten) Hinweise auf die Erzgebirgsheimat von Karl May nachzuweise sind, so ist die Gegend seiner Geburt in den „Erzgebirgischen Dorfgeschichten" im „Buschgespenst" sowie in den Bänden 43 und 44, „Aus dunklem Tann" und „Der Waldschwarze", direkt repräsentiert. Insbesondere in den „Erzgebirgischen Dorfgeschichten" kommt seine Hinwendung zur unmittelbaren Heimat und ihren Menschen zum Ausdruck. Im Vorwort schreibt er 1909 dazu: „Komm, lieber Leser, komm! Ich führe Dich hinauf in das Gebirge. Du kannst getrost im Geiste mit mir gehen. Der Weg ist mir seit langer Zeit bekannt. Ich baute ihn vor nun fast dreissig Jahren, und Viele, Viele kamen, die meine Berge kennen lernen wollten, doch leider nur, um sich zu unterhalten! Dass es auch Höhen giebt, in denen man nach geistgem Erze schürft, das sahen sie bei offnen Augen nicht, und darum ist es unentdeckt geblieben. Ich führte sie dann einen anderen Weg, der von der flachen Wüste aufwärts stieg, durch fremdes Land und fremde Völker führte und oben enden wird bei Marah Durimeh (Anm. d. Autors.: seine ‚Friedensfürstin‘, die wohl Bertha von Suttner zur Vorlage hatte). Auf diesem Weg begann man, zu begreifen. Man sah nun endlich ein, was die Erzählung ist: nur das Gewand für geistig frohes Forschen. Man hat gelernt, zum Sinn hinabzusteigen, der uns des Erzes Adern, der Tiefe Reichthum zeigt. Wer das ihm Nahe nicht verstehen will, den muss man klüglich in die Ferne leiten, wenn auch auf die Gefahr, dabei verkannt zu werden! Heut kehr ich nun ins Vaterland zurück, um jenen alten Weg aufs Neue zu betreten. Er ist nicht weit und auch nicht unbequem. Er führt nur auf ein kleines ‚Musterbergle‘. Wir nehmen uns ein ‚Sonnenscheinchen‘ mit, so einen Seelenstrahl, der uns zu leuchten hat, bis wir an unser kleines ‚Häusle‘ kommen. Im ‚Bergle‘ giebt es Silber, wohl auch ein wenig Gold. Das wird bewacht vom Geist des Neubertbauers. Wer diesen Geist, den doppelten, begreift, der darf den Schatz und dann auch selbst sich heben!“ Auch in „Weihnacht“, „Frieden auf Erden“ und in seiner Selbstbiographie „Ich“ sind immer wieder Bezüge auf seine Heimat festzustellen. Aber auch in den Blättern „Der Löwe von Sachsen“ (1849–1902) oder in der 1875 in Dresden herausgegebenen Zeitschrift „Schacht und Hütte“ sind auch Themen aus dem Erzgebirge vorhanden.

Nicht zuletzt drückt sich die Heimatverbundenheit des Erzgebirgers Karl May auch in dessen Lyrik aus. Als Beispiel soll hier das Gedicht an seine Mutter aus den „Himmelsgedanken“ (Freiburg 1909) folgen. Verse, die den Lebenskreis, auch zu seiner „Mutter“-Heimat – dem schmerz- und freudenreichen Erzgebirge – schließen helfen:

An die Mutter

Ich hab gefehlt, und du hast es getragen,
So manches Mal und, ach, so lang, so schwer.
Wie das mich nun bedrückt, kann ich nicht sagen;
O komm noch einmal, einmal zu mir her!

Du starbst ja nicht; du bist hinaufgestiegen
Zu reinen Geistern, meiner Mutter Geist.
Ich weiß, du siehst jetzt betend mich hier liegen;
O komm, o komm, und sag, daß du verzeihst!

Komm mir im Traum; komm in der Dämmerstunde,
Wenn, Stern um Stern, der Himmel uns umarmt.
Bring mir Verzeihung, und bring mir die Kunde,
Daß auch die Seligkeit sich mein erbarmt!

Nietzsches liebster Gast

Die drei Leben des unverstandenen Erzgebirgers Heinrich Köselitz – alias Peter Gast (1854–1918) aus Annaberg

Es gibt in Annaberg zwar einen Platz vor dem ehemaligen Wohnhaus der Familie Köselitz, der jenen Namen trägt. Gleich gegenüber dem Schutzteich, nahe der katholischen Kirche. Auch eine unscheinbare Peter-Gast-Straße existiert außerhalb der ehemaligen Stadtmauer. Und manch ein lokaler Historiker weiß vielleicht noch, dass mal ein Vizebürgermeister auch auf den Namen Köselitz gehört hat, – es war Hermann, der Vater jenes Philosophen, Literaten, Musikers, Mundartdichters, Komponisten und engsten Vertrauten von Friedrich Nietzsche, der als Johann Heinrich Köselitz am 10. Januar 1854 in Annaberg geboren wurde und über den man in seiner Heimatstadt so gut wie nichts mehr weiß.

Sowohl sein Bruder, der Kunstmaler Rudolf Köselitz, als auch Heinrich, sind mit ihren intellektuellen Leistungen weit über das Erzgebirge, und Letzterer sogar über Deutschland hinaus bekannt geworden. Vielleicht ist das ein Grund mit, warum die Köselitz' zu Hause nie größere Beachtung fanden, da die kleingeistige Umgebung ihnen intellektuell nicht folgen konnte. Jahrzehnte später ereilte übrigens den Philosophen, Sprachwissenschaftler und mittlerweile europaweit anerkannten Graphiker Carlfriedrich Claus (1930–1998) aus Annaberg ein ähnliches Schicksal, aber das ist eine andere Geschichte, die an anderer Stelle erzählt wird.

So sind dann auch die städtischen Veranstaltungen anlässlich des 150. Geburtstages von Heinrich Köselitz im Jahre 2004 entsprechend spärlich ausgefallen. Die lokale Presse reagierte nur mit einem verschwommenen Beitrag auf dieses – nicht nur erzgebirgische – Ereignis und im Theater spielte man ein paar Musikstücke vom Komponisten Peter Gast. Von daher dürfte es wohl an der Zeit sein, dass sich nunmehr etwas ausführlicher mit diesem unbekannten, weil unverstandenen Sohn Annabergs beschäftigt wird.

Der Vater von Heinrich Köselitz, der neben seiner Tätigkeit als bärtiger Vizebürgermeister (verstecktes Foto im Annaberger Heimatmuseum, wo nichts auf den Sohn hindeutet) auch noch im Vorstand einer Seidenfärberei in Annaberg wirkte, verstand es, gemeinsam mit seiner Wiener Gattin, jenes musische Klima zu schaffen, das zur Voraussetzung für die Entfaltung der beiden Söhne zu solchen Künstlerpersönlichkeiten wurde.

Besonders Heinrich stand im Zentrum der Aufmerksamkeit der Eltern bei der Erziehung zur Liebe gegenüber der Natur sowie im Hinblick auf schöngeistige und wissenschaftliche Literatur und besonders zur Musik. Es ist deshalb nicht verwunderlich, wenn Heinrich nach dem Besuch der Annaberger Realschule auf Drängen des Vaters zwar in Leipzig eine kaufmännische Lehre begann, diese aber sehr schnell gegen ein Musikstudium am dortigen Konservatorium eintauschte. Mit dieser „Kurskorrektur" waren die „drei Leben" des Heinrich Köselitz und späteren Peter Gast vorbestimmt: ein Leben als engagierter Literat und eines als erfolgloser Tonschöpfer, der die Wurzeln seiner erzgebirgischen Herkunft in sich künstlerisch verarbeitet und der Nachwelt interessante, wenn auch umstrittene Werke hinterlassen hat.

Und das dritte, das eigentliche Leben, verbrachte er an der Seite der großen Empörergestalt des 19. Jahrhunderts, dem Philosophen und Literaten, aber weniger als Musiker bekannten Friedrich Nietzsche (1844–1900), als dessen Berater, Kritiker, Korrektor, Vorleser, Zuhörer, „Intimus" und „...einziger Freund!", wahrscheinlich auch „letzter Freund!" (A. Mendt, 1920 in Briefwechsel Nietzsche/Gast) er über dreißig Jahre – und über dessen Tod hinaus – wirkte.

Der Literat

Wie gut, dass die Volksdichtung, und damit auch die in Mundart geschriebene Literatur, nun schon seit geraumer Zeit – und örtlich bedingt – als schriftstellerische Äußerung fast gleichberechtigte Anerkennung erfährt, wie die im so genannten Hochdeutsch verfassten Texte. Als Heinrich Köselitz seine Werke in unserer erzgebirgischen Mundart schrieb, war diese Gattung in den Kreisen, aus denen er kam, ein wenig anerkannter, oftmals belächelter und häufig geringgeschätzter Nebenzweig der „richtigen" Literatur. Um so verdienstvoll, ja mutig ist es zu werten, dass sich gerade der aus bürgerlichem Hause stammende Köselitz aktiv mit der Mundart beschäftigte und für ihre Reinheit, einheitliche Schreibweise und verlegerische Verbreitung eintrat. Dies geschah zu einer Zeit, als er sich bereits intensiv mit den sprachgewaltigen und auch an Formulierungseffekten reichen Werken Nietzsches auseinandergesetzt hatte. Gast schrieb immer mal wieder, aber hauptsächlich in den letzten Jahren seines Lebens, eine Reihe Humoresken, Geschichten und Gedichte in der Sprache unseres Gebirges. „Selbst die Venezianischen Kaffees vermochten Gast seine heimatliche Gebundenheit nicht nehmen", schreibt Erich Podach in seinem 1932 erschienenen Buch „Gestalten um Nietzsche".

Wer sich der lohnenden Mühe unterzieht und die teilweise verstreute Erzgebirgsliteratur von Heinrich Köselitz sammelt und liest, wird mit Gewinn für sich bestätigt finden, dass dieser Mann die innere Bindung an seine Heimat nie verloren hat. Noch mehr darüber erfährt man aber aus dem Briefwechsel zwischen Nietzsche und Gast, in dem Annaberg und das Erzgebirge mehr als einmal eine Rolle spielen.

In „Verwerrtes Volk" (1893), „Pfarrer Wildsche und einige andere Gedichte" (1896) oder in seinen „Aphorismen zur Lebensweisheit" (um 1900) zieht sich wie ein roter Faden seine Auffassung vom Leben und zum Verhalten gegenüber seiner Umwelt durch. Eine Lebensphilosophie, die er sowohl zur eigenen inneren Stabilität als auch in zunächst noch vorsichtiger Distanz zu Nietzsche und einem Teil dessen Werks einnahm. In einem Brief an die Schwester des Philosophen, Dr. Förster-Nietzsche, mit der er später noch erhebliche Probleme bei der Nachlasssichtung und -verwaltung haben wird, meint er trefflich: „Bemuckt sei' will de ganze Walt!"

Vom Ziegenhirt zum Gast

In einem Brief an Ernst Pfeiffer vom 8. April 1918, wenige Monate vor seinem Tod, ist vermutlich ein Schlüssel zu finden, warum er auf Anraten Nietzsches das Pseudonym Peter Gast annahm: „Das Geschlecht, dem ich entstamme, ist wie das ganze Ostdeutschtum nicht ohne slawischen Einschlag. Ich heiße ja eigentlich Johann Heinrich Köselitz, und das bedeutet Ziegenhirt. Wir sind ein altes Patriziergeschlecht von Annaberg, der Stadt Adam Riese und einstigen glänzenden Silberbergbau. Mein Großvater war ein großer Philantrop, Redner und Wohltäter des Gebirges, mein Vater Vicebürgermeister von Annaberg, meine Mutter eine Wienerin, so dass sich Süden und Norden freundlich in mir begegnen."

Ein „Ziegenhirt" ließ sich nach seiner Meinung in der internationalen Kunstwelt viel schlechter vermarkten als ein „maestro Pietro Gasti", wie ihn Nietzsche in Stunden höchster Verzückung oder schon allmählich einsetzender geistiger Umnachtung in Briefen oder in der Gesellschaft zu nennen pflegte. Dabei bezog sich dieses „maestro" in erster Linie auf den von Nietzsche überschwänglich verehrten Musiker Peter Gast, seinem „Süden in der Musik!" Dass der nicht unbegabte, aber erfolglose Komponist sein Künstlerdasein zunächst vollkommen überschätzend, folgende Brief-Zeilen vier Monate vor seinem Tod an Pfeiffer schrieb, zeugt von dieser ihn zeitlebens bedrückenden Kompensation: „Meine Natur ist mozartisch, meine Lehrmeister Bach, Beethoven (Quartette), Wagner. Niemand kann moderner sein als ich; ich bin Schüler des Leipziger Thomaskantors Professor Ernst Friedrich Richter, habe eine ganze Bibliothek schwierigster Canon-, Fugen- und Kontrapunktstudien zusammengeschrieben und nehme es darin mit jedem auf!"

Nietzsche setzt sich schließlich für die Uraufführung zunächst der Ouvertüre und später des ganzen „Löwe von Venedig" ein, – das Hauptwerk von Peter Gast, das 1884 als Oper „Die heimliche Ehe" konzipiert und unter obigem Titel (Gast hatte spät von Chimarosas gleichnamiger Oper erfahren) 1891 in Danzig uraufgeführt wurde. Seit 1933, als die Oper in Chemnitz am 11. Februar gezeigt wurde (sie erlebte acht Vorstellungen und 1936 wurde sie noch 11-mal aufgeführt), ist keine weitere Inszenierung bekannt. Noch einmal findet die Oper eine eher tragische Erwähnung in einem geistig umnachteten Brief Nietzsches (den er diesmal mit „Dionysos", sonst mit „Der Gekreuzigte", unterschrieb) an Hans von Bülow vom 4. Januar 1889: „In Anbetracht, dass Sie angefangen haben und der erste Hanseat gewesen, ich, in aller Bescheidenheit, bloss der Dritte Veuve Cliquot-Ariadne, darf ich Ihnen schon nicht das Spiel verderben: vielmehr verurteile ich Sie zum ‚Löwen von Venedig' – der mag sie fressen..."

Erzgebirge prägt Musik von Peter Gast

Es ist anzunehmen, dass Peter Gast auch die Vorlesungen von Professor Nietzsche über „Rhythmik und Geschichte" gehört hat. Dennoch hatte dessen Theorie von der Zeit- und Affektrhythmik, in der die Zeitrhythmik die Maßgrundlage der antiken und die Affektrhythmik die nordisch-germanische Welt bildet, nur wenig nachweisbaren Einfluss auf das tonkünstlerische Werk von Peter Gast. Sein musikalisches Schaffen ist vielmehr geprägt von den unterschiedlichen Grundnaturen, die er im Laufe seines Lebens verinnerlichte: Die sanfte Landschaft seiner Heimat und die erzgebirgischen Menschen mit der ihnen typischen Lebensweise einerseits sowie der südliche Kontrast dazu, den er aus den Aufenthalten in Italien – insbesondere in Venedig – bezog, hinterließen andererseits die eigentlichen Spuren in seinem Werk. Wenn Musikwissenschaftler im Schaffen von Peter Gast retrospektive Züge, nicht nur innerhalb seines künstlerischen Werkes, sondern auch zur Umwelt und gar zur individuellen Geschichte entdeckt haben wollen, so ist wegen der spärlichen und oberflächlichen Beschäftigung mit diesem Mann dafür der Beweis noch nicht erbracht worden. Vielmehr dominieren in den musikalischen Werken südliche Leichtigkeit, liebenswürdige Melodik und selbstverständlich dramatische Anlehnung á la Wagner, die jedoch nicht so ernst genommen werden sollten, wie sie mitunter klingen. Dass Gast auch über eine gute Portion Humor und Selbstironie verfügte, kann in seinen erzgebirgischen Mundartgeschichten nachgelesen werden. Einzig bei der Beschäftigung mit Nitzsches Werk wird seine Sprache ernst, bedächtig, künstlich und nicht selten auch sehr pathetisch. Es ist eine andere, fremde Welt, ein Leben, in dem er sich offensichtlich nur scheinbar wohlfühlte, mit dem er sich aber – auch sprachlich – arrangieren musste, um seine zwei anderen Leben führen zu können.

So kann die Musik des Peter Gast also eher lyrisch, statt erhaben bezeichnet werden, sie gibt sich einfühlsam und transparent. Nur in seinen musikalischen Bekenntnissen zum Ersten Weltkrieg, den martialischen Märschen (1914) und in der protzigen „Reichshymne für Kirche, Schule und Vaterland" (Orgel, Chor, Posaunenchor, 1916) unterwirft er sich dem zeitweiligen nationalen Taumel und wird sich damit selbst eher untreu und fremd. Insgeheim kannte Peter Gast offenbar seine Grenzen, wie das mitunter in seinen verzweifelten Briefen aufscheint. Hätte er Erfolg gehabt, wäre er Musiker geblieben. Ohne weitere Wertungen musikwissenschaftlicher Art hier zu wiederholen oder eine aktuelle Analyse hinzufügen zu wollen, sollen dennoch sein Streichquartett, der Csárdas, die Kinderhymne sowie die Sinfonie „Helle Nächte" (die u.a. im Leipziger Gewandhaus zur Aufführung kam) nicht unerwähnt bleiben. Damit soll auch auf einen Peter Gast aufmerksam gemacht werden, der von dieser Seite relativ unbekannt ist. Eine nähere Beschäftigung mit seinem musikalischen Schaffen – sowohl in theoretischer, aber noch mehr in praktischer Hinsicht – dürfte durchaus von einem gewissen Gewinn sein. Neuerliche Aufführungen einzelner Werke im Umfeld seines 150. Geburtstages durch das Annaberger Theater-Orchester brachten dem unbekannten Sohn dieser Stadt späte Anerkennung – allerdings nur als Musiker.

Das Erzgebirge in den Briefen von Peter Gast

Peter Gast hat an Friedrich Nietzsche zwischen 1876 und 1889 insgesamt 251 Briefe geschrieben; im gleichen Zeitraum gibt es 277 Briefe und Karten, die von Nietzsche an Gast gerichtet sind. Als Absender haben die Briefe von Peter Gast u.a. Basel, Venedig, Zürich, Wien, München, Berlin, Leipzig, Dresden und immer wieder Annaberg. Auch auf die Gefahr hin, dass es zu chronologischen Brüchen kommen wird, wollen wir uns angesichts der Fülle des recherchierten Materials hier nur auf die Briefe konzentrieren, in denen Annaberg oder das Erzgebirge sowie die Familie von Heinrich Köselitz/Peter Gast eine Rolle spielen. Dabei wurde versucht, möglichst alle Passagen zu erfassen, die das Thema berühren. Aber auch anhand dieser wenigen Ausschnitte wird deutlich, dass Peter Gast ein Meister in der leider aussterbenden Kunst des Briefeschreibens war, der sich durchaus auf diesem Gebiet mit

Nietzsche messen konnte. In seinem Brief-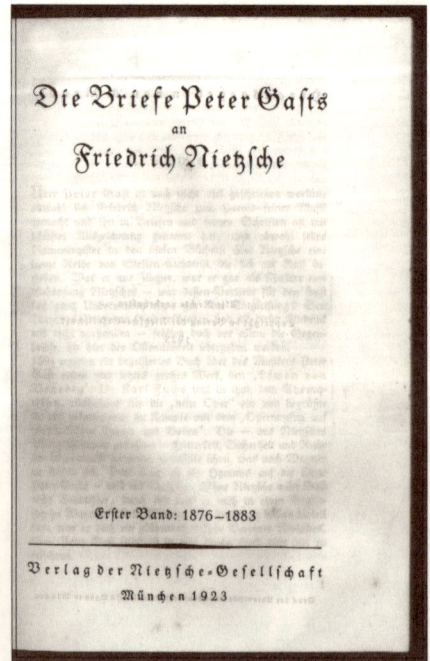
wechsel mit Nietzsche wird auch deutlich,
wie einzigartig diese Männerfreundschaft
auf geistigem Gebiet gewesen sein muss
und von daher weit über bloßes Adepten-
tum hinaus reichte – auch bei allem Leiden eines letztlich erfolglosen Gasts.

Die damalige Schreibweise ist in den
Briefzitaten ausdrücklich beibehalten
worden. Die erste Erwähnung seiner Annaberger Familie findet sich im Brief vom
15. September 1879 aus Venedig: „Unter
den aufregenden Thatsachen, die ich zu
Anfang des Briefes erwähnte, ist auch die,
daß sie meinen Vater zum Landtagsabgeordneten gewählt haben: ich freue mich
sehr über die Anerkennung, die ihm damit für seine Bemühungen um seine Va-
terstadt zu Theil wird. In ihm ist ein Zug
zum humanitären Wirken, wie in meinem

Großvater, dessen weitreichende Korrespondenz ich als Knabe schon oft durchblätterte; er stand im Zusammenhang mit vielen Leuten in ganz Europa, die ähnliche Ziele verfolgten; so erinnere ich mich noch vieler Briefe des biederen Heinr. Zschokke u.a. Dieser mein Großvater hat mehrere Gewerbevereine in Sachsen und eine Gewerbeschule gegründet, überhaupt im Sinne der ‚Briefe zu Bef. d. Humanität‘ Herders gewirkt. Er war Kaufmann, d.h. in einer Zeit, da in den Zeitungen z.B. zu lesen war, daß die Studenten und Kaufleute diese od. jene gemeinschaftl. Feier begangen hätten, – wie haben sich seitdem die Zeiten geändert! – Ich komme wohl gar auf den Einfall, mir auf solche Vorfahren etwas einzubilden."

Am 1. Oktober des selben Jahres gesteht er Nietzsche: „ich habe nie einen Pfennig in meinem Leben verdient", um ihm sogleich und recht unvermittelt über seine botanischen Ambitionen in Annaberg zu informieren: „Ich habe in meinem Leben auch viele Pflanzen gezogen, aber kein Gemüs, sondern immer gleich Bäume; und so stammt denn von meiner Hand eine ganze Parkanpflanzung hinter meinem Elternhaus (heute Köselitz-Platz, nahe Schutzteich, d. A.): Ahorn, Eschen, Linden, Kastanien, Nuß und Tannen, ein Terrain so groß wie die halbe Schützenwiese in Basel, etwas schräg an den Berg gelehnt: – unser Haus steht außerhalb der Stadt, es ist das höchste von den übrigen, nach unseren Messungen ohngefähr 1900 Fuß über dem Meeresspiegel, mit schönsten Aussichten in die Berge. Etwa 500 Bäume

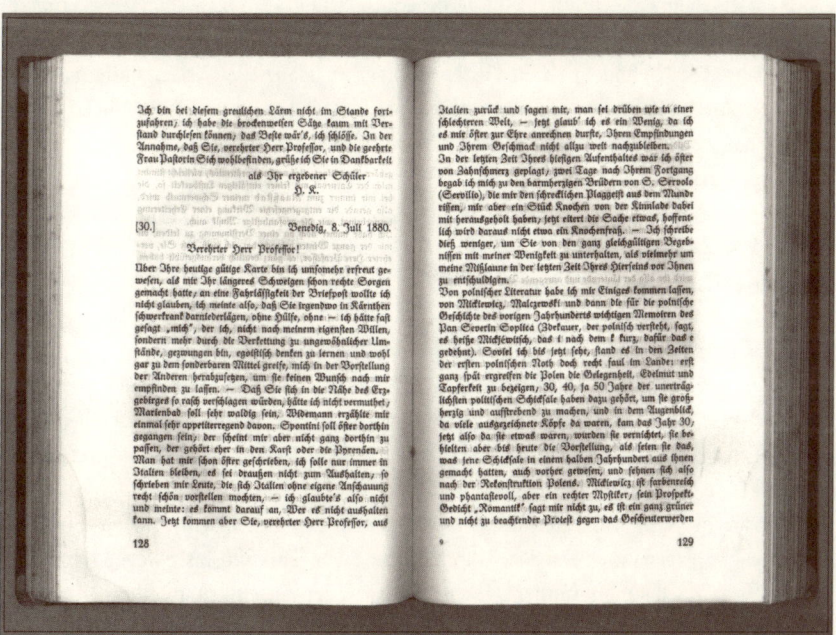

Zwischen 1876 und 1889 schrieb Peter Gast 251 Briefe an Friedrich Nietzsche. Hier einer aus Venedig vom 8. Juli 1880.

habe ich gepflanzt, die anderen Geschwister haben in meinem Sinn dann fortgefahren; das Haus bleibt in den Händen meines älteren Bruders, der Alles übernimmt, – so daß ich später darin wieder einkehren kann. Anno 76 sah ich die Anpflanzung wieder, sie war mir schon über den Kopf gewachsen."

Zeitlebens war Peter Gast mittellos, hatte nie Geld, aber viele Schulden („...verzeihen Sie, dass Ihnen die 100 Fr. noch nicht geschickt habe; es ist mir von daheim noch keine Substistenz zugekommen...", Venedig, 17. Juni 1881), nicht wenige Schuldner, und er hungerte mitunter tagelang. Er wurde zwar ab und an mit einem kleinen Honorar von Nietzsche bedacht, die „Überlebenspfennige" aber kamen meist vom Vater aus Annaberg, wie die nachfolgenden Zeilen beweisen: „Von letzten Donnerstag Abend bis heute, Mittwoch, Mittag, habe ich, mit Ausnahme des Sonntags, an dem ich bei jener österreichischen Frau einiges Obst vorgesetzt bekam, Nichts als einige Quanten Wasser zu mir genommen. Schuld daran ist Maestro Martin, dem ich für die Reise zu seinem reichen Onkel 40 Fr. geborgt habe, und der nicht wiederkommt. Heut bin ich dann durch meinen übermenschlich für mich sorgenden Vater von dieser Qual erlöst worden." (Venedig, 21. Juli 1880) Und ein Jahr später schreibt er am 8. November: „Denk ich aber an dies und jenes oder daran, unter wie harten Mühen die monatl. 100 Fr. von meinem Vater für mich erarbeitet werden müssen, so bin ich rasch entschieden, daß ich mir als bürgerliche unselbständigem Menschen versagen muß, was sogar in Hinsicht auf seine Kinder mein Vater sich versagt."

Im Jahre 1882 befindet sich Gast nicht nur in einer finanziellen Krise, sondern auch in einem Schaffenstief, in dem er „sogar schon vom Spital" geträumt und „gräßliche Angst" um sich hat, weil er meint, dass er mit seinem „verpfuschten Leben meinen Leuten nur Leid und Sorgen mache."

Uneitles Elternhaus

Alles was ihm seine Angehörigen – insbesondere sein Vater – an Unterstützung zukommen lassen, betrachtet er fortan als geliehen: „Sollte mir Fortuna einmal hold werden, so werde ich mich meinen Angehörigen erkenntlich zeigen, auf deren Kosten ich lebe. – Ach, es ist oft zum Närrischwerden!" – schreibt er verzweifelt am 25. März 1882 aus der „Biber-Republik".

Wie sich die Eltern von Peter Gast dessen Lebensweg vorgestellt haben, ist nicht überliefert. Offenbar plagen ihn in den 80er Jahren immer mehr Gewissensbisse wegen seiner mageren Erfolge. Auch kommt immer stärker der Begriff der Einsamkeit in seinen Briefen aus Venedig vor, die er zwar in einen Genuss für sich ummünzt. Dennoch wird ihm vor seinem Aufenthalt in Wien bange, da er erahnt, dass ihm gerade in dieser Weltstadt der Musik als kleiner Musikant kaum Karriere-Chancen eingeräumt werden: „Zum Glück sind meine Eltern nicht von der Eitelkeit geplagt, ihren geduldeten Sohn einmal als k.k. Tactstockschwinger sehen zu wollen", beruhigt er sich selbst am 15. August 1880 an seinen „Verehrten Herrn Professor" als „Ihr dankbar ergebener Schüler H.K." Seinen Vater scheint er besonders zu verehren, wie in einem Antwortschreiben vom 12. März 1882 an Nietzsche durchschimmert: „Ich bin nicht wohlgeboren; Sie sprachen von meinem Vater, – was einen Vortheil für mich als seinen Sproß hat, ist vielleicht, daß er als sehr sensibler Mann doch mein Lebtag die schwersten psychischen Arbeiten verrichtet hat. So ist wahrscheinlich die Nervenmasse bei mir in ein besseres Verhältnis zur Musculatur getreten; die alten Völker schienen wohl auch in ihren Leibesübungen nach einer guten Bettung des Nervensystems zu trachten. Allenfalls hätt' ich demnach zum Fleischer getaugt." Sowohl sein malender Bruder Rudolph Köselitz, als auch Vater und Schwester besuchten ihn in Venedig, wie aus dem Entschuldigungsbrief an Nietzsche vom 30. April 1883 hervorgeht: „Ich habe Besuch und werde in der nächsten Zeit noch welchen dazu bekommen: Vater und Schwester... verzeihen Sie gütigst, daß ich auf Ihren gütigen Brief und Karte nur mit dieser Antwort danke." Am 27. November 1882 informiert Gast Nietzsche aus Leipzig: „Ich reise schnell nach Hause ab. Für den Fall, daß Sie mich bald wieder mit einigen Worten erfreuen wollen, füge ich die Adresse bei: einfach H.K. Annaberg (Sassouir)", um bereits eine Woche später sein heimatliches Umfeld wie folgt zu charakterisieren (Annaberg, 12. Dezember 1882): „Seit acht Tagen bin ich hier, von den Erfahrungen der Alten naschend, und oft erstaunt, zu sehen, wie mit dem zunehmenden Alter auch die Weite des Gesichtskreises, das Denken in Allgemeinheiten, bei ihnen zunimmt. Mein Vater flößt mir damit einen Heidenrespect vor sich ein und eine Verachtung vor meinem Eigendünkel, der mir für gewöhnlich die Zurückgezogenheit ertragen hilft. Im Grunde ist es eine bescheidene Art des Eigenlobes, die Tugend und den Verstand seiner Eltern zu loben oder sich dankbar gegen seine Lehrer zu bezeigen: schließlich ist all unser Lob ein Eigenlob, aller Tadel ein Eigentadel – unsere Organe sagen über die Qualität ihrer Eindrucksfähigkeit aus" – schwadroniert er ganz im Duktus seines Lehrers, der sich in Genua aufhält. „Ich bleibe noch eine Zeit hier" – lässt er den in einem PS wissen.

So verbrachte er die gesamte Weihnachtszeit und das neue Jahr 1882/83 in Annaberg. Erst am Tag der Heiligen Drei Könige schreibt er aus München, wo er sich eine Nacht auf dem Weg nach Venedig aufhält. Es ist das Jahr, in dem er ausrufen wird: „Aus dem Wald fort, in die Welt ziehn: nimmer kehr' ich zurück – punctum!" (Venedig, 18. April 1883) Wie wir wissen, wird er dieser Schutzbehauptung mehrfach – und nach dem Tod Nietzsches gänzlich – untreu. Allerdings war sie damals aus der Überlegung geboren: „Ich würde sehr wenig kosten, wenn ich daheim lebte; aber zu welchen Schlechtigkeiten würde mit der Zeit mein bloser Anblick die harmlosesten Menschen verführen. Es lebe die Unzusammengehörigkeit einiger Menschen!"

Schließlich litt der Mundartschriftsteller zumindest im Ausland darunter, als Sachse erkannt zu werden, wie das in einem Brief vom 18. April 1883 anklingt, in dem er Nietzsche gegen den Kritiker August Rodhe verteidigt: „Rodhe kenne ich von Bayreuth 1876 her. Er machte damals viele Witze im sächsischen Dialekt, wahrscheinlich, um mir zu beweisen, daß er namentlich an das Sachsenthum in mir denke." Aber seines „Sachsentthums" hat sich Peter Gast zeitlebens nicht geschämt, zumal er ja im Sachsen Nietzsche (geboren in Röcken bei Leipzig) eine Art Landsmann wähnte. Und so schilderte er dem häufig Kranken dann auch ab und an seine heimatlichen Eindrücke wie etwa im Brief vom 30. Juni 1884 aus Annaberg: „Jetzt bin ich daheim, wohne in einem Nachbarhaus, das meinem Vater gehört, und will deutsche Knüttelverse über italienische Liebenswürdigkeiten zimmern. Hier ist die Natur vom Allerschönsten, und eine Stille genieße ich, gegen die jede venezianische Stille noch Lärm ist. Ich befinde mich dabei wohl, bin ohne Bedenken und auch nicht ohne einige Hoffnung. Es geht nichts über die Dummheit, die Einem die Gesundheit (Nominativ) giebt." Er schreibt ihm aber auch, dass ihm das Gehabe der Dresdner auf seinem Weg in Erzgebirge nicht sonderlich behagte „Dresden war mir so widerlich. Die dortige Parole: freundlich und läppisch-freundlich um jeden Preis, vertrage ich nicht. Noch weniger das Wandern zwischen so vielen Warnungstafeln. Und dies Nähmamsell-Sprache: Jeder bemüht sich, die schlecht construierten Sätze so albern wie möglich aus dem Mund zu bringen" – regt sich der erzgebirgische Mundartdichter über das dort gesprochene Sächsisch auf.

Sommer im Erzgebirge war ausnehmend schön ...

Offenbar blieb Gast bis Anfang November in Annaberg. Am 2. September schreibt Nietzsche nach langer Pause aus dem schweizerischen Sils-Maria nach Annaberg über den Fortgang seiner philosophischen Arbeiten, aber auch über seine Einsamkeit und dass er sich Gast bald wieder in seine Nähe als Gesprächspartner und Vorleser wünscht: „Kein Mensch, der mir vorliest! Alle Abende melancholisch im niedrigen Zimmer, frostklappernd, 3-4 Stunden die Erlaubnis abwarten, zu Bett zu gehen!" Gleichzeitig teilt er seinem „lieben, verehrten Freund" mit, dass er die Absicht hat, nach seiner Cholera-Quarantäne, nach Dresden zu kommen, um dort der möglichen Aufführung von Gasts Oper „Der Löwe von Venedig" (zu der es allerdings nicht kommen wird) beizuwohnen.

Neben der Freude über die Ankündigung des „verehrten Herrn Professor" schreibt er am 5. September aus Annaberg seine Sorgen: „Der Sommer im Erzgebirge war ausnehmend schön. Heut hat es zu regnen begonnen – und damit beginnt auch der Unwille bei mir, und die größte Lust, fortzugehn. Aber dagegen stemme sich wieder haushohe Mauern, die mich am Ende noch erschlagen. Die Färberei meines Vaters steht seit Weihnachten fast ganz still: das ist nun durchaus kein Spaß, – am wenigsten für mich, der ich die Verhältnisse genauer kenne. Ich muß jetzt hier bleiben." Und er endet den Brief: „Man telegraphirt mir zum Abendessen und so schließe ich, Sie aus dieser ‚wilden Ecke' – so hieß unsere Gegend vor Erbauung der Stadt – noch herzlich grüßend als Ihr ergebner Schüler K." Am 13. Oktober gratuliert er aus Annaberg zum Geburtstag Nietzsches, den dieser am 15. des Monats begeht. Einen Tag später erteilt er seinem Professor eine Absage auf dessen Einladung, rasch in die Schweiz zu kommen mit der Begründung „...es fehlt mir an Lust, zu meiner bangenden geschäftslosen Umgebung davon zu sprechen; ich weiß vorher, dass die Wichtigkeit dieser Reise nicht gleich plausibel zu machen ist". Am 18. Oktober 1884 teilte Nietzsche ihm freudig mit, dass die Ouvertüre zum „Löwen von Venedig" erstmals in der Zür-

Heinrich Köselitz wieder in Annaberg: Als Peter Gast im Jahre 1916 (am oberen Bildrand eigenhändig unterschrieben)

cher Tonhalle zur Aufführung kam, worauf Gast ihm am 20. Oktober überschwänglich dafür dankte. Gleichzeitig bedauert er aber auch, dass er sein Werk noch nie zu Ohren bekam. Den schmeichelhaften Brief Nietzsches zeigte Gast seinem stolzen Vater, der darauf hin seinen Sohn aufforderte, nach Zürich zu reisen. Im selben Brief kündigt er dann sein Kommen an: „So hab ich wahrscheinlich das große Glück, Sie verehrter Herr Professor, in den nächsten acht Tagen wiederzusehen: was mir sehr noth täte, denn ich war hier nicht ganz am rechten Ort. Ich weihe mich zu sehr in die Sorgen ein, die meine Leute bewegen, – um dergl. darf ich mich aber nicht kümmern und darf keine Gelegenheit haben, es zu tun" – meint der verhinderte Künstler, der immer noch glaubt, irgendwann seine Anerkennung im Ausland bekommen zu können. Aber seine Misserfolge häufen sich.

Seine bescheidenen musikalischen Werke, darunter auch seine Oper, sendet er an alle möglichen Intendanten mit der Bitte um Aufführungen. Die meisten antworten nicht einmal auf die ihnen zugesandten Noten-Manuskripte. Selbst der Papa in Annaberg wird mit eingeschaltet: „Mein Vater schreibt mir heute (Venedig, 7. Juli 1885, Anm. d. A.), er habe dem Landtagsabgeordneten Unger in Dresden die Sache berichtet; das ist ein steinreicher, energischer Mann, der jede Gelegenheit sucht, meinem Vater dienlich zu sein. Der werde nicht eher von der Stelle weichen, bis er erreicht, was er wollte." Und verzweifelt schreibt er an Nietzsche weiter: „Selig sind die, welche keine Opern verschicken; ich kann beinahe nichts arbeiten; Alles scheint mir verloren und zum Neu-Anfangen fehlt mir die Luft und die Kraft. Lang halte ich diesen Zustand nicht mehr aus." Am 4. Dezember teilt Gast seinem „Lehrer" noch einmal mit, dass er demnächst von Wien über Dresden nach Annaberg reisen wird, um nach einem Besuchsaufenthalt beim Vater nach Karlsruhe zu fahren. „Ihre gütigen Nachrichten treffen mich am sichersten, wenn Sie nach Annaberg (Sachsen) adressieren; aber ich bitte höflichst ohne jeden Titel!" – „Daheim will ich mich ein paar Tage aufhalten und auf den Bergen herumgehen, die in die blaue Stille des Weltraums hineinragen…", – schreibt er am 9. Dezember noch einmal aus Wien. Aus den paar Tagen Annaberg-Aufenthalt werden über acht Monate, die er zu Hause verbringt. Zwischen Weihnachten und Neujahr 1885/86 existieren nur wenig Briefe von Nietzsche an Gast, die er aus Nice in Frankreich nach Annaberg sendet.

Winter in Annaberg

Gast meldet sich erst wieder am 27. Januar 1886 mit einem Entschuldigungsbrief aus dem verschneiten Annaberg bei Nietzsche: „Ich kam nicht eher zum Schreiben, als heute – was Sie mir, in Anbetracht der Unwichtigkeit meiner Worte, leicht verzeihen werden. Mein Vater hat sich, auf einer seiner tollkühnen Schlittenfahrten, den rechten Arm ausgefallen, so dass ich ihm fast Alles, was er zu schreiben hat, zu besorgen habe. So bin ich denn Vicebürgermeister, Gas-, Bau- und Leihhausdeputationsvorstand, Ortskrankenkassendirector, Gewerbeverein- und Gewerbeschuldirector, Vormund von so und so vielen Waisen, Vater von drei nichtsnutzigen, geldverhauenden Schlingeln u.s.w – Alles in einer Person." Am 20. Februar heißt es dann in einem Nietzsche-Brief an Gast aus Nizza: „Ich las eben über Ihre Erzgebirgs-Schneestürme. Hier haben Sie etwas zur Erholung davon. Treulich Ihr F. N." Beigelegt war das Buch „La Corse" (in Französisch) von Frederi Mistral, das sich Gast „mit Lexikon" zu Gemüte führen sollte und auf das er in den folgenden Briefen aus Annaberg mehrfach einging. Zwischendurch teilt er Nietzsche aber immer wieder Stimmungsbilder aus seiner Heimat mit wie etwa am 23. Februar 1886: „Der Winter im Erzgebirge ist diesmal grandios. Ich freue mich, so starke Natureindrücke wieder einmal gehabt zu haben, und denke mir dabei, dass ich nicht hinunter an den Meeresspiegel gehöre. Zum Glück steht aber bei mir Wenig fest, und so auch diese Meinung." Wie wir wissen, stand es aber für Gast zeitlebens fest: „Meine Adresse ist und bleibt, bis an mein Ende, H.K. Annaberg (Erzgeb.)", wie er am 1. April an Nietzsche schreibt, – auch wenn er damit zunächst nur seinen derzeitigen Aufenthalt bis Anfang August 1886 gemeint haben dürfte.

Nietzsche will nach Reitzenhain

Im Juni 1886 trägt sich Friedrich Nietzsche mit dem Gedanken, die Heimat seines „lieben Freundes" zu besuchen. Er fragt dazu am 21. Juni 1886 aus Leipzig an: „Können Sie nicht über Reitzenhain etwas erkundschaften? Wie die Ernährung sei? Ob Wald unmittelbar dabei? Was für Wege? Wo die Unterkunft am rathsamsten?" Er braucht nicht lange auf Antwort zu warten. Gast schreibt bereits – mit beigelegtem Prospekt – am 23. Juni zurück: „In Reizenhain ist ein Curhaus für Nerven- und Lungenkranke. Geleitet von einem Dr., ja ich habe schon den Namen wieder vergessen – ich glaube Dr. Schneckenberg...". Es kommt allerdings nicht zum Besuch des Philosophen im Erzgebirge, der wie folgt am 26. Juni aus Leipzig nach Annaberg absagt: „Lieber Freund, schönsten Dank für Ihre Auskunft über Reitzenhain: der Prospekt (den ich alsbald zurücksende, zusammen mit einem sehr lesenswürdigen Stück Alfieri's) belehrte mich ausreichend und ersparte mir die Reise (– es ist dort zu teuer für mich –)". Ende August finden wir Peter Gast in München, von dort aus schreibt er am 25. d.M. aus der Türkenstraße 33/III r.: „Ich pfeife wirklich aus dem letzten Loch, ich sehe nichts mehr vor mir, mit dem künstlerischen Behagen ist's vorbei. Denken Sie nicht an mich, wenn Sie dahingehen!" Und er beklagt im weiteren die hohen Eintrittspreise in den Theatern, die er sich nicht leisten kann, sowie seine trübe Gemütsverfassung.

Aber auch die Sorgen seiner Familie in Annaberg beschäftigen ihn und halten ihn von einer Reise ins Erzgebirge zu Weihnachten 1886 ab. „In München bleibe ich vielleicht den ganzen Winter, nicht weil ich gerade hier sein möchte, sondern weil ich nicht daheim, in dem Interessenkreise des Vaterhauses leben möchte. Ich bin soweit gesunken, dass ich Clavierunterricht gebe." (München, 5. September 1886)

Im Oktober verschlechtert sich seine Gemütsverfassung noch weiter. Auch angesichts der Erfolge Nietzsches im Ausland, von wo er regelmäßig Briefe und Karten „von ganz einzigartigen Stücken der Erde" erhält, verstärken sich seine Depressionen: „Ich spiele wahrhaftig nicht mit einem Harm, zu dem ich am Ende nicht genöthigt würde. Ich strebe, mit dem Kopf über Wasser zu bleiben, aber das Er-

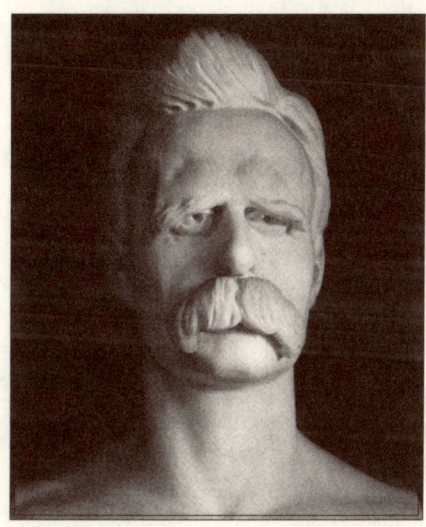

Prof. Dr. Friedrich Wilhelm Nietzsche (1844–1900), Marmorbüste von Max Klinger (geschaffen 1905), Nietzsche-Archiv Weimar

eignis, das mich ganz herauszöge, scheint mir unmöglich beschieden. Pech! Pech! Wohin ich greife: Pech! Vor Schmerzen lache ich wohl darüber, aber ich weiß, dass ich auch dieses Lachens bald müde werde" – schreibt er verzweifelt am 13. Oktober an seinen Professor.

Ein Jahr fern der Heimat

Das gesamte Jahr 1887 wird Gast nicht ein einziges Mal seine Heimatstadt oder das Erzgebirge erwähnen und auch nicht besuchen. Nach den künstlerischen Tiefschlägen, die er in München erleben musste, verbrachte er die übrige Zeit fast nur in Venedig, wo er Übersetzungen anfertigte (er muss recht gut Italienisch gekonnt haben), und von wo aus er immer wieder seine Lage – insbesondere auch seine finanzielle – beklagt. Nicht nur der Vater sendet ihm regelmäßig etwas Geld, auch Nietzsche unterstützt seinen „dankbaren Schüler" ab und an mit geringen Honoraren für die Korrektur- und Lektorats-Arbeiten an seinen Werken. Erst am 9. Januar 1888 teilt er Nietzsche in einem PS lakonisch mit: „Zu Weihnachten erhielt ich die Nachricht vom Tod meiner Leipziger Schwester." Erstmals erwähnt er auch Herz- und Leberschmerzen, die er auf das Klima in der Lagunenstadt zurückführt und dazu etwas übertrieben feststellt: „Meine Lungen haben sich in einer Höhe von über 1100 Meter entwickelt (das Annaberger Geburtshaus liegt in einer Höhe von etwas über 600 m ü. NN, Anm. d. A.); da mochte der hiesige Aufenthalt in den ersten Jahren wie ein Reiz wirken, jetzt scheint er mir eine Last." Im Mai setzt bei ihm mal wieder Heimweh ein, das er dann am 15. d. M. so mitteilt: „Ende Juni bin ich daheim; dort will ich reiten, rennen und springen, dass ich wieder leicht werde!!" Und er ergänzt am 11. Juni sein Vorhaben: „Daheim will ich mich sofort mit einigen Geigern in's Einvernehmen setzen und mir das Quartett vorspielen lassen, um es nach allen Richtungen hin noch auszuforschen und endgültig zu machen. Dieses Stück gehört ganz besonders Ihnen; sollte es zu meinen Lebzeiten gedruckt werden,

Die Verdienste von Heinrich Köselitz (Peter Gast) um die Bewahrung und Reinheit der erzgebirgischen Mundart sind in Vergessenheit geraten

erlauben Sie mir vielleicht, es Ihnen zu widmen, damit deutlich werde, in welche Gesellschaft es – wenn schon nicht gehört – so doch gehören möchte." Am 10. Juli 1888 schreibt er dann freudig aus Annaberg: „Endlich! Endlich bin ich in meiner Heimat und genieße die ungeheure Stille nach all dem Gesaus und Gebraus der großen Städte und Eisenbahnfahrten als die merkwürdigste Neuigkeit. Die Kälte, welche hier herrscht (minus 10°C), ist mir weniger neu...". Aber das Wetter bessert sich zur Monatsmitte hin und er berichtet von Ausfahrten im Erzgebirge sowie von den wohltuenden kühlen Luftströmungen, die ihm besser bekommen als die stehende stickige Luft in Venedig. Im September reist er relativ unvermittelt zu Bekannten nach Buchwald in Hinterpommern von wo aus er am 11. September u.a. mitteilt, dass, falls der verehrte Herr Professor ihm hier her schreiben, dies Anschrift vielleicht mit einer „Nebenadresse an Sr. Hochwohlgeboren Herrn v. K. ..." versehen sollte.

Auf der Rückreise, Anfang Oktober, vergnügt sich der ewige Junggeselle dann noch mit „einer wilden spanischen Margarethe" (8. Oktober 1888) in Berlin (Lindenstraße 116/IV). In jenem „gebauten Pflaster mit ein paar Ausnahmestellen" hält er sich bis zum 22. Dezember auf. „Ich habe gewiehert vor Vergnügen! Morgen Nachmittag geht's in die Berge! Adresse Annaberg (Sassonia)" – wo er diesmal nur bis zum 6. Januar 1889 bleibt – teilt er noch am selben Tag Nietzsche mit. Bereits im vorhergehenden Jahr bricht Nietzsche geistig nahezu gänzlich zusammen; seine immer häufiger werdenden Verwirrungen und Umnachtungen schlagen sich auch in den letzten Briefen nieder, die der kranke Philosoph an seinen „lieben Freund" Peter Gast aus Turin schreibt.

Heinrich Köselitz lebt als „Peter Schlemihl" und „Petrus Eremita" in „Epikursgarten" in Annaberg

Damit endet ein vierzehnjähriger Briefwechsel zwischen einem der größten und umstrittensten deutschen Philosophen mit Weltgeltung, Prof. Dr. Friedrich Nietzsche, und dem damals kaum bekannten und heute nahezu vergessenen erfolglosen Komponisten, engagierten Lektor und Korrektor sowie Heimatdichter Heinrich Köselitz (alias Peter Gast) aus Annaberg im Erzgebirge. Am 9. November 1890 findet sich in der 2. Beilage zum „Annaberger-Wochenblatt" auf der Titelseite eine lange Fabel in Andersen's Manier „Die Häuerglocke" von einem Peter Schlemihl. Am oberen Rand fand sich eine Widmung an eine/n nicht Genannte/n „In Erinnerung an Ihren Heinrich K." Schriftvergleiche mit der Faksimilewidergabe seines Briefes vom 14. August 1886 aus München an Nietzsche, aber auch Stilvergleiche lassen den Schluss zu, dass Köselitz auch unter dem Pseudonym „Peter Schlemihl" geschrieben haben wird (der Name ist zu finden in „Peter Schlemihls wundersame Geschichte" vom Mann ohne Schatten, 1814, von Adalbert von Chamisso, sowie in der „Geschichte vom verlorenen Spiegelbild" aus dem Werk E.T.A. Hoffmanns), zumal er in einem anderen Brief Nietzsche gegenüber äußert, dass er drei weitere Pseudonyme benutzt. Nach meinen Recherchen dürfte es sich noch – neben Peter Gast - um Pietro Gasti, Peter Schlemihl und Petrus Eremita handeln. In Annaberg entstanden dann auch seine Mundartgeschichten, die er unter seinem Geburtsnamen herausgab.

Wir treffen ihn nach dem Tod von Nietzsche (25. August 1900) häufig in Weimar an, wo er bis 1908 an der Seite dessen unrühmlich agierenden Schwester, Elisabeth Förster-Nietzsche (1846–1935), das Archiv seines Lehrers und Gönners aufbaute, mit verwaltete und auch die erste Gesamtausgabe des Werkes Nietzsches betreute. Diese wurde von der Schwester eingestampft, da sie in dem Buch „Wille zur Macht" (das so nie von Nietzsche konzipiert war) ihre eigene Sicht auf das – von ihr auch teilweise stark gefälschte – Werk ihres Bruders veröffentlichen will. Heinrich Köselitz, der übrigens als einziger die Schrift seines Lehrers entziffern konnte, erträgt diese Demütigungen nur durch eine lebenslange Selbstaufgabe, oder erzgebirgische Bescheidenheit, die 1875 in Basel ihren Anfang nahm und nahezu bis zu seiner Rückkehr nach Annaberg (1908) anhielt. In den Annaberger Briefen vom 19.9. und 13.11.1893 beklagt sich Gast bei Overbeck über das unmögliche Verhalten der Schwester Nietzsches, die ihn dann ein Jahr später von der Mitarbeit am Nachlass mit der Bemerkung, er habe die Manuskripte Nietzsches „völlig verballhornt und Nietzsches Stil zu dumm korrigiert" ausschließt, um in ihrem Sinne das Werk des Bruders ungestört zu verfälschen.

Über die Demütigungen schreibt Gast auch an Clara Cruwell, einer „befreundeten Annaberger Dame" (29.11.1913), auf die Erich F. Bodach in Briefinhalten aber nicht weiter eingeht. Curt Paul Janz bemerkt in seiner Einschätzung dieses Freundes und Helfers Nietzsches einen „völligen Verlust des eigenen Lebensweges" – was so allerdings nicht ganz zutreffend ist, wie z.B. auch in der Grabrede auf Nietzsche von Gast deutlich wird. Hier sind lt. Podach, neben dem Bekenntnis zu Nietzsche und trotz aller Verzückung auch Grenzen hin zur Verhöhnung erreicht, obwohl Gast die „moralische Tartüfferie um Nietzsches Krankheit und Tod mitmachte". Vielleicht muss man dann auch die Heroisierung des Philosophen in seinem Vorwort zur Briefwechselausgabe Nietzsche an Gast aus dem Jahre 1908 (von Gast veröffentlicht) als einen Versuch deuten, dem eigenen erfolglosen Leben nun über „seinen Lehrer" einen höheren Sinn zu geben und somit für die Nachwelt wenigstens etwas im Dunstkreis dieser „Ikone" zu verweilen, um damit auch eine späte Selbstlegitimation zu erfahren. Als komischer Kauz, der schließlich aus der Fremde kommt und von den Annabergern misstrauisch beäugt und nicht verstanden wird, lebt Peter Gast nun wieder als Heinrich Köselitz noch zehn Jahre in seinem Vaterhaus am Schutzteich. Dort verfasst er Schnurren, Erzählungen und Gedichte in Mundart, komponiert u.a. Kriegsmärsche (1914) und schreibt am 20. Januar an M.G. Conrad: „Ich sehe fast nichts mehr. Entweder gehe ich dem Star oder

der Erblindung entgegen. Die letzten Wochen nahm es rapid zu…" Am 15. August 1918 stirbt er als „Petrus Eremita" in seinem „Epikur-Garten" (wie er sein Zuhause nannte) und ist seit dem für Annaberg noch immer – auch im doppelten Sinne des Wortes – ziemlich tot.

Eine der kleinsten Straßen Annabergs trägt den Namen einer ihrer größten Söhne

Kleine Kostproben des Mundartschriftstellers und -dichters Heinrich Köselitz
(alias Peter Gast, Pietro Gasti, Peter Schlemihl, Petrus Eremita)

Dr Baasenbinder

Wenn uneraans of en Barg stieht: über sich ne Himmel, unner sich de ganze Harr-lichkaat – Städt, Flüss un Waller un klennere Barg –, do ka mer sich mannichsmol net losen ver Lust, mer muß de Händ ausbraaten un schreie oder e paar Wörter reden oder gar enn Porzelbaam schlogn! Annere tunne sich wieder annersch aus in ihrer Freed. Do derbei fällt mer dr Barmsgrüner Baasen-Traugott ei. – Wie daar ne Baasenhannel afing, ging er mit'n Baasn of'n Buckl hausiern; spöter hot er sich es Waagel mit enn Hund genomme. Of de Letzt kunnt'r sich sugar enn Letterwogn un e Pfaar aschaffen – su tat sei Hannel flacken! „Nu wird oder gelei bis of Leipzig gefahrn!", sat er do bei sich un machet aah richtig mit enn ganzen Fuder Baasen über Schwarzenbarg, Grühaa, Zwänz, Stollbarg nei nooch Penig un Borne bis Lie-bertwolkwitz. Wie er nu dorten de Ahöh nausgelästert kam un in dr Probsthaider Gegnd of aamol dos ugeheire Schlachtfald sohch, wu schu dr Napolion hatt Leipzig unten liegn saah, do wur'sch ne ganz grußartig üms Herz rüm. Er hielt a, knallet mit dr Peitsch, doß de ganze Schmitz in Franzen ging, un schrier, wos zun Maul raus kunnt: „Na Leipzig! – Wenn – de – Gald – hast: Baasen – sei – do!"

Ze Rockn*

Heit is de Reih' an mir: Ihr Leit'
kommt 'rei! Iech will drzehln.
Weil nu de Kinner schlofn sei,
do braucht 's kä' gruß' Verhehln:

Iech red', wie mir dr liebe Gott
ne Schobel wachsn ließ;
kimmt 's epper mol ze hanebieng,
do seid mer neer net bies!

Mir Bauern, die im 's liebe Brud
sich ploong Gahr aus, Gahr ei',
mir känne net su zimperlich
als wie de Stadtleit' sei.

Mir sei aus ganzn Holz geschnitzt,
mir redn daarb und racht,
mir redn vun dr Laaber wack
– bezacht wie u' bezacht!

Waar dodrmiet zefriedn is,
Glick auf! Dos is mei' Ma'!
In dann stackt Witz!
In dann stackt Kraft!
Daar is – kä' Hubelspah'!...

* „ze Rockn gih" oder „hutzn gih" heißt:
nach dem Abendessen zu einer befreundeten
Familie gehen, bei der sich meist noch andere
zu Geplauder, Singen und Arbeit zusammen-
finden.

Der erste Ausdruck deutet auf das ehemals
dabei üblich gewesene Spinnen – erläutert
Heinrich Köselitz sein Gedicht, das, ebenso
wie „Dr Baasnbinder", um 1889/90 entstanden
sein dürfte.

Köselitz hat sich auch für eine Vereinheit-
lichung der Schreibweise der Obererzgebirgischen Mundart eingesetzt und sich gegen die
häufigen Mängel im Schrifttum – gemeinsam
mit Rudolf Liesche, dem Nachfahren der
Graserschen Buchhandlung in Annaberg –
verwahrt.

Münchner Romantiker

Rudolf Köselitz (1861–1948)
Maler der Erzgebirgsheimat

Den älteren Bruder des Annaberger Malers kennt man als Peter Gast (Heinrich Köselitz) und als Freund und Mitarbeiter des großen Philosophen Friedrich Nietzsche. Beide Söhne des einstmaligen Vizebürgermeisters der Stadt Annaberg, Hermann Köselitz, haben frühzeitig häusliche Unterweisungen in den Schönen Künsten erhalten. Solcherart klimatische Voraussetzungen führten schließlich dazu, dass sich der eine dem Musikstudium zuwandt und eine Vielzahl leider immer noch relativ unbeachtete Kompositionen hinterließ, während sich Rudolf zur Malerei hingezogen fühlte und auf diesem Gebiet Bemerkenswertes schuf.

Im ehemaligen schönen Bürgerhaus am heutigen Köselitz Platz, außerhalb der Annaberger Stadtmauer und in der Nähe der Katholischen Kirche, ist Rudolf Köselitz am 23.10.1861 geboren worden. Zeit seines Lebens ist er mit seinem herausragenden zeichnerischen Talent dem Erzgebirge, seiner Elternstadt und den hier lebenden Menschen treu geblieben.

In vielen seiner Werke ist es ihm trefflich gelungen, die Erzgebirgswelt sowie typische Charakterzüge ihrer Bewohner mit den Mitteln der Bildenden Kunst wirklichkeitsnah wiederzugeben. Dabei war es ihm wichtig, sich einer Bild-Sprache zu bedienen, die von vielen verstanden wird, ohne Kompromisse hinsichtlich der künstlerischen Meisterschaft eingehen zu müssen. Von so genannten „Kunstkennern" wurde Rudolf Köselitz nicht zuletzt auch wegen dieser Volksnähe eine gewisse Naivität in seiner künstlerischen Ausdrucksweise nachgesagt. Vielmehr ist aber nachweisbar, dass er besonders in seinem illustrativen Werk die Mentalität des Erzgebirgers in verblüffend einfacher, erfrischend heiterer und immer transparenter Weise wiederzugeben verstand. Wer sich daraufhin einmal z.B. seine „Erzgebirgischen Weihnachtsstimmungsbilder" oder die Illustrationen zu den Büchern der Heimatschriftstellerin Anna Wechsler, die in den 20er Jahren im Annaberger Pöhlberg-Verlag erschienen sind, näher betrachtet, wird oftmals eine überraschende Nähe zu Wilhelm Busch bzw. auch zu Ludwig Adrian Richter aus Meißen entdecken können. Wie man auch immer zur literarischen Qualität der Pöhlberg-Bücher ansonsten stehen mag, durch die beige-

fügten Illustrationen von Köselitz ist der künstlerische Gesamtwert der jeweiligen Erzählung oder des ganzen Buches oftmals wesentlich erhöht worden. Insofern bewahrheitet sich durchaus jene Aussage in einer Rezension zu Anna Wechslers Buch „Blumen am Pöhlberghang: „...die strichsicheren Zeichnungen des Kunstmalers Rudolf Köselitz, München, einem Buchillustrator von erlesenem Ruf, der als Sohn des Erzgebirges in wahrer und tiefer Heimatliebe am Werke gewesen ist, machen das Buch zu einem eigenen Genuß."

Rudolfs überdurchschnittliches Talent ist von seinem Zeichenlehrer auf der Annaberger Realschule entdeckt worden. Er war es auch, der seine Beziehungen zur Leipziger Kunstakademie herstellte und Vater Köselitz den Vorschlag unterbreite-

„De Kuchen-Lindnern", ein Annaberger Original

te, den erst Fünfzehnjährigen dort studieren zu lassen. Wesentlich für seine weitere künstlerische Entwicklung werden seine Studien an der Akademie in München gewesen sein, die er ab 1881 dort fortsetzte. Seine erste Studienreise führte ihn mit dieser Akademie noch im gleichen Jahr in das Mekka der europäischen Künste – nach Venedig. An jenem geschichtsträchtigen Ort sog er besonders die Kunst der italienischen Renaissance in sich ein, führte Gespräche in Ateliers italienischer und niederländischer Maler, genoss das Leben in bescheidenen Zügen und traf hier auch mit seinem Bruder Heinrich zusammen, der sich gerade zu seiner Oper „Der Löwe von Venedig" musikalische Inspirationen in der Lagunenstadt holte. Doch den Erzgebirger übermannte das Heimweh. Wenn es schon nicht seine geliebte Heimatstadt Annaberg sein durfte, wo er all seine Eindrücke verarbeiten konnte, so sollte es doch wenigstens in deren Nähe sein. Und so lebte er bis 1900 im kunstsinnigen Dresden. Unter der sachkundigen künstlerischen Begleitung seiner Lehrer und Freunde Seitz, Piloty, Strähuber und dem ungarischen Maler Benczur entstand ein umfangreiches Werk an Illustrationen. Darunter u.a. die 250 Zeichnungen zu H. Schaumbergers „Oberfränkische Dorfnovellen", die jene zwei Urlaubssommer widerspiegeln, die er in Oberfranken verbracht hatte. Hier, wie auch in den „Bergheimer Musikantengeschichten", geht das Werk über das nur Illustrative hinaus und gewinnt volkskundliche und damit spezifische kulturhistorische Bedeutung. Im Jahre 1901 veröffentlicht dann auch der renommierte Kunstverlag Zweißler in Wolfenbüttel 20 Lichtdruck-Reproduktionen nach Gemälden und Aquarellen von Rudolf Köselitz. Seine starken inneren Beziehungen zu seiner Heimat werden wohl am deutlichsten in einem seiner Meisterwerke, dem Ölbild von 1898 „Altes Hammerwerk im Erzgebirge". Hier entdecken wir den anderen Köselitz, den stillen, beschaulichen, den vielleicht „romantischen Impressionisten", der nunmehr mit seinen Porträt- und Landschaftsbildern wieder anknüpft an die frühen Dresdener Jahre.

Großartige Werke entstehen in der kommenden Zeit in seiner Wahlheimat München bzw. in Altfreimann bei München, wo er ab 1910 sein Atelier aufschlägt. In diese Schaffensperiode fallen allerdings auch einige Genrebilder idyllischen Inhaltes, die z.T. als Auftragswerke den damaligen Zeitgeschmack widerspiegeln. Zu seinen Hauptwerken, die von Kunstgeschichtlern zu den letzten Ausläufern der Münchner Romantik gerechnet werden, gehören u.a. „Najadentanz", „Liebesahnen", „Badende Kinder", „Sommer", „Die Spröde" und der „Hexentanz". Aber auch seine Aquarelle wie „Kornernte", „Dorfparzen" oder „Schachspieler" haben in zahlreichen Ausstellungen große Beachtung gefunden. Immer wieder kommen darunter Werke vor, die unmittelbar die innere Verbindung zur Gebirgsheimat und besonders zu seinem Annaberg und dessen nähere Umgebung zum Ausdruck bringen: „Pferdegöpel der Fundgrube Krönung in Fohnau", „Die alte Silberwäsche zu Annaberg", „Herrenmühle bei Frohnau" oder das großartige stimmungsvolle Pastell vom „Frohnauer Hammer". Im Jahre 1901 hingen Gemälde von Rudolf Köselitz in der Berliner Nationalgalerie unmittelbar neben dem berühmten „Eisenwalzwerk" von Adolf Menzel. Die Kunstkritik setzte damals das Werk beider Künstler inhaltlich und handwerklich in eine gleichrangige anerkennende Beziehung. Seine Werke sind weit verstreut in Galerien und Museen hauptsächlich im deutschsprachigen Raum. So soll das Nietzsche-Porträt 1910 vom gleichnamigen Weimarer Archiv angekauft worden sein. Nach noch unbestätigten Hinweisen könnten sich eine Reihe seiner Werke im Jagdschloss des ehemaligen Prinzen Sigismund von Schönburg-Waldenburg, in Glazen bei Marienbad befinden bzw. befunden haben.

Schichtende auf der Fundgrube Krönung in Frohnau

Das Verdienst des Malers Rudolf Köselitz ist mindestens ein Zweifaches: Zum einen war er mit daran beteiligt, der Aquarell-Technik in Deutschland zum Durchbruch zu verhelfen; jener komplizierten Malweise, die hohe künstlerische und maltechnische Meisterschaft erfordert, da eine nachträgliche Korrektur der verschiedenen Farb-Ton-Werte der Wasserfarben kaum noch möglich ist. Und zum anderen besitzen die Werke von Rudolf Köselitz nicht nur für die heranwachsende Generation einen beachtlichen ästhetischen Gebrauchswert. Gleichwohl sind seine Bilder dafür geeignet, eine noch innigere Identifikation mit unserer erzgebirgischen Heimat herzustellen, die in seiner Kunst so meisterlich reflektiert wird.

Annabergs erster Egmont

Eduard von Winterstein (1871–1961) – ein Nestor der deutschen Schauspielkunst am Stadttheater

„So wurde die Annaberger Zeit eine der schönsten meines Berufslebens" – schreibt Eduard Clemens Anna Freiherr von Wangenheim, genannt Eduard von Winterstein, in seinen Memoiren als Resümee eines knapp zweijährigen Aufenthaltes in dem „entzückenden kleinen Städtchen, eingebettet zwischen Bergen mit reizenden altertümlichen Strassen und Häusern". Man schrieb das Jahr 1893. Am unteren Ende der damaligen Kaiser-Wilhelm-Straße (der heutigen Buchholzer) wartet das neue Stadttheater auf seine Eröffnung am 2. April. Die Bürger Annabergs hatten unter der rührigen Leitung ihres Theatervereins, durch Spenden von Geschäftsleuten, der Freimaurerloge und einigen Mäzenen von außerhalb, die stattliche Summe von 230.000 Reichsmark gesammelt, um dieses Kleinod im neoklassizistischen Stil zu errichten.

Neben dem Engagement von Technikern und Künstlern benötigte man einen Intendanten, den man in Georg Kurtscholz in Chemnitz fand und der als junger Mann die Geschicke des Neuen Stadt-Theaters – wie es zunächst hieß – als erster Direktor bis 1907 leitete. Gleichzeitig erhielt er vom Annaberger Bürgermeister einen Vertrag als Ober-Regisseur und Charakterspieler. Bei den Honoratioren der Stadt sowie unter den Künstlern und Mitarbeitern des Annaberger Theaters genoss er bereits nach kurzer Zeit hohes Ansehen. „Er war ein noch ziemlich junger Mann voller Energie und Tatkraft, voller künstlerischer Ideale und erfüllt von heißer Liebe zum Theater" – erinnert sich Eduard von Winterstein jenes engagierten Förderers der Künste und der Künstler, der sich u.a. um die Aufführung des musikalischen Werkes von Peter Gast (Heinrich Köselitz, dem in Annaberg geborenen – und heute nahezu vergessenen – Intimus des Philosophen Friedrich Nietzsche) bemühte.

Winterstein als Egmont

Kurtscholz hatte also die Aufgabe erhalten, für die Eröffnungs-Premiere auch die Titelrolle des „Egmont" zu besetzen, schließlich führte er Regie bei diesem Goethe-Werk. Eduard von Winterstein war zum damaligen Zeitpunkt noch am Theater in Gera engagiert. Der Schauspieler-Kollege und Erster Held, Emil Hochberg, erzählte Winterstein von einem Brief eines gewissen Kurtscholz aus Chemnitz, der ihn gern nach Annaberg verpflichtet hätte. Da Hochberger aber schon ein anderes Engagement angenommen hatte, ermunterte er Winterstein, sich doch beim neuen Annaberger Direktor zu melden. Gesagt, getan! Die Antwort ließ keine Woche auf sich warten. Nach kurzer Zeit hatte er eine Einladung nach Annaberg, aber auch eine nach Kassel, wohin er sich schon vorher beworben hatte. Winterstein entschied sich – nach einem missglückten Vorsprechen am Hoftheater in Kassel – dann für die Reise ins Gebirge, die so entscheidend für sein Leben werden sollte. „Es war die schönste Reise meines Lebens" – schwärmt Winterstein von jenem herrlichen Frühlingstag, „als ich von Chemnitz durch das wunderschöne Zschopautal hinauf nach Annaberg fuhr. Ein entzückendes Städtchen empfing mich, eingebettet zwischen Bergen, mit reizenden altertümlichen Straßen und Häusern". Sein Weg führte ihn schnurstracks ins Theater, wo der Direktor – den er bisher nur aus dem Briefwechsel kannte – bereits auf ihn wartete. Er stand einem Mann um die 40 gegenüber, den er als einen sehr einprägsamen Dicknischl schildert und der, nach dessen Regietätigkeiten in Leipzig und Chemnitz, nun erstmals eine Direktorenstelle inne hatte. Die erste Begegnung mit Georg Kurtscholz muss für Winterstein für das ganze Leben prägend gewesen sein. Erkannte er doch in ihm einen von „Leidenschaft für das Theater brennenden jungen Mann voller Energie und Tatkraft".

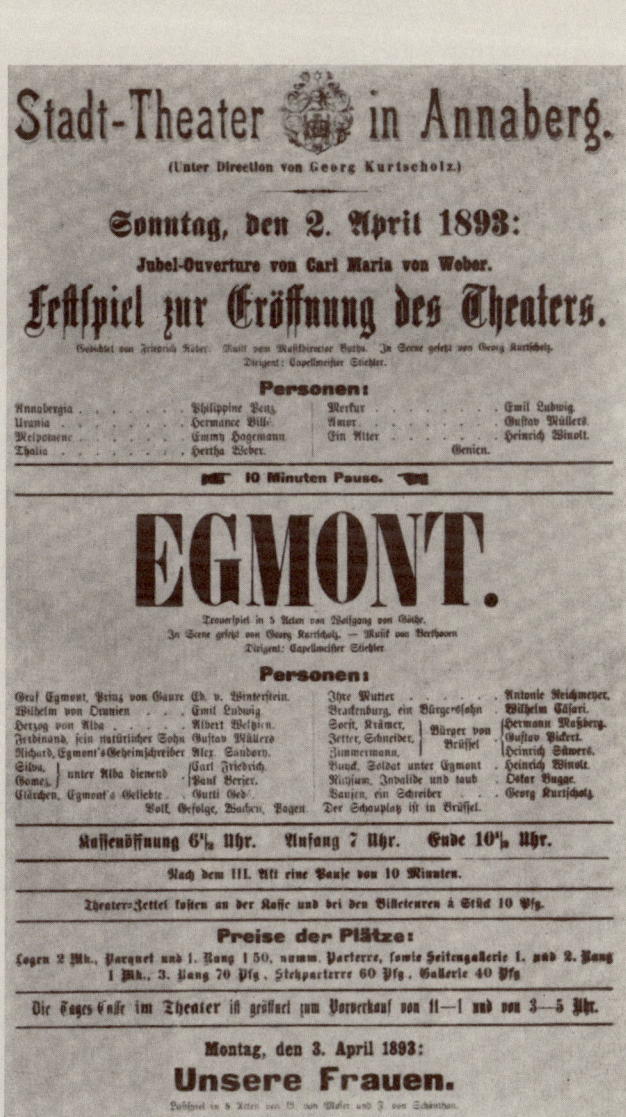

Plakat zur Eröffnung des Annaberger Stadt-Theaters am 2.4.1893 mit Eduard von Winterstein in der Titelrolle von Goethes „Egmont"

Annaberg – eine höchst merkwürdige Stadt

Im Theater waren noch die Handwerker zugange, die Anstreicher und Tapezierer hantierten noch vor, auf und hinter der Bühne. Kurtscholz zeigte ihm voller Stolz das neue Theater, für dessen Bau man eigens ein Stück Felsen vom dahinter liegenden Berg abgesprengt hatte, damit es nicht zu weit auf die Buchholzer Straße vorragte und die schöne Freitreppe, die in die obere Stadt führt, auch einen attraktiven Platz erhält. Nachdem der Intendant den jungen Schauspieler über eine Stunde in die Pläne und Absichten einweihte, teilte er noch einmal mit, wie sehr er sich freue, dass Winterstein die Titelrolle zur Eröffnungspremiere in Goethes „Egmont" gestaltet. Der junge Mime machte sich nun auf den Weg durch Annaberg, um sich eine Wohnung zu suchen, dabei lernte er die „höchst merkwürdige Stadt" kennen. Er wundert sich über die enormen Höhenunterschiede, beschäftigt sich mit Barbara Uthmann, die ihm als Denkmal auf dem Marktplatz begegnet, und interessiert sich auch für Adam Ries, den er in seinen Erinnerungen als den „Erfinder der Regeldetrie", was auch immer damit gemeint sein mag, bezeichnet.

Seiner Wanderleidenschaft kommt die Umgebung, insbesondere der Pöhlberg, sehr entgegen. Er schwärmt geradezu von dieser Stadt, in der er sich nach kurzer Zeit sehr wohl fühlte und die Arbeit am Theater als äußerst beglückend empfand. Begeistert probierte er morgens und abends für seine große Rolle. Das Annaberger Bürgertum, das sich an der Finanzierung des Theaters mit beteiligt hatte, war stolz auf sein Theater. In der hiesigen Presse wurde von einer großen Sensation gesprochen, die im Erzgebirge zu erleben sei. „Und es wurde wirklich eine Sensation, nicht nur für die Stadt, sondern auch für mich" – schreibt Winterstein über den Eröffnungsabend, der für sein ganzes ferneres Leben von entscheidendem Einfluss werden sollte.

In Annaberg wie neu geboren

Aus allen größeren Städten des Landes waren Theaterleute, Redakteure und viele Interessierte gekommen, um der feierlichen Eröffnung dieses Schmuckkästchens des Erzgebirges beizuwohnen. Es war ein voller Erfolg für die Stadt, das Theater und für Winterstein. Die Presse war einhellig positiv gestimmt, und der großartige Egmont-Darsteller bekam bereits nach kurzer Zeit Angebote von anderen Bühnen. Aber er hat sich nicht erweichen lassen, denn es warteten für den „Ersten Helden" des Hauses noch zahlreiche andere Aufgaben in einem umfangreichen Repertoire. Wenn man bedenkt, dass für eine Neueinstudierung eines Stücks nur zwei bis drei Tage zur Verfügung standen und allein in der Sommersaison an die 20 Stücke Premiere hatten, kann man verstehen, dass auch Winterstein seine Rollen nur während der Probe lernen konnte. Um so erstaunlicher, wenn er angesichts dieser Zustände ausruft: „Ich war in Annaberg wie neu geboren, war ein ganz anderer Mensch geworden. Ich hatte nun schon vier Jahre am Theater verbracht, aber noch nie hatte mir mein Beruf so viel Freude und Zufriedenheit gegeben wie jetzt. Ich hatte übermäßig viel zu tun, da ich ja doch fast in jedem Stück eine Hauptrolle spielte." Allerdings hatte er neben dem Leben mit dem Theater noch ein anderes, eins, das sich zwischen Theater und Wirtshaus abspielte, wie er freimütig gesteht. Er meinte, dass er in diesen Jahren auch arg verwilderte. Auch sein politisches Interesse war stark unterbelichtet, schließlich war er

1894 – Winterstein im Alter von 23 Jahren

22 Jahre und suchte die soziale Mitte. Die aber war damals auch in Annaberg noch nicht ausgeprägt. Man zerstritt sich hier zwischen Rechts und Links, die Entwicklungen fanden nicht in der Provinz statt. Der Friedrichshagener Kreis, dem sich Winterstein später zugehörig fühlte, wurde erst Jahre später von Gerhard Hauptmann ins Leben gerufen. „Wir kleinen Schauspieler draußen in der Provinz schlummerten noch in der Nacht politischer und geistiger Indolenz", schätzt er seine Situation ein.

Annabergerin wird seine Frau

Seine geistigen Bedürfnisse wurden durch die Arbeit am Theater und durch den Verkehr mit den Schauspielern befriedigt. Und mit den Schauspielerinnen, muss man hinzusetzen. Insbesondere hatte es ihm die junge Schauspielerin Minna Mengers angetan. Sie spielte als muntere Anfängerin die naiven Liebhaberinnen-Rollen. Nach Wintersteins Darstellung, sollte es sich bei ihr um ein großes Talent gehandelt haben. Mit einem gewissen Bedauern stellte er fest, dass sich verschiedene Theaterdirektoren und Agenten aus Berlin in ihren Vorstellungen tummelten und sich für sie interessierten.

Und so kam es dann auch, dass seine Minna ein Engagement nach Berlin erhielt. Von dieser Zeit an machte sich eine gewisse Unruhe in Winterstein breit und seine Überlegungen, Annaberg zu verlassen, nahmen konkrete Formen an. Er spielte 1894 zunächst bis zum

1894 heiratete Winterstein auf der Wartburg seine Kollegin Minna Mengers aus Annaberg

Ende der Wintersaison in Guben, um dann einen Gastvertrag mit dem Theater in Wiesbaden abzuschließen. Dort traf er Direktor Georg von Hülsen, den späteren Intendanten des Königlichen Schauspielhauses in Berlin. Wie es damals üblich war, hatten scheidende Schauspieler das Recht auf eine Benefiz-Abschiedsvorstellung. Eduard von Winterstein hatte am Annaberger Theater nahezu alle großen Rollen gespielt, zuletzt auch noch den Hamlet mit 23 Jahren (!). Bevor er seine Position als „Königlicher Schauspieler" am Königlichen Hoftheater in Wiesbaden antrat, kehrte er noch einmal für acht Wochen nach Annaberg zurück, um dann am Ende der Frühjahrssaison mit dem alten Schmachtfezen „Mutter und Sohn" seinen Abschied von Annaberg zu nehmen. Er wählte dieses Stück von Birsch-Pfeiffer bewusst, weil an diesem Abend (Zufall oder Planung?) seine Mutter, die ebenfalls Schauspielerin war, in Annaberg gastierte, so dass auf den Annaberger Brettern, die ihm mehr als die Welt bedeuteten, tatsächlich Mutter und Sohn spielten. Er erinnert sich, dass es ein schöner Abend war und eine wichtige Zeit damit zu Ende ging. „In diesem liebgewordenen Städtchen war ich erst wirklich zum Schauspieler geworden."

Noch einmal gibt es für Winterstein eine – indirekte – Begegnung mit seinem geliebten Annaberg: Vor Beginn der Wiesbadener Spielzeit war er für ein paar Vorstellungen am Kur-

Der Nestor der deutschen Schauspielkunst und Filmschauspieler Eduard von Winterstein im Jahre 1955

theater im Thüringischen Bad Salzungen verpflichtet. Wie es der Zufall so will, spielte hier auch seine Freundin und Kollegin aus Annaberg. Nun ging alles sehr rasch, vielleicht zu schnell, wie sich später zeigen sollte: Am Ende dieser Spielzeit fand die Eheschließung, ganz romantisch, auf der Wartburg in Eisenach statt. Mit seinem Engagement am Theater in Wiesbaden sowie mit den konzeptionellen Vorstellungen des Intendanten Hülsen hatte Winterstein arge Probleme, zumal die Oper dort im Mittelpunkt stand und das Schauspiel am Katzentisch Platz zu nehmen hatte. Um so mehr Zeit hatte er nun, sich um seinen am 18. Februar 1895 geborenen Sohn Gustav zu kümmern (Gustav von Wangenheim starb am 5. August 1975, er machte sich als Regisseur, Theaterleiter und Schriftsteller einen Namen). Als das Kind sechs Monate alt war, verließ er Wiesbaden und siedelte nach Berlin über, wo er ein Engagement am Schillertheater antrat. Die Ehe mit Minna zerbrach nach etwa zwei Jahren. An diesem Theater lernte er auch die Schauspielerin Hedwig Pauly (1866–1960) kennen, die er am 18. November 1899 heiratete. Die Pauly begann ihre Karriere am Deutschen Theater in Berlin, ging dann ans Wiener Burgtheater, ans Lessing-Theater und schließlich von 1898 bis 1901 noch einmal ans Deutsche Theater, wo sie mit Winterstein gemeinsam engagiert war.

Seine unvergessliche Wirkungsstätte, das Annaberger Theater, besuchte er in den folgenden Jahren nur noch selten. Seine erfolgreiche Schauspieler-Karriere nahm ihn ganz in Anspruch. Bereits 1911 drehte er dann auch seinen ersten Stummfilm „Schuldig" unter der Regie von Hans Oberländer. Es sollten bis 1958 (Emilia Galotti, Regie Martin Hellberg) über 160 weitere Filme folgen, in denen Winterstein mitwirkte. Vier davon auch unter der Regie seines Sohnes Gustav von Wangenheim. Zu den erfolgreichsten Tonfilm-Produktionen, an denen Winterstein mitwirkte, gehören: „Der blaue Engel" (1930), „Liebling der Götter" (1930), „Menschen ohne Namen" (1932), „Spione am Werk" (1933), „Der Mann, der Sherlock Holmes war" (1937), „Napoleon ist an allem schuld" (1938), „Bismarck" (1940), „Rembrandt" (1942), „Münchhausen" (1943) und „Der Untertan" (1951).

Exkurs:

Noch einmal kam es zu einer Begegnung zwischen dem Annaberger Theater und dem Namen jenes Nestors der deutschen Schauspielkunst: Man schrieb das Jahr 1979. Ich war am Berliner Metropol-Theater engagiert. Dort besuchte mich der junge Sänger Klaus Kühl (heute Regisseur am Theater in Freiberg/Sa.), der ein Jahr vorher wegen „Intendanten-Beleidigung unter Alkoholeinfluss" ans Annaberger Theater „strafversetzt" wurde. Dort engagierte er sich nicht nur in seinen künstlerischen Aufgaben stark, sondern auch in der Gewerkschaft, die einen gewissen Einfluss auf die Aktivitäten des Theaters hatte.

Es ging damals darum, dem Annaberger Theater nach seiner Sanierung unter dem rührigen Intendant Roland Gand, mal wieder einen neuen Namen zu verpassen. Man fragte herum und rätselte, welcher Titel oder welche progressive Persönlichkeit geeignet wäre, den Musentempel zu schmücken. Spontan fiel mir dazu nur ein Name ein: Eduard von Winterstein. Klaus Kühl blickte mich zunächst ungläubig an, da er diesen Namen zwar schon mal irgendwie gehört hatte, aber ihn eigentlich mit alten Filmen in Zusammenhang brachte. Als ich ihm dann die Geschichte um Winterstein im Zusammenhang mit dem Annaberger Theater erzählte, fuhr er überzeugt zurück ins Erzgebirge und teilte seinen erstaunten Kollegen – und vor allem dem Intendanten – „seine" Idee mit. Es stellte sich heraus, dass der Name Winterstein an diesem Theater und auch bei den städtischen Kulturfunktionären regelrecht vergessen war.

Um so größer war für mich dann die Freude, als ich in der Berliner Zeitung las, dass das Annaberger Haus am 6. Oktober 1981 (üblicherweise vor dem Republik-Geburtstag) feierlich den Namen Eduard-von-Winterstein-Theater verliehen bekam. Jahre später traf ich dann Intendant Roland Gandt auf jener Bühne im alten Gebirgsstädtchen wieder, wo auch ich meine ersten zaghaften Theatererfahrungen sammeln durfte. Er bedankte sich in seiner herzlichen Art bei mir für die „Idee mit dem gescheiten Namen fürs Theater". Und so steigt immer wieder ein bisschen Stolz in einem auf, wenn ich bei meinen jährlichen Spaziergängen durch meine Heimatstadt am Theater vorbeikomme und auf der Tafel mit dem Porträt des Namensgebers seine eingravierten Worte lese, die ich gerne auch für mich selbst unterschreiben kann: „So wurde die Annaberger Zeit eine der schönsten meines Berufes."

Wo das Publikum nach Seife riecht

**Der Schriftsteller Joseph Roth (1894–1939) besucht
das Annaberger Theater**

Sechs Bände Schriftgut hat man von ihm
bis jetzt zusammentragen und herausgeben
können. Aufsätze, Feuilletons, Erzählungen,
Essays, Romane und eine Vielzahl von Reise-
beschreibungen gehören zum umfangreichen
und noch längst nicht voll entdeckten Werk
des Dichters vom „Radetzkymarsch".

Geboren wurde Joseph Roth 1894 im polnischen Schwabendorf. Bevor er als Freiwilliger am Ersten Weltkrieg teilnahm, studierte er Germanistik und Philosophie in Lemberg und Wien. Sein unstetes und von zahlreichen Legenden umwobenes „Hotelleben", wie er seine andauernden literarischen und persönlichen Wanderjahre nannte, führten den Juden Roth noch vor seiner Emigration (1933) nach Österreich und Frankreich auch in unser Erzgebirge. Besonders beeindruckt scheint er von der Premiere des „Lumpazivagabundus" vom Österreicher Johann Nestroy gewesen zu sein, die er zu seinem großen Erstaunen am 10. Juni 1925 im Annaberger Theater „auf Sächsisch" und in einer Loge für zwei Mark fünfzig mit allen „Wonnen eines Inkognitos" genießen durfte. Vermutlich befand sich sein Theater-Platz im 2. Rang. Denn nur von dort aus konnte er überlegen auf die Honoratioren der Stadt, „auf die Bürger ersten Ranges", herabblicken, die schon damals die Plätze auf dem ersten Rang einnahmen. Mit Verwunderung registrierte er allerdings eine – für heute durchaus wieder überlegenswerte – Ordnung, dass zwischen der ersten Reihe und jener, in der das einfache Publikum saß, ein leerer Raum war; eine ganze Stuhlreihe aus Respekt frei blieb. „In kleinen Städten ist man etwas, wenn man etwas ist, körperlich, nicht nur metaphorisch, weithin erkennbar, allen sichtbar…" – kommentiert er ironisch diese damals in Annaberg anzutreffende „Volksnähe" der gewählten Volksvertreter. Er schreibt wenig über das gesehene Stück. Vielmehr interessieren ihn die scheinbar unbedeutenden Nebendinge. Der helle, karierte

Das Annaberger Stadt-, Grenzland- und Kreistheater, eröffnet am 8. April 1893.
Es wurde 1981 in Eduard-von-Winterstein-Theater umbenannt.

und viel zu weite Anzug des Konzertmeisters etwa, der nach seiner Auffassung viel eher vom Bassgeiger hätte getragen werden müssen, der aber einen viel zu engen anhatte. Die soziale Situation der Annaberger Musiker Mitte der 20er Jahre wird von Roth nicht vordergründig ausgestellt. Er rechnet vielmehr mit dem wertenden Leser, wenn er feststellt „und keiner von den Herren trug ein ihm gemäßes Kleid". Angetan war er ebenso von der Versenkung, die nach seiner Auffassung einer Großstadtbühne würdig gewesen wäre. Oder von dem bis in den zweiten Rang schon damals hörbaren Souffleur, bzw. sein Blick in die Welt der Illusion hinter die Kulissen, wo für ihn durchaus die „Konstruktion des Wunders auch ein Wunder" sein kann. Seine Meinung über die Annaberger Mimen ist von großer Nachsicht und mit leicht ironischem Verständnis für ihre Lage gekennzeichnet: „Es war alles so ergreifend menschlich: man sah die Nöte des Anfängers und das Ende des Verkommenen, die Hoffnung und die Gleichgültigkeit, die kleine Gage und die große Anstrengung...". Viel günstiger bedenkt er dagegen das Annaberger Premieren-Publikum an jenem Sommertag des Jahres 1925. Besonders froh schien er darüber zu sein, dass sich im Theater und in den sehr langen Pausen in den Foyer-Umgängen keine Leute vom Fach befanden. Es war für ihn erholsam, ein „reines" Publikum im doppelten Sinne zu erleben: rein und unberührt von tatsächlicher oder ausgestellter Kennerschaft; Leute eben, die das Theater nicht wichtiger nahmen als es tatsächlich ist. Und „die Leute rochen sauber nach Seife, nicht nach Literatur, sie waren durchsichtig wie blank geputzte Fensterscheiben. Sie begeisterten sich nicht, sie zollten ehrlichen Beifall!" Besonders wohltuend soll es für die hiesigen Schauspieler und Sänger gewesen sein – nahm Roth sicher irrtümlich an – dass sie keine Angst vor den Kritiken in den Morgenblättern haben mussten, wie ihre Künstler-Kollegen in Chemnitz, Leipzig oder gar Berlin. Damals schon hing hier dieses Damokles-Schwert in der Requisitenkammer und war aus Pappe, einem Material, „welches kein so gefährliches ist wie Zeitungspapier".

Joseph Roth wird sich etwa einen reichlichen Monat im Erzgebirge aufgehalten haben. Denn im Mai des gleichen Jahres, noch bevor er sich mit dem Leben und Leiden der Weber u.a. im Erzgebirgsdörfchen Gnadenfrei befasste, schrieb er einen Text über den „Rebell des Erzgebirges". Nachdem er dort zunächst recht ausführlich die Historie vom Stülpner-Karl beschreibt, kommt er zu abschließenden Wertungen, die zwar nicht allesamt neu, aber vielleicht wieder neu zu durchdenken wären. Auch im Hinblick einer längst überfälligen dramaturgischen Aufbereitung und dramatischen Umsetzung dieses Stoffes für die Greifensteiner Freilichtbühne, auf der das Annaberger Theater in den zurückliegenden Jahren das Stück in etlichen Fassungen, fast immer erfolgreich, vor viel „reinem Publikum" gespielt hatte. Für Roth ist unser „Grüner Rebell" aus dem Erzgebirge „einer der ersten deutschen Revolutionäre, der Vertreter des unbekannten, verkannten und als spießerhaft verschrienen oder gewaltsam zum Spießertum erzogenen deutschen Volkes, das Blut hat und wirkliche Empörer hervorbringt. Nur, dass man sie nicht kennt. Wo sind die Dichter, die sich dieser wirklich deutschen Menschen annehmen? In welche Ferne schweifen Autoren, um Helden zu finden!" Joseph Roth nahm sich Zeit seines kurzen, kranken und verfolgten Lebens solcher „Dicknischl" an. Mit hellwachem Verstand, einer leisen, fast weisen Ironie, die nie von Häme, sondern eher von Liebe, Wärme und Nachdenklichkeit gekennzeichnet ist, reagiert er auf die Zeitereignisse in der Weimarer Republik und dem heraufquellenden Faschismus. Er liebte seine Heimat, sein deutsches Volk, das nicht erst über Nacht schließlich auch in Roth einen jener „Untermenschen" sah. Derlei Schwache, auf die man seinen ganzen angestauten sozialen Frust – nunmehr staatlich sanktioniert und später mörderisch betrieben – abladen konnte. Dies unbeschadet zu überstehen, war auch dem sensiblen Künstler Joseph Roth nicht die Kraft gegeben.

Er, der für die Annaberger Premieren-Besucher von einst so ehrliche und freundliche Worte fand, konnte es schwer begreifen, dass die gleichen Leute applaudierten, als nur wenige Jahre später das Gebetshaus der Juden in Annaberg brannte und am jüdischen Kaufhaus EHABE in der Kaiser-Wilhelm-Straße (später Ernst-Thälmann-Straße), der heutigen Buchholzer, eine kleine erzgebirgische „Kristallnacht" inszeniert wurde. Seelisch und körperlich an diesem Deutschland zerbrochen, starb er 1939 alkoholkrank in einem Pariser Armenhospital.

Reitzenhainer Mannl

Georg Schuffenhauer (1881–1953) – der „Nostradamus des Erzgebirges"

Zeiten sozialer Bedrängnisse waren immer auch günstige Zeiten für Mystik, Wunderglaube, Zauberei, – kurz, für Illusionen aller Art, die das Leben erträglich oder wenigstens tröstlich zu gestalten vermochten. Nicht selten fanden sich Menschen von besonderem Wesen, die vorgaben, Zeichen der Berufung erhalten zu haben und sich als auserwählte Führer wähnten oder sich dazu bestimmen ließen. Die Geschichte ist voll derartiger Gestalten. Und manches „Sprachrohr Gottes" von heute umgibt sich mit solch samtschweren Namen wie z.B. „Uriella von Fiat Lux." Dass sich dahinter lediglich die Erika Bertschinger aus den Schweizer Bergen bei Strittmatt verbirgt, ändert nichts an der Tatsache, dass auch sie mit einer raffiniert geschürten Weltuntergangs-Psychose und deren schamloser Vermarktung bereits Millionen Gewinne gemacht hat – auf Kosten Tausender gutgläubiger Verlierer.

Mit dem am 28. Juni 1881 im erzgebirgischen Arnsfeld geborenen und späteren Bahnarbeiter Eugen Georg Schuffenhauer hat diese Dame lediglich Teile des mystizistischen Inhaltes gemeinsam. Er hatte es auch nicht nötig, sich einen großmächtigen Namen zuzulegen, vielmehr nannten ihn die Erzgebirger selbst vertrauens- und auch bedauerungsvoll das „Reitzenhainer Mannl". So wie sein Vater, der Fabrikarbeiter Carl Eduard Schuffenhauer, hatte auch der kleinwüchsige Sohn keine besondere Bildung genießen können. Von Zeitzeugen wird der Jüngling als verschlossen und wenig redegewandt charakterisiert. Es ist anzunehmen, dass sein zunehmendes Nervenleiden von einer Verletzung aus dem Weltkrieg 1914/18 herrührt.

Ab etwa 1918/19 hatte er mehrfach Eingebungen, Erscheinungen und andere „spiritistische Manifestationen". Zu einer ersten psychischen Eskalation kam es dann im Jahre 1922, als ihm in einer markanten Vision von Christus selbst die Heilung von Kranken übertragen worden sein soll. In dieser Zeit wird er sich auch in Reitzenhain niedergelassen haben, denn von dort aus entwickelte sich in jenen Jahren ein reges okkultistisches Konvertikelwesen, welches schließlich in die so genannte „Schuffenhauersche Bewegung" mündete, – eine sektenähnliche Organisation, die bereits 1926 in weiten Teilen des Erzgebirges, bis hinein in den Chemnitzer Raum, einige hundert Mitglieder zählte. Unermüdlich segnete das „Mannl" Kranke und an den Vorzeichen der Weltwirtschaftskrise verzweifelnde Menschen. Sogar deren Wäsche und andere Gebrauchsgegenstände erhielten von ihm das Kreuzzeichen oder Besprengungen mit geweihtem Wasser. Ein eher katholischer Weihe-Ritus, obwohl sich Schuffenhauer doch ausdrücklich zu Luther bekannte. In seinen „theologischen Auffassungen" ist er dann auch nicht gegen den „Katholik, denn der hat denselben Gott!"

Schuffenhauer beschreibt in seiner Weise die Krankheitsbilder seiner Patienten und deren möglichen Verlauf. Er verordnet einfachste Heilmittel aus der Naturapotheke unseres Erzgebirges, arbeitet viel mit dem Zeichen des Kreuzes und soll für seine „Sitzungen" kein Geld, aber ab und an Naturalien genommen haben. Um 1924 lässt er dann konsequenterweise verbreiten, dass er mit den Geistern der Verstorbenen an deren Stätten der Ruhe sprechen kann. Nächtliche okkultische Rituale sind von nun an keine Seltenheit mehr auf erzgebirgischen Gottesäckern. In den folgenden Jahren erscheinen ihm dann nicht nur Verwandte und Fremde aus heimischen Breiten. In den so genannten „Offenbarungen" sind im Jahre 1926 selbst Martin Luther, Kaiser Wilhelm und Fürst Bismarck bei ihm zu Gast.

In den spärlichen Überlieferungen zu jenen skurrilen Persönlichkeiten unserer jüngeren Erzgebirgs-Geschichte ist beim „Reitzenhainer Mannl" die Rede von so genannten „Inoffiziellen Materialien", Papierbögen (auch Pergamente), die während der Schuffenhauerschen Visionen von Beflissenen beschrieben worden sind und von denen nur noch wenige Abschriften existieren. Diese dienten wiederum, bzw. dienen noch, für die Nachbereitung während der „Ausbaustunden". Nicht nur hierbei ergeben sich interessante Parallelen zum großen Vorbild des schwärmerischen Pietismus, zu Hermann Lorenz (1864–1929), dem Stammvater der im Volksmund so genannten „Lorenzianer", den Mitgliedern der „Gemeinschaft in Christo Jesu", die ihren Stammsitz in Marterbüschl bei Lengefeld haben. Für Lorenz war „der falsche Jesus aus Reitzenhain", wie er Schuffenhauer in seinen Sitzungen häufig bezeichnete, offensichtlich eine gewisse Konkurrenz.

Im Jahre 1953 wurde das „Reitzenhainer Mannl" dann von seinem „Herrn und Meister" heimgeholt, wie sein Sohn, Martin Schuffenhauer, der in Aachen lebt, in überaus schwülstigen Erinnerungen an seinen Vater schreibt. Auf die Anfrage, ob der Sohn möglicherweise das Erbe des seherischen Vaters fortsetzt, antwortet dieser in einem Brief an den Autor am 20.7.2007: „Nun, ich bin der jüngste Sohn und habe drei Geschwister. Meine Lehre begann ich in Auerbach und setzte sie in Satzung fort. Danach kam ich zum Arbeitsdienst und anschließend zum Militär. Nun lernte ich meine Frau Anna-Maria, geb. Au kennen. Nach dem Krieg kam ich nach Gießen in Gefangenschaft. Von dort folgte ich, nach der Entlassung, meiner Verlobten nach Bad Bramstedt und gemeinsam gingen wir nach Reitzenhain zurück. Wir heirateten und bekamen vier Töchter. Nach dem Tod meines Vaters gingen wir nach Aachen. 1976 verstarb meine liebe Frau, ich blieb mit zwei fast erwachsenen Töchtern und den neunjährigen Zwillingen zurück. Die konnte ich nur mit Gottes Hilfe überstehen. Ja, wen Gott liebt, den züchtigt er. Heute bin ich 81 Jahre alt und meinem Schöpfer dafür dankbar. Sie wollten auch wissen, ob einer die Gabe meines Vaters besitzt. Dies kann man weder erlernen noch erben, diese Gabe vergibt nur Gott allein. Uns ist sie nicht gegeben. Das Wichtigste sind die Zehn Gebote. Viele Menschen in der heutigen Zeit kennen sie nicht mehr, schenken ihnen keine Beachtung und leben nicht mehr danach. Mit besten Grüßen verbleibe ich – Martin Schuffenhauer."

Noch in den 60er Jahren des vorigen Jahrhunderts war auch in Annaberg vom mystischen Ruf des „Reitzenhainer Mannls" Merkwürdiges zu vernehmen. So hätte er z.B. seherisch von einem Brand auf dem Fichtelberg gesprochen, wie mir damals der Sohn des Flötisten Wenzel aus Annaberg geheimnisvoll mitteilte, dem dann später das Fichtelberghaus zum Opfer gefallen sein soll. Und tatsächlich: Als das Unterkunftshaus auf dem Berg dann eines Tages wirklich brannte und wir als Schüler die Rauchwolken vom Fenster des Musikzimmers in der gelben Pestalozzi-Schule aus sehen konnten, meinte jener Sohn des alten Wenzel bedeutungsschwer: „Nun hat sich die Prophezeiung des Reitzenhainer Männl erfüllt!" Viele Jahre war es dann still um den „Nostradamus des Erzgebirges" geworden. Neuerdings taucht sein Name in den Gesprächen nicht nur der Alten wieder auf. Woran mag das wohl liegen?

Die Lorenzianer

Gemeinschaft in Christo Jesu – Ein Erzgebirgsmythos

Zwischen den im 14. Jahrhundert angelegten bäuerlichen Bergsiedlungen Pockau und Lengefeld, unweit der erzgebirgischen Bergstädte Olbernhau und Marienberg, liegt der 1945 nach Pockau eingemeindete Ortsteil Marterbüschel. Die meisten Anwesen im romantischen Flöhatal waren damals der Herrschaft Niederlauterstein dienstverpflichtet und mussten neben ihren Abgaben aus dem Holz- und Mühlengewerbe in den fischreichen Gewässern Forellen für die Schlossherrschaft fangen. Damals wie heute war das Holz aus den umliegenden Wäldern Rohstoff genug für den Auf- und Ausbau des holzverarbeitenden Handwerks sowie der späteren bescheidenen Manufaktur- und Fabrikverarbeitung.

Waren es in den vergangenen Jahrhunderten vor allem Gerätschaften, die im Bergbau bei der Bearbeitung des kargen Erzgebirgsbodens benötigt wurden, so stand im 19. Jahrhundert die Herstellung von Kisten, Furnieren und Möbel im Mittelpunkt der Verarbeitung des Holzes. Durch die Anbindung Pockaus an das Eisenbahnnetz im Jahre 1875 vollzog sich auch hier ein gewisser Anschluss an die übrige Welt und der Austausch von Erzeugnissen und Gedanken war nunmehr etwas weniger durch die Berge behindert. Die zunehmende Industrialisierung führte auch in dieser Erzgebirgsregion nicht zu dem erhofften Wohlstand für viele oder gar alle. Nur ganz wenige hielten der auswärtigen Konkurrenz stand, die nicht nur über die Bahnlinie Einzug hielt.

Die Suche nach Halt, Gemeinschaft, egozentrischen Werten, gepaart mit fremd bestimmter Hilfe –, kurz, das Hangeln nach jenem hoffnungsvollen Strohhalm, der diesseits oder wenigstens im Jenseits ein wohlbefindliches Leben ermöglichen kann, war auch hier im Erzgebirge beheimatet. Die so benachteiligten Menschen schufen sich von jeher selbst ihre Götter und deren Vermittler auf Erden gleich dazu, wie es die eine Lesart meint. Während die andere davon ausgeht, dass die Götter (oder Gott, Budda, Mohamet, Jave...) die Menschen in ihren geteilten Befindlichkeiten so geschaffen haben wie sie sind und ihnen gottähnliche Vermittler an die Seite gaben, die sie für ein besseres Leben, außerhalb dieser Welt, reifen lassen. In diese beiden Auffassungen war und ist der große Erdkreis wesentlich geteilt. Die kleine Welt von Marterbüschel aber eher nicht.

Trostreiche Propheten

Das Leben der Erzgebirger war fast zu allen Zeiten hart. Die Sehnsucht nach Linderung von Not und Elend zieht sich nahezu durch die gesamte bisherige Geschichte unserer Heimat. In solche Zeiten hinein sind Menschen geboren worden, die später die Geschicke eines nicht zu vernachlässigenden Teils der Erzgebirger in spezifischer Weise in die Hände nehmen sollten, auch weil sie fest daran glaubten, dass dies gottgewollt und somit vorherbestimmt sei. Einer von ihnen ist der am 9.9.1835 in Schlettau geborene Sohn eines Schneidermeisters – Oswald Ferdinand Schneider. Eine Lehre als Posamentierer hatte er erfolgreich abgeschlossen. Später heiratete er dann am 16.1.1859 die aus Buchholz stammende Christiane Henriette Hunger. Nach deren Tod nahm er sich die im Jahre 1868 geborene Auguste Emma Bitterlich aus Crottendorf zur Frau und verehelichte sich schließlich 1888 mit Johanna Christiane Wilhelmine Hohlfeld aus Waltersdorf zum dritten Mal.

Schneider soll als Handelsmann verschiedene Familien in der Umgebung von Kleinsermuth, Frankenberg und Hausdorf besucht sowie zu Andachts-„Stunden" in sein Haus eingeladen haben. Nach Augenzeugenberichten fanden derartige Versammlungen in einem

geräumigen Zimmer statt, „ ... wobei er sich durch Gesang und Ziehharmonikaspiel ein-
schläferte und dann, nach heftigen konvulsivischen Zuckungen schlafend predigte". Sein
Anwesen in Kleinsermuth hieß fortan nur noch, wegen der eigenartigen Bewegungen in
seinem Inneren, das „Strampelhaus". Daselbst starb Schneider am 12.1.1908.

Vermutlich hatte er den 1. Boten der Bewegung, den „Reichel-Lieb" aus Oberseiffenbach
gekannt und dessen Verhaltens- und Ritualmuster übernommen. Auch dieser, am 8.8.1832
geborene Sohn eines Drechslers, Gottlieb Heinrich Reichelt, versammelte in seiner Werkstatt
zu bestimmten Zeiten zwischen 30 und 40 Personen und hielt gleichfalls „Stunden" ab. Regelmäßig nahm daran auch eine Familie Lorenz teil. Bei einer solchen Zusammenkunft fand
schließlich auch die Berufung des 3. Boten, die Bestimmung des Hermann Lorenz zum „auserwählten Werkzeug Gottes" statt. Lorenz' Mutter hatte bereits nach Schneiders Tod dessen
Werk in Dörnthal bis 1912 fortgeführt. Sie soll eine Frau gewesen sein, die über die gleichen
Fähigkeiten verfügte, wie ihre sehenden Vorgänger.

Die Metamorphose des Hermann Lorenz

Diese Begabung, die noch einer späteren neuro-psychologischen Bewertung bedarf, hat sich
offenbar auf den am 11.6.1864 in Oberlochmühle/b.Deutschneudorf als Sohn eines Drechslers und Spielwarenhändlers geborenen Hermann Lorenz übertragen und vererbt. Vater August Samiel, der im Volksmund „Salomon" genannt wurde und einem guten Tropfen in recht
regelmäßiger Weise nicht abhold gewesen sein soll, wird viele Sorgen mit dem schwächli-
chen und nicht unbedingt lernbegabten Knaben gehabt haben. Über seine Schulzeit sind
lediglich die andauernd verträumte Lernabwesenheit und seine verzögerte Auffassungsga-
be überliefert. Die normalen Kinderkrankheiten sollen sich beim kleinen Hermann besonders heftig und langwierig ausgetobt haben. Wohnungsumzüge führten den jungen Lorenz
erst nach Hirschberg bei Olbernhau und dann im Jahre 1886 nach Dörnthal. Schließlich
heiratete er am 7.10.1888 die Bertha Theresie Hörtwig aus Olbernhau und ließ sich mit ihr
in Haselbach bei Forchheim nieder. Erst im Jahre 1908 taucht Hermann Lorenz an seinem
eigentlichen Wirkungsort in Marterbüschel auf. Dort kaufte er eine alte Ölmühle, die er zu
einer Tintenlöscher-Fabrik umbaute. Wegen der schlechten Wirtschaftslage verkaufte er
aber sein Unternehmen am 19.10.1911 an die Stadt Chemnitz, um es im nächsten Atemzug
von derselben zu pachten. Etwa 35 Arbeiter beschäftigte er noch während des Ersten Weltkrieges, von denen nicht bekannt ist, ob sie ausschließlich Tintenlöscher hergestellt haben.
Im Jahre 1912 starb Mutter Lorenz. Dies war ein großer Verlust für den Sohn, aber auch für
die aufkeimende Gemeinde. Sowohl die individuelle Situation in der sich Lorenz, auch auf
Grund seiner schweren Krankheit, befand (wahrscheinlich eine nie ganz ausgeheilte kom-

plizierte Hirnhautentzündung), als auch der Beginn des von ihm vorausgesagten Ersten Weltkrieges könnten es gewesen sein, die mit zur eigentlichen Offenbarung beigetragen haben. Vermutlich am 2.8.1914 besuchten Freunde den Kranken mehr zufällig denn geplant, um sich bei dieser Gelegenheit nach seinem Befinden zu erkundigen und Genesungswünsche aus der Gemeinde zu überbringen. Nach kurzer Zeit richtete er sich plötzlich im Bett auf, hielt eine etwa halbstündige, predigtartige Rede an die Umstehenden über die Ausdehnung und die Verderben des Krieges, und dass dieser Krieg das Ende allen Weltgeschehens mit sich brächte. Nach dieser emphatischen Ansprache soll er noch im selben Augenblick völlig gesund vom Lager aufgestanden und ins Freie gegangen sein. Von den Anwesenden ist dies als sicheres Zeichen (s)einer Übermacht gewertet worden.

Die verschworene „Gemeinschaft in Christo Jesu"

Von nun an waren die Wunderseher eine verschworene Wissens- und Glaubensgemeinschaft, der sich viele Anhänger aus dem Schneiderschen Kreis hinzugesellten und in Lorenz den von Gott gesandten Nachfolger Schneiders erblickten, ihn als den neuen Propheten anerkannten. Nunmehr nahm die Zahl der Mitglieder rasch zu. Im Jahre 1919 waren es schon 1.800, und ein Jahr später ist die von Lorenz anvisierte Zahl von 5.000 Gemeindegliedern nahezu erreicht worden. Jetzt war auch eine Werbung für die „Lorenzianer" – wie sie im Volksmund und nie offiziell genannt werden – nicht mehr nötig. Die Rekrutierung der Gemeinde ausschließlich aus den eigenen Reihen (von wenigen Ausnahmen abgesehen) hatte hier ihren Ursprung.

Im Jahre 1922 wurde die Bezeichnung „Gemeinschaft in Christo Jesu" angenommen und durch die Eintragung ins Vereinsregister beim Amtsgericht Lengefeld am 13. Juni desselben Jahres staatlich anerkannt. Unter den Mitgliedern ist Geld gesammelt worden, um aus einem alten Fabrikgebäude (Grundstück war Eigentum von Lorenz) jenes Zentralheiligtum der Gemeinschaft in aufopferungsvoller Tag- und Nachtarbeit im kleinen Waldstück von Marterbüschel zu errichten. Nach zahlreichen Litaneien für den „Tempel in jenem stillen Tal" konnte dieser dann am 30. September 1923 als „Elias-Burg" eingeweiht werden. Jedes Gemeindemitglied hat noch heute den geweihten Raum, der ca. 1.000 (nach anderen Hinweisen nur 600) Personen fasst, einmal wöchentlich zu gottesdienstlichen Versammlungen aufzusuchen. Selbstverständlich kann der Gläubige die Altarstufen nur dann betreten, wenn er vorher seine Schuhe ausgezogen hat. Aber eben nur er, denn „Fremde" haben zum „Tempel" – wie die mit Zinnen bewehrte und mit goldenen Lettern versehene Kirchen-Fabrik von den Betroffenen selbst teilweise bezeichnet wird – in keinem Falle Zutritt. Die innere Architektur folgt den Vorbildern des israelitischen Tempelbaues, der von mehreren kleineren Kammern umgeben ist. Der Hauptaltar zeigt das Bild des Auferstandenen sowie die Bildnisse von Moses und dem Namenspropheten des Baues – Elias. Die israelitische Tempel-Idee der „kleinen Tempelkammern" wird in Marterbüschel auch konsequent nach draußen verlegt. So sind im Umkreis des Zentralheiligtums mehrere Lokalheiligtümer angesiedelt, die sich z.T. in größeren Räumen, aber vorzüglich in Wohnungen befinden. In den Zimmern der Gläubigen sind daher oftmals auch Kopien vom Altar des Haupt-Tempels anzutreffen. Diese Ortsheiligtümer werden auch im religiösen Selbstverständnis der Anhänger der „Gemeinschaft in Christo Jesu" als deren jeweiliges Bethanien, d.h. Zufluchtsstätten, Bergungsorte oder Zwischenaufenthalte für die bevorstehende „Entrückung" ins apokalyptische „Harmagedon" (Offenb.16./16.) der wenigen Auserkorenen angesehen und entsprechend behütet. Dort, irgendwo am Nordpol, wo dieses „Harmagedon" liegen soll, warten schon die übrigen Auserwählten auf jene aus dem sächsisch-erzgebirgischen Raum, deren Werk als das höchste und darum auch als das letztlich zu vollendende angesehen wird.

Die Erzgebirgs-Elite der 5.000

Am 3.2.1918 veröffentlichen mehrere sächsische Zeitungen Artikel mit Balken-Überschriften wie „Weltuntergang im Februar – zwei Prophezeiungen" oder „17. Februar – Jüngstes Gericht – beginnt mit Sintflut!". In den Beiträgen wird darauf hingewiesen, dass auf den Flusswiesen der Flöha bei Blumenau eine Arche gebaut werden soll, die dann auf dem Hainberg bei Olbernhau von den Auserwählten zu besteigen ist, um sie – wie einstmals Noah seine Lebewesen – vor den Fluten zu erretten und nunmehr das Überleben des „besten Teiles der Menschheit", also das von hauptsächlich 5.000 Sachsen, zu sichern.

Dieses Auswahlprinzip wird es in erster Linie sein, welches die Gemeinschaft so anziehend für den einen, oder so merkwürdig für den anderen erscheinen lässt. Jene biblisch selbst verordnete Eingrenzung auf die 144.000 (Offenb.14) Auserwählten, von denen 5.000 (nach Lorenz) aus dem sächsischen Raum um Marterbüschel stammen, und die nach dem Weltuntergang die gottgewollte Art erhalten sollen, ist es, welche die anderen ausgrenzt und letztlich damit zu Überlebensunwürdige erklärt.

Stabiles Berichts- und Überwachungssystem

Waren bei Gründung und in den ersten Jahren der „Lorenzianer" der Tanz oder andere Vergnügungen jeglicher Art absolute Tabu-Bereiche, so sind es heute – wohlgemerkt zusätzlich – die modernen Massenkommunikationsmittel wie Fernsehen, Kino, Rundfunk, Internet und Zeitungen, deren Benutzung man sich zu enthalten hat. Bekannt ist allerdings auch (aus eigenem Erleben des Autors im Bekanntenkreis und durch zahlreiche Gespräche mit Noch-„Lorenzianern" oder Aussteigern sowie aus Briefen von Betroffnen), dass sich besonders einige jüngere Gläubige nicht mehr in vollem Umfang an diese Verbote mit ihrem Absolutheitsanspruch gebunden fühlen. Dabei sickern natürlicherweise immer zuerst die Extreme in die Öffentlichkeit, die bei einzelnen Gläubigen z.B. im Umgang mit Alkohol und Frauen überhaupt nicht im Sinne der selbst verordneten Askese waren und sind. Besonders der männliche Teil der Gemeinschafts-Mitglieder neigt stärker zum Ausleben entsprechender „männlicher" Bedürfnisse, wenn auch eher heimlich, denn offen. Diese natürlichen weltlichen Lustbefriedigungen finden auch deshalb teilweise unter strengster Verschwiegenheit statt, weil ein ausgesprochen stabiles Berichts- und Überwachungssystem existiert. Der Begriff des „Wächters" für den nächsten Vorgesetzten und unmittelbaren Vertrauten des Gläubigen deutet direkt auf dessen inhaltliche Funktion in der Gemeindehierarchie hin. Die o. g. lustvollen Annäherungen an die übrige Welt treffen daher immer nur auf Einzelfälle zu.

Die Mehrheit der Gläubigen unterwirft „freiwillig" ihre Persönlichkeit diesem recht weltfernen Regelwerk mit teilweise selbst verachtender Disziplin. Berichte, nach denen sich auch heute noch Angehörige der „Gemeinschaft in Christo Jesu" der Behandlung eines Arztes entziehen sollen, sind nur im Hinblick auf leichtere Krankheiten bestätigt worden.

Bekannt ist allerdings, dass Lorenz selbst in medizinische Bereiche eingegriffen hat. Wenn auch nur auf der Basis von Naturheilverfahren unter Anwendung der heimischen Flora. Überliefert ist, dass es „Heilungen" im Rahmen von Ferndiagnosen und- therapien durch Hermann Lorenz gegeben haben soll, die aber einer wissenschafts-medizinischen Bewertung bisher nicht unterzogen worden sind. In diesem Zusammenhang richtete Lorenz auch heftige Angriffe gegen seine mediale Konkurrenz. Jenen „falschen Christus" aus Reitzenhain, den Spiritisten Eugen Georg Schuffenhauer (geb. 28.6.1881) – bekannt als „Reitzenhainer Mannl" – der ebenfalls vorgab, in Visionen von Christus den Auftrag zur Krankenheilung erhalten zu haben.

Über Leiden zur Leidenschaft

Hermann Lorenz litt Zeit seines Lebens vermutlich an *somnambulismus artificalis*, bzw. *somnabulitis catalepticus*. Bei beiden medizinischen Erscheinungsbildern handelt es sich um den so genannten Krampfschlaf, der oftmals einhergehen kann mit epileptischen Kontraktionen und nicht selten mit starken Wahnvorstellungen bis hin zu vermuteten hellseherischen Fähigkeiten. Eine der ersten in Deutschland approbierten praktischen Ärztin, Frau Dr. med. Jenny Springer, hat in ihrer sächsischen Praxis offenbar Erfahrungen mit Somnambulen sammeln können. Im Jahre 1910 schreibt sie davon, dass im Verlauf dieser Krankheit beim Patienten „... gewissermaßen ein doppeltes Bewusstsein vorhanden ist, wobei das eine nichts vom anderen weiß. In dieses Gebiet gehören auch die Fälle von Hellsehen oder Somnambulismus, ebenso die Entzückungen oder Visionen von göttlichen Erscheinungen".

Heute ist in der Medizin bekannt, dass sowohl nicht ausgeheilte Gehirnhautentzündungen als auch Vererbungs-Faktoren beim Somnambulen Ursache für dessen Krankheit sein können. Beides könnte auf Hermann Lorenz bedauerlicherweise zutreffen. Die neuro-psychische Verwertung seines Leidens durch ihn selbst, bzw. die gruppen-psychologische und religiös-motivierte „Vermarktung" durch ihn und seinen Kreis, sind Folgeerscheinungen und für die damalige Zeit sowie für den besprochenen Raum durchaus nicht unüblich, wie u.a. das Reitzenhainer-Mannl-Beispiel, oder das noch frühere von der „Annaberger Krankheit" (1713–1720) sowie verschiedene andere mystische Gemeindebildungen in dieser Zeit zeigen.

Der Kampf mit Satanas, dem zweiten „Schöpfer"

Hier wie dort basieren das theologische Gesamtgebäude sowie die religiösen Hintergründe auf apokalyptischen Weltuntergangstheorien, die ihre praktische Erfüllung z.B. bei Lorenz im Jahr 2000 haben sollten. Die Urmächte und Gegenkräfte allen Lebens, sowohl diesseits als auch im jenseitigen „Harmagedon", sind Gott und jener selbstständige „Gegengott" – Satanas. Es handelt sich also beim Teufel nicht nach dem herkömmlichen christlichen Verständnis um den gefallenen Engel Luzifer, sondern um einen zweiten Schöpfer, der ein Drittel der Gesamtschöpfung als sein Werk beansprucht. Menschen, Tiere und Pflanzen sind von dieser „Vielmacht" gegen oder als Ergänzung zur Allmacht Gottes geschaffen worden. Zum Sündenfall kam es demnach, weil Adam und Eva zu Objekten des Kampfes der beiden Urmächte instrumentiert worden sind. Die Menschen könnten durchaus heute noch im Paradies leben, hätte Adam damals auch vom Baum des Lebens und nicht nur vom Baum der Erkenntnis gegessen. Durch die Vertreibung der ersten Menschen aus dem Paradies kamen dem Geiste nach zwar gottgleiche, aber dem Leibe nach sündige Menschen in das Herrschaftsgebiet Satans. Diese dualen Geschöpfe wussten nun um Gut und Böse. Im Dunstkreis des Teufels mussten sie von nun an die profane Ernährung auf irdische Weise bestreiten und die vom Herrscher dieses Gebietes selbst geschaffenen Nahrungsmittel in sich aufnehmen. Unter dieser Abhängigkeit bildete sich ein Organ im menschlichen Körper, was fortan als das Zentrum alles Bösen und als Wohnung des Satanas angesehen wurde – die Galle. Der Kampf des Hermann Lorenz mit dem Satan zieht sich durch dessen gesamte Leidensgeschichte. In völliger Selbstüberschätzung vergleicht er seinen Kampf gegen das Böse u.a. mit der Passion des Jesus von Nazareth.

Das Schriftgut

In einem öffentlichen Gebet am 20.4.1924, das von einem Pfarrer aus Ehrenfriedersdorf aufgezeichnet und dort am 24.6.1971 gefunden worden ist, äußert sich Lorenz dann auch konsequenterweise wie folgt: „Nicht umsonst hast du deine Kinder wissen lassen, daß auch jetzt wieder das Leiden, was einst dein lieber Sohn hat auf sich nehmen müssen einer deiner treuen Diener auf Erden auf sich nehmen muß, nach dem sich die g a n z e Welt richten muß. Deine Kinder mögen mitfühlen, was dein Diener geleistet hat, Übermenschliches hat er schon bisher auf sich nehmen müssen, und wieviel satanische Angriffe sind schon zerschellt worden durch die Treue, durch die Hingabe deines Dieners auf Erden!" Setzt er sich hier mit IHM noch gleich, so behauptet er an anderer Stelle in übergöttlichem Messianismus: „...wenn i c h nicht will, kann der Herr auch nicht wollen!" Bereits die Abfassung der so genannten „Pergamente" (2. Tim, 4,13) – also die Aufzeichnungen seiner Offenbarungen – lassen an verschiedenen Stellen eine beachtliche Selbstüberhöhung vermuten. Jene „geheimen" Schriften, die der Bibel gleichberechtigt sind, dürfen weder nachgedruckt noch abgeschrieben werden. Zusammen mit einigen biblischen Texten werden nur Teile aus den Pergamenten den Gläubigen durch die Wächter anvertraut. In ihnen ist das arglos-komplizierte, dreistufige Erlösungswerk, welches noch am Ende des letzten Jahrtausends in Erfül-

Der Elias-Tempel (ein ehemaliges Fabrikgebäude) in Marterbüschel bei Pockau-Lenge-feld, das Zentralheiligtum der Gemeinschaft in Christo Jesu („Lorenzianer")

lung gehen sollte, dubios konzipiert. Es handelt sich bei der hier vorliegenden Anwendung der so genannten Trias um eine gnostische, also um eine Erkenntnislehre, die auf geheimen Offenbarungen von Gnostikern (Geheimwissern, Gotteskundigen) beruht und in ihrer Dreiheit von der Existenz Gottes, dessen Sohn und Luzifer ausgeht. Letzterer wurde wegen seiner Anmaßungen und Überheblichkeiten aus dem triatischen Bund ausgeschlossen. Seitdem herrscht der bereits angedeutete Kampf zwischen Gott (einschließlich dessen Sohn Jesus) und dem Teufel, der in den aus göttlichen und teuflischen Elementen gebildeten Menschen in einer dreistufigen Erlösung zum Ende gebracht wird:

1. Die Erlösung durch Gottes Sohn Jesus Christus, wie sie in der Heiligen Schrift überliefert steht.
2. Die Vollendung dieses unvollkommenen Werkes durch Hermann Lorenz, dem „Propheten des Endes", und die Sammlung der letzten 5.000 aus dem erzgebirgs-sächsischen Raum, jener insgesamt 144.000 Auserwählten und deren Aufbruch in das tausendjährige Gottes-Reich (Millennium) – vorhergesagt damals noch vor dem Jahr 2000.
3. Das Jüngste Gericht, die Auferstehung und – nach entsprechender Läuterung – die (un)endliche Aufnahme in das Himmelreich.

Demnach bildet sich die göttliche Trias neben Gottvater, aus dem Sohn und aus dem Heiligen Geist (anstelle Luzifer), der die Veredlung der geretteten Menschheit im Jenseits fortsetzt. Die Berechnung des relativ genauen Endes in der so genannten zweiten Erlösungsstufe geht auf die sechstägige Schöpfungsgeschichte zurück und deren Übertragung auf die Dauer der Welt von seitdem 6000 Jahren. Dies bedeutet, dass 2000 Jahre vom ersten Menschen bis zur Sintflut und von dieser bis zur Geburt des Gottessohnes noch einmal 2000 Jahre zu berechnen wären. Die letzten 2000 Jahre vor dem endgültigen „tausendjährigen Friedensreich" werden entsprechend verkürzt, da man sich auf Matthäi 24,22. berufen kann, wo es heißt: „Und wo würden die Tage nicht verkürzt, so würde kein Mensch selig; aber um der Auserwählten willen werden die Tage verkürzt".

Diese letztendlich elitäre Auffassung vom göttlichen Erlösungswerk und einem darauf abgestellten Leben nach dem „Nicht-Tod" jener religiösen Elite, hat in der Religionskritik bisher kaum, und wenn, dann in einer teilweisen unsachlichen, auch unwürdigen Form stattgefunden. In der kaum vorhandenen Literatur über die „Gemeinschaft in Christo Jesu" überwiegen pauschale Verurteilungen, statt toleranter Einordnungen dieses religiösen Phänomens in die Zeit und den Raum seiner Entstehung, Entwicklung und in seine Grenzbereiche. Dass es allerdings zu teilweise unseriösen Bewertungen in der Vergangenheit über die „Lorenzianer" kam, liegt nicht zuletzt auch an deren mangelnde Transparenz, an ihrer zwar begründbaren, aber zu absolut organisierten Konspiration und ihrer damit einhergehenden Entfernung von der hiesigen Welt, um eine offenbar gewollte Aura des Mystischen zu schaffen. Andererseits muss eingeräumt werden: Verhielten sich die „Lorenzianer" nicht derart, wären es nicht mehr die Gläubigen dieser verschworenen Gemeinschaft. Die (klein)geistige Nähe zum Logen-Verhalten der Freimaurer ist in ihrem Schweigegebot gegenüber Außenstehenden durchaus zu bemerken. „Niemand soll und wird es schauen, was einander wir vertrauen, denn auf Schweigen und Vertrauen ist der Tempel aufgebaut!", meinte schon Johann Wolfgang von Goethe in seinem Logen-Gedicht „Verschwiegenheit". Die kritischen Bemerkungen, die der Pfarrer Friedrich Wilhelm Haack im Hinblick auf die übertriebene Konspiration geheimer Männerbünde äußert, kann durchaus auch auf das Verhalten der „Lorenzianer" Anwendung finden: „Was als vornehme Zurückhaltung gedacht ist, kann leicht zur Quelle böser Folgen werden."

Traditionen über Zeit und Raum gerettet

Heute ist die „Gemeinschaft in Christo Jesu" noch immer fast ausschließlich im erzgebirgischen Raum um Marterbüschel ansässig. Einige Gemeinschaftsmitglieder gibt es in Chemnitz, Leipzig, Dresden und in mehreren kleinen Ortschaften Sachsens. Durch geringfügige Wanderungsbewegungen im Laufe der Jahrzehnte sind nun auch Gläubige in nördlicheren Gegenden, u.a. in Berlin und Hamburg, anzutreffen, die dort ihr Bethanien geschaffen haben, aber auch häufig an den religiösen Veranstaltungen im Zentralheiligtum in Marterbüschel teilnehmen.

Nach 1945 ist in den alten Bundesländern, in Hiddenhausen bei Herford, ein eigenes westdeutsches Zentrum errichtet worden, in dem die wenigen Anhänger der lorenzianischen Lehre, die die DDR verlassen haben, ihre religiöse Heimat fanden. Noch 1985 leitete ein Sohn des Hermann Lorenz gemeinsam mit Herrn Baunack aus Zöblitz die Gemeinschaft. Ihnen steht ein so genannter Bruderrat – auch Konferenz genannt – zur Seite, der aus 50 Männern besteht. Diese frauenfreie Männergruppe hat ihre inhaltlichen Wurzeln im Alten Testament, 2. Buch der Könige, in dem von Elias Wundereifer, Wundertaten und dessen Himmelfahrt zu lesen steht (2. Könige, 1.2.). Mehrfach ist dort von der Vernichtung der Hauptleute samt ihren 50 Mannen die Rede, die im Feuer umkommen, das Elias vom Himmel auf sie schickte, da diese ihn offenbar nicht als Mann Gottes akzeptieren, wie er es von ihnen verlangt hatte. Erst als sich der dritte Hauptmann auf die Knie vor Elias nieder ließ und ihn als Gottesmann anerkannte, blieb die Vernichtung jener 50 Männer aus und der Engel sprach zu Elias: „Gehe mit ihm hinab und fürchte dich nicht vor ihm. Und er machte sich auf und ging mit ihm hinab zum König... (1,15. siehe auch Sir. 48,3.) ... aber funfzig Männer unter der Propheten Kinder gingen hin..." (2,8. siehe auch 2. Mos. 14,21.). Und weiter unten folgt dann eine etwaige Ortsbestimmung, wenn es heißt: „Siehe, es sind unter deinen Knechten funfzig Männer, starke Leute, die laß gehen und deinen Herrn suchen; vielleicht hat ihn der Geist des Herrn genommen und irgend auf einen Berg, oder irgend in ein Thal geworfen." (2. Kön. 2,16.) Die ungewollte Nähe zum Katholizismus kommt nicht nur im fast totalen Ausschluss von Frauen in der Administration und Hierarchie der Gemeinschaft zum Ausdruck. Auch die

„Erstkommunion", wie sie in der römisch-katholischen Kirche zum tradierten Ritualbstand gehört, wird hier als „Erstabendmahl" im Zusammenhang mit der Konfirmation durchgeführt. Später wird auf das Abendmahl ganz verzichtet. Auch mit der katholischen Beichte vergleichbare Formen werden praktiziert. So ist z.B. jedes Gemeinschaftsmitglied verpflichtet, dem zuständigen Wächter sein Leben in regelmäßigen Abständen zu offenbaren. Es wird von Betroffenen berichtet, dass Absolution nur in Verbindung mit einer Reihe von Auflagen zur Ausübung von guten Taten zu erlangen sei. Auch der Zölibat, jene Ehelosigkeit der katholischen Priester, wird von Hermann Lorenz – zumindest für die Funktionsträger – energisch empfohlen, aber kaum praktiziert.

Neben den zahlreichen Wächtern gibt es eine Reihe Ortswächter, sechs Bezirkswächter sowie zwei Oberwächter, die Mitglieder des Bruderrates sind. Taufen führt übrigens die Evangelische Landeskirche durch. Kinder bis sechs Jahre, die noch nicht landeskirchlich getauft worden sind, erhalten von den Wächtern eine trinitarische Taufe, eine Art geistige Weihe, von deren Praxis nichts bekannt ist. Zu vermuten ist aber, dass eine Einsegnung auf die bereits beschriebene heilige Trias stattfinden dürfte. Die Mitglieder der „Gemeinschaft in Christo Jesu" tragen heute nicht mehr, wie zu Beginn des Jahrhunderts und bis etwa 1935, ein Vergissmeinnicht als Erkennungszeichen. Ein Symbol übrigens, welches die Freimaurer nach der Auflösung der Großen Landesloge von Sachsen am 10. August 1935 in Dresden noch eine geraume Zeit ebenfalls als Attribut kleiner, verschworener, hoffnungsvoller und langlebiger Gemeinschaften trugen. Seitdem legen beide Vereinigungen keinen besonderen Wert auf Öffentlichkeit. Die „Lorenzianer" verfügen über ein stark ausgeprägtes Traditionsbewusstsein, sowohl im Bezug auf die von der Gemeinschaft selbst geschaffenen Bräuche und Rituale, als auch im Hinblick auf die Gestaltung der Advents- und Weihnachtszeit oder dem Karfreitags- und Osterwasserholen. Auch hier sind – wie in allen Religionen – Mischformen zwischen heidnischen Gepflogenheiten, jüdisch-christlichen Brauchtumsformen und abergläubigem Traditionsverhalten anzutreffen.

Transparenz aus Verantwortung

„Licht ins Dunkel" – so der Titel jener Streitschrift, die 1927 von der „Gemeinschaft in Christo Jesu" gegen Kleemanns aufklärerischen Text herausgegeben wurde. Welch aktueller Gedanke im Hinblick auf mehr Transparenz auf der einen Seite, die zu mehr Toleranz auf beiden führen könnte. Eine Toleranz, die für „alle Kinder Gottes" plädiert. Denn wie soll es gehen, wenn es „Lorenzianer" plötzlich in Asien, Afrika und anderwärts geben wird, die sich dann ebenfalls als Auserwählte Gottes ihres jeweiligen Territoriums wähnen? Welch Enge wird dann herrschen im eisigen Harmagedon und welch Gedränge im Jenseits. Oder haben die unfreiwillig

Licht in's Dunkel

Ein
Echo auf die Broschüre
„DIE LORENZIANER"
von
Samuel Kleemann

*

Selbstkostenpreis 1.20 RM.

Herausgegeben im Selbstverlag vom Vorstand der
Gemeinschaft in Christo Jesu e. V., Sitz Lengefeld

*Die Entgegnung der „Lorenzianer" auf die gleichnamige
Streitschrift von Samuel Kleemann aus dem Jahre 1927*

spartanisch lebenden Völker der 2., 3. und 4. Welt nicht erst recht einen Anspruch auf Mitnahme aus ihrem fegefeuerartigen Bethanien? Wieso nur die selbsternannten religiösen Zivilisationsflüchtlinge aus der 1. Welt um Marterbüschel? Wo ist diese „gottgewollte" These in den Evangelien und Testamenten so nachzulesen? Transparenz hat auch viel mit Wahrheit zu tun. Und nur über jene wahrhaftige Transparenz ist wirkliche Toleranz möglich, die dann schließlich zu einer dringend notwendigen Reformation im geistigen und praktischen Bereich auch bei dieser Gemeinschaft führen wird. Es scheint an der Zeit, Europa und die Welt auch im kleinen erzgebirgischen Marterbüschel lorenzianisch (vielleicht eher im Sinne des katholischen Hl. Lorenz) mit zu denken. Toleranz aber auch von der Mehrheit dann, wenn diese Bereitschaft dazu von der „Gemeinschaft in Christo Jesu" derzeit noch nicht erbracht werden kann oder will. Vielleicht ist sie auch nicht zu leisten, und unsere Wünsche überfordern die Gläubigen, die längst erkannt haben, dass dies sonst zu einer Selbstaufgabe im doppelten Sinne ihrer Vereinigung führen würde.

Tun wir aber alles dafür, dass die schreckliche Vision des Hermann Lorenz vom Ende unserer Tage (die Prophezeiung für den nun nicht eingetretenen Weltuntergang im Jahre 2000 ist nur verschoben worden) niemals Wahrheit werden möge! Behandeln wir deshalb die von unseren Enkeln und Ur-Kindern überantwortete Leihgabe Erde so, dass sie für die Ungläubigen wie für die Zweifler, für die Gläubigen aller Richtungen und nicht zuletzt auch für die „Lorenzianer" bewohnbar bleibt – bis in alle Ewigkeit!

Bruderherzen

„Dicknischl" der besonderen Art –
Freimaurer der Annaberger Johannisloge

„Während die Brüder Großbeamte, wirkliche
und stellvertretende, sich in einem besonderen
Zimmer zum Eintritte vorbereiteten, waren die
Stifter der neuen Loge im Arbeitssaale versam-
melt...", so beginnt der Chronist Br. Friedrich
Ludwig Meißner, zugeordneter Landesgroß-
meister aus Leipzig, seinen Bericht über die
am 18. März 1855 „Im Auftrag der Ehrwür-
digsten Großen Landesloge des Königreichs
Sachsen im Orient von Annaberg vollzogene
Installation der gerechten und vollkommenen
St. Johannisloge zum treuen Bruderherzen".
Mit dieser Lichteinbringung, wie die zermo-
nienreiche und für den Außenstehenden noch
immer mystisch erscheinende freimaurerische
Logeneinweihung auch genannt wird, verfügte
Annaberg mit über eine der ersten Logen im
erzgebirgischen Raum.

Bereits am 2.4.1852 gab es die Loge als „Freimaurerische Vereinigung". Am 30.4.1854 beschlossen die Annaberger Brüder, sich um ein Konstitutionspatent bei der Großen Landesloge von Sachsen zu bemühen, welches ihnen dann auch – als 26. Tochterloge – am 24.10.1854 ausgefertigt wurde. Weitere Logengründungen sind für Mitte des 19. Jahrhunderts im Erzgebirge nachzuweisen, z.B.: „Archimedes zum sächsischen Bunde" in Schneeberg, „Zu den 3 Rosen im Erzgebirge" in Aue, „Zur Harmonie" in Chemnitz, (die Chemnitzer Freimaurerloge „Harraseiche" wurde erst 1924 selbstständig), „Rosenstock im Sachsenfelde" als Logenkränzchen in Schwarzenberg sowie eine Reihe weiterer Freimaurerklubs, u.a. in Zschopau und Geyer („Hieronimus von Lotter zur Leuchte am Greifenstein") oder der sehr aktive „Flöhatal-Klub".

Die Traditionen der Freimaurerlogen der großen sächsischen Städte reichen bis zu Beginn des 18. Jahrhunderts zurück und fanden sich erst relativ spät zur „Großen Landesloge von Sachsen" (1811) zusammen. Als deren Vorgänger gründete bereits 1738 ein natürlicher Sohn des Königs August des Starken, Graf von Rutowski, nach französischem Vorbild in Dresden die Loge „Aux trois aigles blancs".

„Freimaurer" am Bau der Annenkirche beteiligt

Untereinander verabredete man schon damals geheime Erkennungszeichen, Worte und bestimmte Handgriffe, die nur eingeweihten Baumeistern zugänglich waren und dem Maurer eine Art „Recht auf Arbeit" zusicherten. Die kühnen Konstruktionen und großzügigen Grundrisse manch einer der sächsischen spätgotischen Hallenkirchen wurden im Inneren solcher Bauhütten entworfen. Es ist gesichert, dass auch beim Bau der Annenkirche in Annaberg „Frei-Maurer" am Werke waren und durchaus als mittelbare traditionelle Vorläufer der 400 Jahre später gegründeten Annaberger Loge „Zum treuen Bruderherzen" angesehen werden können. Der so genannte „Annaberger Hüttenstreit" von 1518 zwischen Jakob von Schweinfurt und Franz Maidburg, in welchem den „Maurern" des ersteren deren fehlende Ausbildung zum Bildhauer in einer „Hütte" vorgeworfen wurde, weist die Anwesenheit solcher Bauhütten beim Annaberger Kirchenbau nach.

Ebenso ist das Zusammentreten der Steinmetzen aus Annaberg, Meißen, Böhmen und der Lausitz unter dem Vorsitz von Benedikt Ried am Annentag 1518, – um sich von hemmenden mittelalterlichen Hüttengewohnheiten zu trennen, – ein Beleg für die Aktivitäten der damaligen Annaberger „Logen". Durch den Landesvater Herzog Georg der Bärtige, der dem erneuten Einspruch der konservativen Haupthütten widersprach, konnte der Fall für Jakob von Schweinfurt und damit auch für die modernen Architekturvorstellungen des Benedikt Ried entschieden werden.

Humanismus als oberstes Gebot der Freimaurerei

Die Annaberger Loge „Zum treuen Bruderherzen" fühlte sich vom Beginn ihres Wirkens an die so genannten „Alten Pflichten" gebunden. Jenen Grundgesetzen der Bruderschaften, wie sie 1723 auf Veranlassung des Herzogs von Montagu durch den Reverend James Anderson in einem Konstitutionsbuch zusammengestellt worden sind. Demnach wären die zeitlosen humanistischen Grundsätze der Freimaurerei kurz gefasst folgende: Religiosität, aber ohne jeglichen konfessionellen Zwang / Fast grenzenlose Toleranz / Achtung der Meinungen und Handlungen Andersdenkender / Anständige, saubere, moralisch einwandfreie Lebensführung / Brückenschlag zu Menschen, die einander sonst ständig fremd geblieben wären / Alles zu tun, was Leben erhält, fördert und schützt, und alles zu vermeiden in Wort, Tat, Handlung und Gebärde, was Leben vernichtet, einschränkt oder verunstaltet.

Gerade mit dem letzten Grundsatz bekommt die Idee des Bauens, als Gegen-Idee von zerstören und vernichten, ihre die gesamte Menschheit umfassende Ausprägung. Gleichzeitig ist hierin eine der Ursachen für die Ablehnung und Verfolgung der Freimaurerei und ihrer Brüder seitens der verschiedenen politischen Systeme und konfessionellen Richtungen begründet.

Die Neue Loge wird geweiht

Die Annaberger Johannis-Loge hatte ihre ursprüngliche Heimstatt von 1855 bis 1905 in einem alten, scheunenartigen Fachwerkbau, in der Nähe des späteren Logengebäudes. Die Installation der Loge wird vermutlich im Saal der Gaststätte stattgefunden haben, die sich im so genannten „Genselgarten" befand. Dieses Gebäude ist 1922 abgerissen worden. Der erste Vorsteher der Freimaurerloge war der Annaberger Kaufmann Ferdinand Lipfert (Lipfert-Straße). Mutmaßlich ist die Loge aus der Lipfert-Stiftung hervorgegangen. Zumindest sind offensichtlich beträchtliche Mittel von Lipfert selbst für den Bau des neuen Logenhauses aufgebracht worden. Am 5. September 1905 wurde die letzte Arbeit im Saal der alten Loge abgehalten, auf der man die Verdienste des „i.d.e.O. (in den ewigen Orient) Eingegangener würdigte und dem Bruder Bräuer zu seinem 75. Geburtstag beglückwünschte. Am 12. September des gleichen Jahres versammelte sich die Annaberger Brüderschaft mittags um 12.00 Uhr zur Abschiedsloge noch einmal im alten Tempel. Still und ernst gestimmt verließen hierauf die Brr. die alte Arbeitsstätte, um sich zum Einzug in das neue Heim im Logengarten zu versammeln". Der Chronist meint hier bereits den Garten des neuen Logenhauses an der späteren Logenstraße 7. Es wird berichtet, dass unter der Teilnahme des Großmeisters der „Großen Landesloge von Sachsen", Br. Erdmann, die 3 mal 3 Lichter auf dem

Altar entzündet wurden und vom Annaberger Seminaroberlehrer und köngl. Musikdirektor, Gustav Bruno Dost, eine Einweihungs-Kantate zum Vortrag kam. Der „Hammerführende" (Verantwortliche für das Ritual) war an diesem Tag der Annaberger Meister vom Stuhl Bruder Kurlbaum, der in einer „tiefdurchdachten Zeichnung" (Vortrag) auf die traditionellen humanistischen Werte der Freimaurerei einging.

Intoleranz macht sich breit

Die Arbeit der Annaberger Loge war offenbar in den zurückliegenden Jahren nicht immer nur mit Freundlichkeit durch die hiesigen Bewohner bedacht worden. So wäre auch zu erklären, weshalb die Leitworte in der „Zeichnung" von Bruder Olzscha schon damals nachdenklich stimmen mussten, wenn er ausrief: „Glücklich, wer der Zeiten Drangsal an der Liebe Hand durchschreitet! Glücklich, wen durch Meinungswirren ihre treue Fahne leitet! Selig, wer an Bruderhand seinen Weg zum Tempel, ins Asyl der Liebe fand!"

Die grausame Bestätigung für diese leisen Vorahnungen sollte aber erst dreißig Jahre später folgen. Vorerst lebte die Loge „Zum treuen Bruderherzen" erneut auf und wurde zur Einweihungs-Loge von den anwesenden Vertretern der sächsischen Bruderlogen reich beschenkt. So kam von der „3-Bergen-Loge" aus Freiberg ein silberner Kelch zur Ausbringung der entsprechenden Toaste auf die Schwestern. Bekanntlich sind die Freimaurer-Logen reine Männerbünde, zu denen die Frauen keinen Zutritt haben. Dies trifft zumindest auf den gesamten Ritual-Bereich, nicht jedoch auf den Freizeitbereich, zu. Eine Ausnahme bildet nur die Berliner Frauenloge, die sich noch 1942 gründete.

Großes soziales Engagement

„Erkenne dich selbst!" – so lautete der Begrüßungsspruch am neoklassizistischen Portal des neuen Logenheimes. Diesem Grundsatz der Selbsterkenntnis blieb die Annaberger Loge „Zum treuen Bruderherzen" bis zu ihrer zwanghaften Auflösung im Jahre 1935 medial und tätig verbunden. Auffällig ist besonders ihr soziales Engagement für die Schwachen und Bedürftigen in der unmittelbaren Umgebung, aber auch über Ländergrenzen hinweg. Sicher ist es den Annaberger Ärzten, Fabrikbesitzern, Kaufmännern, Lehrern, Pfarrern und Bankdirektoren, die im Wesentlichen die personelle Zusammensetzung der Annaberger Loge ausmachten, nicht schwer gefallen, finanzielle Großzügigkeit gegenüber Minderbemittelten walten zu lassen. Beachtlich ist lediglich, dass im Vergleich zu anderen Logen, die Annaberger in größerer Regelmäßigkeit (teilweise monatlich) Spenden abführten. Eine unvollständige Auflistung der Spenden aus den Anfangsjahren liegt vor. Diese Zuwendungen an Bedürftige setzte sich auch während der Inflation fort. Die eigenen Ausgaben der Annaberger Loge erhöhten sich ab etwa 1921 beträchtlich, zumal das Logenhaus 1920 elektrisches Licht und Telefon erhielt. Die Meisterschaft beschloss daher 1922 „...das alte Logengebäude dem Abbruch zu übergeben und den Platz planieren zu lassen".

Dr. Wünschmann – der Meister vom Stuhl

Am 15. Oktober 1929 führte der Meister vom Stuhl, Dr. Wünschmann, seine letzte Arbeit über „Das Verhältnis unseres Annaberger Peter Gast zu seinem großen Freunde, dem Philosophen Friedrich Nietzsche" aus. Welche Bedeutung dem am 10. Januar 1930 verstorbenen Dr. Wünschmann zukam, wird wohl am deutlichsten in einem Nachruf der „Großen Landesloge von Sachsen" worin es u.a. heißt: „Eine Leuchte der Wissenschaft war er für Annaberg und das obere Erzgebirge besonders; der engeren Heimat galten seine wissenschaftlichen Forschungen auf dem Gebiete der Geschichte, Kulturgeschichte, Erdkunde und Naturgeschichte. Für Annabergs Schulleben bleibt er immer der pflichtgetreue und liebevolle Lehrer und Erzieher, (...) seine Bücherei ist wohl eine der größten und sein Wissen glich einem alles umfassenden Lexikon." Der Annaberger Freimaurer Dr. Max Wünschmann war übrigens auch 27 Jahre lang 1. Vorsitzender des Erzgebirgszweigvereines. Die ursprünglich für den März 1930 geplante Feier des 75-jährigen Jubiläums der Annaberger Loge wurde wegen seines Ablebens mit dem Johannisfest verknüpft.

Bekannte Bürger der Stadt waren Freimaurer

Die Verluste, die der 1. Weltkrieg in den Bruderreihen hinterließ, konnten von 1921 an durch ständig steigende Aufnahmen etwas ausgeglichen werden. So sind ab 1922 jährlich im Durchschnitt sechs Mitglieder aufgenommen worden. Seit die Logenbekanntmachungen ab März 1922 in der „Buchholzer Zeitung" erfolgten, bekam die Annaberger Loge auch von dort Zulauf.

Die Annaberger Loge „Zum treuen Bruderherzen" hatte mit Beginn der 20er Jahre bis zu ihrer Auflösung durchschnittlich 100 Mitglieder, die sich gemäß der freimaurerischen Hierarchie in folgende Hauptgruppen gliedern lassen:

1. **Ehrenaltmeister/Ehrenmeister:** Der Bekannteste von ihnen dürfte der Ehrenbürger der Stadt Annaberg, der 2. zugeordnete Meister vom Stuhl, Bruno Matthes (1922–1925), gewesen sein.

2. **Beamte:** Die Meister vom Stuhle. Unter ihnen der Ingenieur Karl Achtermann (1917–1926) und der Oberstudiendirektor, Dr. phil. Max Wünschmann (1926–1930). Die Ersten und Zweiten zugeordneten Meister vom Stuhle, Erste und Zweite Aufseher, Verhandlungs- und Verkehrsschriftführer, Schatzmeister, Archivare, Bibliothekare, Redner, Vorbereitende, Erste und Zweite Schaffner, Ökonome und Hausverwalter sowie Musikmeister, u.a. Bruno Dost (1906–1914) und Richard Wagner aus Buchholz (ab 1925).

3. **Ständig besuchende Brüder,** aus Annaberg, Buchholz und Schlettau, die übrigens durchweg ihren Geburtsort außerhalb des Erzgebirges hatten, u.a. der Vorsteher der Jüdischen Gemeinde Annaberg, Isaak Chanange oder der Annaberger Bankdirektor, Wilhelm Röhl.

4. **Die allgemeinen Mitglieder** ohne besondere Funktion (bis 1930 einschl. Mitgliedsnummer 384 nachweisbar).

5. **Ehrenmitglieder,** die sämtlich ihren Geburtsort und auch Wohnsitz außerhalb Annabergs hatten, u.a. der Gewerbestudiendirektor Prof. Johannes Lorenz aus Schneeberg oder der Schulrat Richard Seyffarth aus Altenburg/Thüringen.

6. **Helfende Brüder,** die für die niederen Dienste der Bruderschaft eingesetzt worden sind; darunter befanden sich ausschließlich Arbeiter, mit Ausnahme des Annaberger Masseurs und Bademeisters Markus Weißflog, der gleichzeitig Logenkastelan war und deshalb seinen Wohnsitz im Haus der Annaberger Freimaurer, Logenstraße 7, haben durfte.

Jedes Mitglied bekam bei seiner Aufnahme in den Annaberger Männerbund einen Logenpass für 10 Mark ausgestellt, den er ständig bei sich zu tragen hatte. Zusätzlich war es zeitweilig üblich, als vertrauliches Erkennungszeichen ein Vergissmeinnicht am Rockaufschlag zu tragen (im Frühling aus echten Blumen, später dann aus Kunstblumen oder als Keramikabzeichen). Die Aufnahmegebühren, die nach vorherigen strengen Ritualen und unter Beibringung von Bürgen erfolgte, betrugen am 19.5.1925 wieder 100 RM, während sie zwei Jahre zuvor noch bei 5.000.000 Mark lagen. Mit Stolz wird darauf verwiesen, dass die Almosensammlung im Inflationsjahr 1923 die Summe von 7.420.000.000 Mark erbracht habe.

Mitglieder-Verzeichniss

der Loge

zum treuen Bruderherzen

im Orient

von

Annaberg.

Johannis 1871.

gegr. 1855

Druck v. Br. A. Löseke in Ehrenfriedersdorf.

Einblick in die Mitgliederliste der Annaberger Freimaurer-Loge aus dem Jahre 1871. Sie musste beim Tod des jeweiligen Bruders an die Loge zurückgegeben werden.

IV. Mitglieder.

№	Name	Stand	Jahr/Grad	Wohnort	Bemerkungen
49	Rechenberger, Emil,	Kaufmann	1864 3	Annaberg.	Secret., corresp.
50	Rose, Ernst Julius,	G.-A.-Wacht-meister	1862 3	Pegau.	
51	Roser, Anton,	Kaufmann	1859 3	Buchholz.	
52	Rother, Alwin,	Schullehrer	1863 1	Oederan.	
53	Rudolph, Ant. Fr. Louis,	Buchhändler	1855 3	Annaberg.	Vorbereitender.
54	Schaarschmidt, Carl,	Postsecretair	1861 1	Chemnitz.	
55	Scharr, Heinr. Aug.,	Fabrikant	1862 2	Annaberg.	
56	Schiefer, Emil,	Maurermeister	1871 1	Annaberg.	
57	Schneider, Carl Friedrich,	B.-G.-Rendant	1859 3	Annaberg.	IIr. Schaffner.
58	Schreiber, Carl Ludwig,	Cand. theol., Bürgerschull.	1851 3	Annaberg.	
59	Schubert, F. M.,	Kaufmann	1860 2	Ehrenfrie-dersdorf.	
60	Sparig, Bruno,	Kaufmann	1866 2	Leipzig.	
61	Staats, Wilhelm,	Kaufmann	1859 1	London.	
62	Sternsdorff, Gust.A.Gott.	Kaufmann	1860 1	Thum.	
63	Swoboda, Hermann,	Kaufmann	1858 3	Buchholz.	
64	Weller, Gottl. Herm.,	G.-A.-Control.	1859 3	Ehrenfrie-dersdorf.	
65	Wemmers, Fr. A. B. G.,	Kaufmann	1858 3	Annaberg.	Stlv.Ir. Aufseher.
66	Zschiesche, C. G. A.,	Bez.-G.-Contr.	1867 2	Annaberg.	

V. Permanent Besuchende.

№	Name	Stand		Wohnort	Bemerkungen
1	Büchler, Gustav,	Kaufmann	— 1	Buchholz	Mitglied d. ▢ Bruderkette in Hamburg.
2	Karlstein, Moritz,	Kaufmann	— 1	Annaberg	Mitglied d. ▢ Golden. Kreuz in Merseburg.

VI. Dienende Brüder.

	Name	Stand	Jahr/Grad	Wohnort	
1	Günther, Wilhelm,	Posamentirm.	1866 3	Annaberg.	
2	Krüger, Carl Bernh.,	Kunstgärtner	1871 1	Annaberg.	Kastellan.
3	Schmiedel, Carl Julius,	Seidenwirker	1864 3	Annaberg.	

Bemerkungen.

1) Die ▢ z. tr. Br. H. hält ihre Arbeiten im I. Grade in der Regel am ersten Dienstag in jedem Monat und zwar:

Dienstag, den 1. August 1871 Abends 7 Uhr präcis.
- 5. September – 7 –
- 3. October – 7 –
- 7. November – 7 –
- 5. December – 7 –
- 2. Januar 1872 – 7 –
- 6. Februar – 7 –
- 5. März – 7 –
- 2. April – 7 –
- 7. Mai – 7 –
- 4. Juni – 7 –

2) Die Johannisfest ▢ wird Sonntag, den 23. Juni 1872 Vormittags 11 Uhr mit Tafel abgehalten.
3) Die Tage der Arbeiten im II. und III. Grad werden durch das Annaberger und Ehrenfriedersdorfer Wochenblatt besonders bekannt gemacht.
4) Wenn ein Br. als Mitglied unserer ▢ bei einem fremden Oriente meldet, so bitten wir, ihn nur dann als solchen anzuerkennen, wenn sein Name in dieser Liste aufgeführt ist, oder er sich durch Certificat von neuerem Datum legitimirt.
5) Alle an die ▢ gerichtete Schreiben, zu deren Besorgung wir das maurische Correspondenzbureau in Leipzig empfehlen, erbitten wir unter der bürgerlichen Adresse von No. 38.
6) Die ▢beiträge sind halbjährlich pränumerando Anfangs December und Anfangs Juni zu entrichten. Bei Nichtzahlung von Auswärtigen wird der Betrag durch die Post entnommen.
7) Einheimische BBr. der ▢, die am festgesetzten ▢arbeiten beizuwohnen das eine oder das andere Mal behindert sind, werden brdl. ersucht, dies dem M. v. St. vorher anzuzeigen und eine Brudergabe für die Armen einzureichen.

Veränderungen.

1) Aufgenommen wurden 4 (No. 24 37 46 56 unter IV.)
2) Befördert wurden in den III. Grad 3, in den II. Grad 1.
3) I. d. e. O. ist eingegangen Br. Enke.
4) Gedeckt haben 3 (Nr. 21, 41 u. 58 unter III. i. vorj. M.-V.)

Frauenfreundliches Logenleben

Neben den erbaulichen Veranstaltungen (Zeichnungen) und sonstigen inhaltlichen Maurer-Arbeiten, haben die Annaberger Freimaurer durchaus zu feiern verstanden. Davon zeugen die häufigen Einladungen zu den so genannten Tafellogen, bei denen nach dem maurerischen Anlass die eigentliche Geselligkeit folgte und bei der Gelegenheit ab 1928 häufig aus dem von der „Großen Landesloge Sachsen" herausgegebenen Liederbuch „Bei Hammerschlag und Becherklang" gesungen wurde. Jeden Dienstag fanden um 20 Uhr gesellige Zusammenkünfte und Kegelabende sowie jeden Freitag „...eben solche Treffen mit oder ohne Vorträge statt, an denen teilzunehmen die gel. Brr. dringend gebeten werden" – heißt es in den Regeln der Annaberger Freimaurer. Selbstverständlich war auch die Kleiderordnung vorgeschrieben: „Bei gewöhnlicher Logenarbeit: Gehrock und schwarze Binde; bei Aufnahmen, Beförderungen, Erhebungen, Johannisfest, Stiftungsfest und Schwesternfest: Frack und weiße Binde". Obwohl Frauen keinen Zutritt zur Loge und deren Arbeit selbst hatten, sind durch die Annaberger Brüder regelmäßig Treffen der Frauen organisiert worden. So fanden z.B. jeden Donnerstag, um 15 Uhr im Logenhaus Schwesternzusammenkünfte statt.

Im Sommer stand der große Logengarten alltäglich den Familien zur Benutzung offen. Die Erdgeschossräume des Hauses Logenstraße 7 wurde den Logenmitgliedern und ihren Familien, „… gegen Entschädigung in die Logenkasse" zu Familienfestlichkeiten überlassen. Einmal durften die Annaberger „Schwestern" auch an der Tempelarbeit, allerdings ohne das übliche Ritual, teilnehmen. Dafür überreichten sie im Jahre 1926 aus Dankbarkeit einen selbstgefertigten Bodenbelag für die Veranda des Logenhauses. Eine weitere Geste an die Frauen der Brüder erfolgte ein Jahr später, als ein Schwesternkegelklub gegründet wurde und von nun an die erneuerte Kegelbahn auch von ihnen benutzt werden durfte.

Hetze – Vertreibung – Vernichtung

Die reichhaltige Bibliothek stand allen offen. Dort waren auch ab 1927 die Hetz-Schriften des Generals Erich Ludendorff und seiner Frau Mathilde zugänglich. „Auch in unserem Bruderkreise nahm man fast keine Notiz von der Ludendorff-Broschüre, da sie sich selbst richten würde…" – meinte man fast nachsichtig noch 1927 in einer der Annaberger Meisterbesprechungen; nur schwach ahnend, dass dies die Fortsetzung der jahrhundertelangen und weltweiten Verfolgung auch der erzgebirgischen Freimaurer bedeuten sollte. Schon einmal, im Frühjahr des Jahres 1921, heißt es in den spärlich vorhandenen Unterlagen der Loge: „Die sich häufenden Angriffe auf die Freimaurerei wurden zur Beachtung empfohlen; Abwehr- und Aufklärungsarbeiten müßten in Zukunft mehr einsetzen."

Annaberger Nationalsozialisten lösen Loge auf

Ab etwa 1931 sind in der Annaberger Loge zunehmend beunruhigende Töne wahrzunehmen und ein gewisser Auflösungsprozess setzte ein. Auch die Annaberger Nationalsozialisten verfuhren wie ihre Parteigenossen anderwärts, indem sie versuchten, dem Ganzen einen halbwegs legalen Anschein zu geben. Sie sorgten für die Auflösung der Vereine, bzw. auch die kurzzeitige Überführung in Ordens-Bünde, für die Einsetzung städtischer Liquitatoren und sogar für Angebote von Kaufverträgen, durch die das Vermögen der Logen an staatliche Institutionen übertragen werden „durfte". Im Jahre 1928 steht das Annaberger Logenhaus noch als Besitz der Brüderschaft im hiesigen Adressbuch. Neun Jahre später ist der Eigentümer die Stadt Annaberg. Die Loge „Zum treuen Bruderherzen", die 1933 noch 103 Mitglieder zählte, wurde am 15.7.1935 – etwa zum gleichen Zeitpunkt wie die „Harraseiche" in Chemnitz – aufgelöst. Dokumente über die Auflösung der Annaberger Loge sind bisher nicht aufgefunden worden. Es kann von daher auch nur spekulativ angenommen werden, ob es zu Verhöhnungen, Plünderungen, Schaustellungen und Terror, wie in anderen Städten Sachsens, auch in Annaberg gekommen ist. Wenn man allerdings weiß, dass es in Annaberg 1938 eine „Kristallnacht" gegen das Bethaus der Juden, das jüdische Kaufhaus EHABE in der Kaiser-Wilhelm-Straße, den jüdischen Friedhof sowie gegen einzelne jüdische Bürger Annabergs gegeben hat, so dürfte die Vermutung auch in die freimaurerische Richtung nicht auszuschließen sein. In einem „Führererlass" vom 1. März 1942 an alle Dienststellen der Wehrmacht, der Partei und des Staates heißt es: „Juden, Freimaurer und die mit ihnen verbündeten weltanschaulichen Gegner des Nationalsozialismus sind die Urheber des jetzigen, gegen das Reich gerichteten Krieges. Die planmäßige geistige Bekämpfung dieser Mächte ist eine kriegsnotwendige Aufgabe." Bei dieser „geistigen Bekämpfung" blieb es allerdings nicht. Die Ermittlung der Verluste der Annaberger Freimaurer und deren Wiedergutmachung steht noch aus. Denn obwohl Kommunisten und Freimaurer oftmals das gleiche Schicksal durch den NS-Staat erleiden mussten, hatte die DDR-Führung in ihrer kleingeistigen Ängstlichkeit vor jedwedem intellektuellen Andersdenken nicht die Souveränität aufgebracht, die Freimaurer zuzulassen.

Verhaltensregeln erschweren Aufklärung

Eine weitere Problematik bei der Aufklärung der Geschichte der Annaberger Freimaurer ergibt sich aus dem freimaurerischen Schweigever- und Nachlassgebot. Die Annaberger Freimaurer hatten sich dazu folgende Verhaltensregel auferlegt, die auch sehr streng eingehalten wurde: „Die Mitgliederverzeichnisse, das Gesetzbuch und andere von der Loge erhaltene Schriftstücke dürfen zur Verhütung von Mißbrauch keinesfalls in andere Hände übergehen. Sie sind ebenso wie die maurerischen Bekleidungsgegenstände als Eigentum der Loge zu betrachten und sorgfältig aufzubewahren. Jeder Br. ist verpflichtet, Vorkehrungen zu treffen, daß für den Fall seines Einganges i.d.e.O. deren Einsendung an seinen Bürgen oder an die Loge direkt erfolgt."

Der Gesellschaft für Deutsch-Sowjetische-Freundschaft diente das alte Logenhaus in der damaligen Straße der Freundschaft bis 1989 als Domizil und der Stadt als kultureller Veranstaltungsort. Für die Heimatforschung liegt hier ein interessantes Aufgabenfeld bereit, weil nunmehr eine Geschichtsaufarbeitung stattfinden könnte, die im humanistischen und toleranten Sinne der Brüderschaft möglich wäre und die für andere Bereiche im Umgang mit jüngster Geschichte Maßstäbe setzen sollte. Den Freimaurern von Annaberg, die es wieder als kleine Loge gibt, wurde ihr altes Logenhaus zurückgegeben, das sie nun zum Verkauf anbieten..."Erkenne Dich selbst!" – stand ehemals über dem Eingang des Annaberger Logengebäudes,"– es ist höchste Zeit!" sollte auch im Sinne einer lückenlosen Aufarbeitung dieses noch immer verdunkelten Teils unserer humanistischen Erzgebirgs-Geschichte hinzugedacht werden.

Die „Todsünde" des Anton Günther

Einige Bemerkungen zum Suizid des bekanntesten Liedermachers des Erzgebirges nebst eines persönlichen Briefes an den dichtenden und singenden „Dicknischl" Tolerhans Tonl (1876–1937)

Es Laabn is när e hutzn gieh,
mer denkt es ka net sei,
ball is racht traurig, ball is schie,
on ball is aah vorbei! (1904)

Anlässlich des 125. Geburtstages von Anton Günther am 5. Juni 2001 brachte der Verlag Rockstroh in Aue eine dünne Broschüre heraus, die unter dem Titel „Bild dir nischt ei!" eine „Studie zu Glauben und Gottesfurcht Anton Günthers" enthält. Der Autor dieser bebilderten 26 Seiten ist der Pastor i.R. der methodistischen Kirche Friedmar Walther. Er wurde 1929 in Bernsbach bei Aue geboren, war viele Jahre stellvertretender Vorsitzender der evangelischen Allianz der DDR, leitet von 1968 bis 1982 die Friedenskirchgemeinde in Karl-Marx-Stadt und war ab 1983 Superintendent im vogtländischen Netzschkau.

Aufgefallen ist Walther auch durch seine Mundartgottesdienste, wie er einen am 21. September 2003 in der Kirche von Bernsbach hielt. Und dass er im Buch „Die letzten Jahre der DDR" (2002, Autor Dr. Edmund Käbisch) als IMB „Waldemar" genannt wird, hat mit der von ihm beschriebenen Gottesfurcht eines Anton Günther auch nur wenig zu tun.

Zunächst ist es ein Verdienst des Autors, sich durch das lyrische Werk des Gottesgaber hindurchgearbeitet zu haben, um zu dem Schluss zu kommen, dass der wohl bekannteste Liedermacher des Erzgebirges „ein frommer Mann gewesen sein muss". Nun stellt der anschmiegsame Protestant aber bereits auf der ersten Seite seiner Sammlung fest, dass der Tolerhans Tonl „ja aus Böhmen stammt" und somit der Sänger des Erzgebirges zur katholischen Kirche gehörte. Nur ein paar Meter weiter, hinter der Grenze, lag das Stammland der Reformation. Hier gab es zwar keine Sprachgrenze, dafür aber eine Glaubensgrenze.

Unbestritten hatte Anton Günther den Glauben seiner Vorfahren ererbt und auch in der katholischen Kirche praktiziert. Mit welcher Intensität, sei zunächst dahingestellt. Es ist auch richtig, dass in einigen seiner Lieder die Natur als Gottesschöpfung besungen aber auch „E Mensch uhne Glaubn" als „e derbarmlicher Wicht" apostrophiert und verurteilt wird. Auf diese Abwertung Nichtgläubiger durch diesen „sensiblen, feinfühligen und gemütvollen Menschen", wie ihn Friedemar Walther auf Seite 18 seiner Broschüre charakterisiert, soll später noch eingegangen werden. Zunächst wollen wir uns mit der Qualität des Katholizismus des Anton Günther befassen. Dafür bietet sich an, seine Biographie vom Ende seines Lebens aus zu betrachten. Der große Dichter und Sänger des Erzgebirges, der als überaus „gottesfürchtig und fromm" bezeichnete Katholik, hat bekanntlich am 29. April 1937 in seinem Haus in Gottesgab/Boží Dar Suizid begangen (nicht „Selbstmord", es war nicht er selbst, der sich da „ermordet" hat – es waren die Umstände, denen er entfloh, die ihn umbrachten).

Die katholische Kirche hat zur Selbsttötung eine vorgefasste – natürlich auch hierin – dogmatische Lehrmeinung, die sich auf das Fünfte Gebot des Buches Moses stützt und als Durchführungsbestimmungen im „Katechismus der katholischen Kirche" (hier zitiert nach der Ausgabe R. Oldenbourg Verlag, München 1993) festgeschrieben steht. Dort heißt es unter dem Stichwort „Selbstmord" u.a.: „Wir sind nur Verwalter, nicht Eigentümer des Lebens, das uns Gott anvertraut hat. Wir dürfen darüber nicht verfügen" (Reg.-Nr. 2280). Aber der Papst, der dieses Regelwerk für seine Gläubigen unterschrieben hat, belehrt weiter, dass der Selbstmord „der natürlichen Neigung des Menschen, sein Leben zu bewahren und zu erhalten" widerspricht. Und die Selbsttötung verstoße nicht nur gegen die Eigen-, sondern auch gegen die Nächstenliebe, „denn er zerreißt zu Unrecht die Bande der Solidarität mit der Familie, der Nation und der Menschheit, denen wir immer verpflichtet sind". Und unter Reg.-Nr. 2281 setzt er noch wertend hinzu: „Der Selbstmord widerspricht zudem der Liebe zum lebendigen Gott."

Soll man nun davon ausgehen, dass Anton Günther im Wissen um diese Strafgesetzgebung Gottes, erlassen durch dessen selbsternannten Stellvertreter auf Erden, bewusst gehandelt hat? War er sich seiner Tat, seiner Todsünde, seiner Ächtung, seiner Qualen im Fegefeuer, seinem Imageschaden im Nachhinein überhaupt bewusst? Wie viele katholische „Selbstmörder" – von der antiken Ophelia bis Rudolf von Habsburg – mag es wohl gegeben haben, die sich der Konsequenzen, die sich aus ihrem Glauben ergeben, bewusst waren – und die alle eine christliche Beerdigung gehabt hatten?

Seine Abgrenzung zu den Menschen „uhne Glaubn" (Anton Günther hat bei diesem Wort nicht den Mundartbegriff „Glaabn" oder „Glahm" verwendet), also den Gottlosen oder Andersgläubigen (siehe dazu auch seine Erzählung „Judensklaven" aus dem Jahr 1922), zeigt auch eine gewisse Intoleranz, die allerdings nicht nur böhmischen Katholiken zu eigen ist. Sein 1920 geschriebenes Gedicht wettert erbarmungslos gegen diese „Laterr uhne Licht", und beschimpft sie als (bewusst hier vom Autor im Hochdeutschen wiedergegeben) „erbärmliche Wichte, Leuchter ohne Licht, leere Strohhalme, die nirgends Halt und nirgends Ruhe finden". Sie sind für ihn „ein Haus ohne Grund, Baum ohne Kern, Pflanze ohne Regen, Himmel ohne Sterne, Glocke ohne Klang, eine wurmige Pflaume. Und sie finden keinen Frieden und keine Freude."

Dann folgt in der dritten Strophe die pharisäerhafte Selbstbeweihräucherung, indem er dem Herrgott dafür dankt, dass ihm seine Mutter das Beten gelehrt hat, dass ihn durch all die Zeit bis heute – in Freud und Leid – begleitet hat. Und er setzt in der letzten Strophe die Hoffnung in den Glauben, dass dann, wenn die Menschen zu ihm wieder zurückkehren, wir erst Frieden und Glück erlangen werden. Seine Schlussfolgerung daraus zieht er mit der Mitteilung „drüm loß ich de Walt mit ihrn Olbrig on Spott, ich bleib trei men Glaubn, on vertrau of menn Gott!" – und was hat es ihm genützt, möchte man nachsetzen, angesichts des auch an sich und seinem Glauben gescheiterten „Sänger des Erzgebirges"?

Nicht erst seit heute weiß man, dass auch gläubige Menschen zum Suizid fähig sind. Neuere Forschungen gehen sogar davon aus, dass „vielleicht gerade diese Menschen immer wieder besonders gefährdet sind, weil sie ihr früheres, ‚oberflächliches' Leben aufgegeben haben und alle Dinge, auch die existentiellen, viel ernster angehen und nehmen" (siehe u.a. Kurt Blatter „Zwischen Wahn und Wirklichkeit", Schwengeler Verlag, CH-9442 Berneck, 1993). Wie entsprechende Studien belegen, kann der Glaube aber auch als Hilfe zum Bewältigen von Lebenskrisen angesehen werden. Bekanntlich lebte Anton Günther in einer solchen – nicht nur einmal. So gesehen tut sich im praktischen Verhalten des gläubigen Heimatdichters und der wissenschaftlichen Erkenntnis vom Glauben als Therapie ein Widerspruch auf. Psychologen entdecken die Religion als einen lange Zeit unterschätzten und übersehenen Heilfaktor für die seelische und körperliche Gesundheit. In einer wachsenden Zahl von Untersuchungen belegen sie: Wer an einen gütigen Gott glaubt, kommt gesünder und leichter durchs Leben. Warum hatte Günthers Glaube nicht diese Fähigkeit ihm gegenüber? Auch die Zeitschrift „Psychologie heute" zeigte den Zusammenhang zwischen Religion und Gesundheit auf. „Man muss sich von der Vorstellung verabschieden, dass Religion der seelischen Gesundheit schade" – heißt es dort.

Glauben ohne Halt

So gesehen hat ihm sein Glauben nicht den notwendigen Halt gegeben, um vom Suizid abzulassen. Von der gesundheitsfördernden Kraft des Glaubens profitierte also Anton Günther offenbar nicht, wie dies bei anderen – auch in Not geratenen Erzgebirgsmenschen – der Fall war, die ihr Schicksal vertrauensvoll in die Hand Gottes legten und ihre Probleme loslassen konnten oder sich in weltferne Gebetshaltungen vom Typ „Dein Wille geschehe!" flüchteten. Der Glaube Anton Günthers muss also ein anderer gewesen sein. Vielleicht war es – neben dem Unerklärlichen in Natur und Verhältnissen – ein zutiefst verwurzelter Glaube an die Menschen. An Menschen, die negative, bedrohliche unberechenbare Verhältnisse zum Guten wenden können. Ein Glaube also, der bereits auch die Enttäuschung in sich trägt. Wie weit Kirche, andächtiges oder frömmelndes Verhalten eines in erstarrten Traditionen erzogenen Menschen von Glaubensinhalten – auch katholischen – entfernt sein kann, dafür ist der Liedermacher aus Gottesgab ein markantes Beispiel. Dabei soll nicht bestritten werden, dass er auch einem diffusen Gottesbild, einer Schöpferidee nachhing und sie auch verehrte, achtete, anbetete. Den Vorgaben, Ritualen und Forderungen der Institution Kirche kam er mehr oder weniger nach. Ob das aus tradierter Gewohnheit oder aus ängstlicher Überzeugung, gepaart mit volkstümlicher Naivität geschah, dazu wäre eine tiefere Charakteranalyse dieses einfachen, vielleicht auch mitunter einfältigen Menschen notwendig. Diese nicht zu kritisierende Naivität Anton Günthers ist letztlich ein Spiegel seiner Biographie und der Verhältnisse, in denen er sich nur entwickeln konnte. Ohne auf seine Vita näher einzugehen, dazu gibt es zahlreiche Publikationen, müssen doch die soziale Herkunft und die Bildungsmöglichkeiten mit in Betracht gezogen werden, wenn die Gläubigkeit und Frömmigkeit des Anton Günther analysiert werden soll. Demzufolge ist bei Anton Günther eine spezifische Religiosität zu diagnostizieren, die aber den Suizid nicht verhindern konnte.

Unverschuldet ungebildet

Er entstammt armen Eltern vom bitter-armen Kamm des Erzgebirges. Wie groß die Not damals gewesen sein muss, belegt auch die Tatsache, dass von den zehn Kindern der Mutter Elisabeth (geb. Lorenz) – von denen Anton der zweite Sohn war – nur sieben am Leben blieben. Um sie ernähren zu können, musste Vater Johann nicht nur die kleine Landwirtschaft intensiv ausnutzen, sondern auch noch nebenbei in Gottesgab, Oberwiesenthal oder an der Grenze im „Neuen Haus" zum Tanz aufspielen, wobei Sohn Anton häufig anwesend war und wo dessen Interesse an der Musik geweckt wurde. Besonders als dem 12-Jährigen die Mutter starb, kam noch mehr Arbeit auf den Jungen zu. Es prägte sich aber auch das Selbstbewusstsein des zukünftigen Ernährers in dieser Zeit aus. „Ich habe weder studiert, noch Musik gelernt, nur beim alten Süß Julius und später beim Vetter Traugott habe ich die Noten und etwas Geige spielen gelernt", erzählt er von sich in seinen autobiographischen Notizen aus dem Jahre 1911. Das Gitarrespiel hatte er sich später selbst beigebracht. Die Erziehung lag ansonsten in den Händen seines „Großmütterlaa" (Anna Günther, geb. Hell). Anton Günther besuchte täglich zu Fuß die fünf Kilometer entfernt liegende Bürgerschule in Joachimsthal. Der Wunsch nach einer Lehre als Förster ging nicht in Erfüllung, der Vater hatte für ihn – weil er zeichnerisches Talent an ihm entdeckte – den Beruf eines Lithographen vorgesehen. Beim Lithographen Eduard Schmidt in Buchholz (siehe Tafel am Haus Karlsbader Straße 62, nähe Gaststätte „Dumme Sau") ging er wegen guter Leistungen nur drei Jahre in die Lehre. Danach, im Jahre 1895, hatte er eine Anstellung im Beruf beim k.u.k. Hoflithographen A. Haas in Prag, wo er sechs Jahre lebte und wo eine gewisse Horizonterweiterung stattfand. Mehr ist an Schulbildung oder fachlicher Qualifizierung nicht nachzuweisen.

Von daher kann festgestellt werden, dass wir es bei Anton Günther zwar mit einem intelligenten und phantasiebegabten, auch sensiblen, aber unverschuldet ungebildeten Menschen zu tun haben, der aufgrund seines geringen Bildungsstandes für naive Betrachtungsweisen der ihn umgebenden Verhältnisse prädestiniert war. Das Unerklärbare in Natur und Gesellschaft wurde auch bei ihm mit seinem Glauben kompensiert, denn der vermittelte zumindest weltfremde Erklärungen, die für ihn genau so akzeptabel waren, wie für seine Vorfahren. Ein dichterisches Hinterfragen z.B. im Sinne Goethes nach Entstehen und Vergehen, vom Mechanismus, der die „Welt im Innersten zusammen hält", lag zeitlebens kaum im Blickfeld des Volkskünstlers, sondern vielmehr die Schwächen und Liebenswürdigkeiten seines Umfeldes, – manchmal auch „de fallische Politik!". Von daher kann es sich hier nicht um eine Personen-, sondern vielmehr um eine Zeitkritik handeln, die aufgrund der sozialen Herkunft nur eine eingeschränkte Entwicklung für die Mehrzahl der Gebirgsbevölkerung möglich machte. Anton Günther hat sich in anerkennenswerter Weise aus dieser diffusen Mehrheit herausgearbeitet und etwas Einmaliges, Nachhaltiges – bis in unsere Tage – aus sich gemacht und hinterlassen.

Heimatverlust – Selbstwertverlust

Welche Beweggründe waren es also, die einen derart gläubigen und über weite Strecken erfolgreichen Menschen, insbesondere auch nach seinem bejubelten 60. Geburtstag (1936), ein knappes Jahr später haben freiwillig aus dem Leben scheiden lassen? In erster Linie war es offenbar der tragische Verlust des Glaubens! Sowohl der Glaube an sich, als auch der an die Veränderung der bedrückenden Verhältnisse ging ihm verloren – er wurde zu einem „Ungläubigen in eigener Sache". Sicherlich hätte Anton Günther abgestritten, den Glauben an den katholischen Gott verloren zu haben. Aber kann es nicht sein, dass sich der fromme Mann nun nach all dem Erlebten und Durchlittenen selbst sehr gottverlassen fühlte? Verlassen von einem Gott, der seine Kindheit, die Jugendjahre und den reifen Mann als sorgender Übervater begleitet hat? Sicherlich kamen ihm insgeheim an manchen Stellen seiner Lebensbahn Zweifel an der behütenden und schützenden Hand seines Hirten: Beim frühen Tod seiner Mutter etwa, bei der Fußverwundung im Ersten Weltkrieg (1916), beim gefallenen Bruder Julius, bei der Teilung der Heimat und der bitteren Not in der Region, beim Tod vom Schwiegervater und der innig geliebten Großmutter, beim heraufziehenden „neien Wind" seit 1933, angesichts der permanenten Einschränkungen seiner Verdienstverhältnisse durch neue Devisenbestimmungen, oder der grassierenden Arbeitslosigkeit auch in seiner unmittelbaren Umgebung, – kurz die politischen, sozialen und persönlichen Verhältnisse sowie das Verhalten der Menschen angesichts dieser Situation, ließen Anton Günther nicht nur einmal am Glauben – in seinen verschiedensten Erscheinungsformen – zweifeln und sich gottverlassen fühlen. Oder sollte das im fatalistischen Sinne etwa alles gottgewollt gewesen sein!? Schicksalsbestimmt gar?

Gerhard Heilfurth schrieb nach dem Tod des Heimatdichters: „Anton Günther litt während dieser Jahre nicht nur schmerzlich am politischen Verlust seiner Heimat, sondern auch an der sich immer unheilvoller auswirkenden völkischen Zerrissenheit hüben wie drüben, an der Auflösung des herkömmlichen Lebensgefüges."

Aber nicht nur während der letzten Jahre seines Lebens sind depressive Phasen bei ihm auszumachen. Bereits 1920 echauffierte er sich in einem Gedicht über „De fallische Politik". Wenn er auch hier noch mit heiter-ironischem Grundton, besonders in den letzten Strophen, Kritik an den bestehenden Zuständen sowie gegenüber dem Verhalten der Menschen untereinander übt und dabei die Vergangenheit verklärt, kommt doch im Refrain immer wieder die Verszeile vor „Drüm na mer doch lieber enn Strick...". Eine versuchte Deutung des „Stricks" auf einen diesbezüglichen Lebensüberdruss, scheint ins Leere zu laufen und ist auch zeitlich, trotz der depressiven Grundstimmung, zu früh angesetzt.

Und wie ist sein Gedicht „Allaa" (Allein) aus dem Jahre 1907 zu bewerten? Auch hier, wie übrigens in manch anderen seiner Verse – auch aus früher Schaffenszeit – ist eine melancholische, mitunter schwermütige und nicht selten auch depressive Grundstimmung zu bemerken (eine diesbezügliche psychoanalytische Untersuchung seines Werkes steht noch aus). Dabei sind seine mentalen Rettungsanker auch hier wie dort meist der Wald, „Barg on Tol" oder eben „de Haamit" schlechthin. Weniger das Volk. Zu dem hält er kritische Distanz, nimmt einzelne Exemplare auf die Schippe oder belehrt sie auch schon mal mit drastischer Wortwahl. Im „Allaa" kommt noch eine Komponente hinzu, die übrigens bei fast allen Suizid-Gefährdeten nachweisbar ist: Das Selbstmitleid des Unverstandenen. Hier also ein gekürztes Beispiel aus o.g. Gedicht:

„Ich find niemanden of der Walt, daar mich su racht verstieht, (...)
(...) Berg on Tol on Höh, när die, känne mich verstieh (...)
On weil mich niemand racht verstieht, bleib ich su wie ich bi, sing meiner
Haamit när de Lieder, die ka mich doch verstieh."

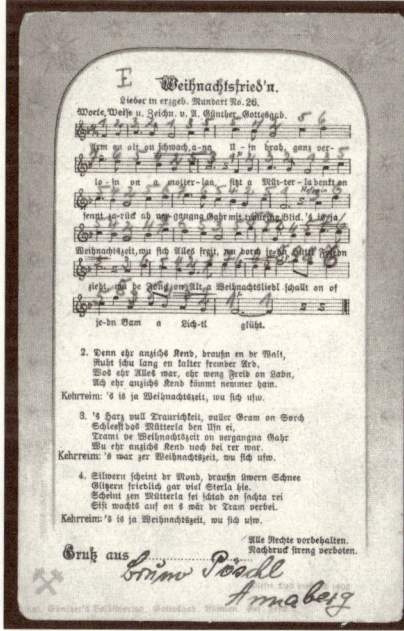
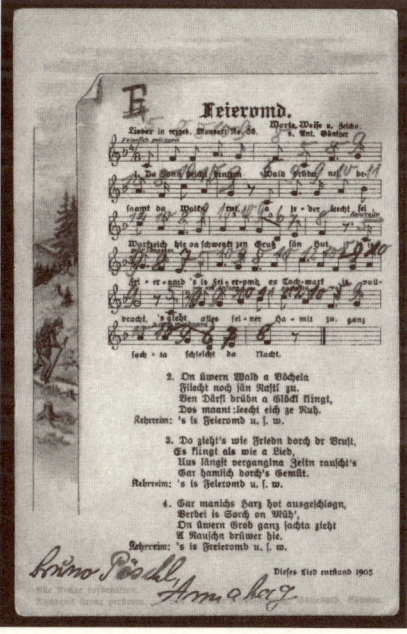

Original Liedpostkarten von Anton Günther aus dem Nachlass von Bruno Pöschl (Annaberg), dem Onkel des Autors, mit Bezifferung für die Harmoniumbegleitung

Opfer der Verhältnisse

In seinem vermutlich letzten Brief (8. April 1937), drei Wochen vor seinem Tod, ließ er an seinen „lieben, alten Freund" Max Wenzel etwas über seinen Gesamtzustand durchblicken, der offenbar seinen Entschluss vorbereiten sollte. Dass er nicht nach Dresden zu Herrn Hofrats Geburtstag kommen konnte, schiebt er auf seinen gesundheitlichen Zustand, der sich verschlechtert hatte. „Das bringen alles die Verhältnisse und Umstände mit sich" – klagt er. „Ja, alter Freund", schreibt er weiter, „wir haben schöne Stunden miteinander verlebt und anderen bereitet, aber seit Jahren ist mir eben durch all die Verhältnisse so manches nicht mehr möglich."

Hier sagt Anton Günther ganz deutlich, dass sein Zustand nicht erst aktuell entstanden ist, sondern „seit Jahren" existiert. Und er macht immer wieder die Verhältnisse dafür verantwortlich, als deren Opfer er sich fühlt. Aufschlussreich ist dabei, dass er dieses Wort in dem kurzen Brief dreimal – und einmal „Umstände" als Synonym – verwendet.

„Was sonst bei uns die Verhältnisse anbelangt, nun, da sieht es gar nicht so rosig aus, denn auch wirtschaftlich habe ich eben tüchtig zu leiden und durch allerlei Schicksal bin ich eben recht gehemmt in allem" – schreibt er an Max Wenzel verbunden mit der trügerischen Hoffnung, dass es „die Hauptsache ist, dass ich wieder richtig zusammen komme, dann wird sich manches wieder machen lassen." Diesem „Abschiedsbrief" legte Anton Günther ein Gedicht bei, das er 1933 schrieb, das aber erst nach seinem Tode unter dem Titel „Traurig ower wahr!" veröffentlicht wurde. Hierin wird deutlich, dass er auch noch einen anderen Glauben verloren hatte, nämlich den an sein erzgebirgisches Volk, „das in seinem Weltbild immer einen zentralen Rang einnahm", wie Gerhard Heilfurth richtig bemerkt.

„Dos alte Sprichwort: ‚Trau, schau, wem...'
hot heit sei Galting wieder,
ontern eignen Volk sei de ärgsten Feind,
die verroten ihre eignen Brüder.
Die stacken in alle Winkel rüm,
hinter Fanster, Baam on Mauern.
Wie Katzen schmeicheln sie sich ra
On tunne när drauf lauern,
bis sich aaner e Mol verschnappt,
tut frei ve der Laaber reden,
ehrlich on racht, när gut gemaant,
do spinne se schu ihre Föden.
Die Verleimder, die ihre eignen Lügn
Gelaabn, ball drinne ersticken,
wolln en guten Menschen aus Haß on Neid
när aas of'n Zeig nauf flicken.
Mer muß emol sogn die gruße Schand,
es läßt sich nimmer vermeiden,
onnern Feind haben mir ontern eigene Volk,
drüm haben mir su schlachte Zeiten.
Doch ve ren Verräter frist kaa Rob,
Waar lügt betrügt immer wieder,
War sei eignes Volk verrotn tut,
Stürzt salber in Abgrund nieder.
Denn über ons is ene Gerachtigkeit,
aamol muß sich jeder malden,
on wenn 's zen letzten Stündel is,
der Herrgott tut alles vergaltn!"

Dr Tolerhans Tonl um 1930

113

Abschiedsbriefe

In einer E-Mail vom 11. Juli 2004 schreibt die Enkelin Anton Günthers, Christine Pollmer (geb. Lehmann) aus Oberwiesenthal, an den Autor dieser Zeilen auf dessen Anfrage u.a.: „Ob es nach dem oben erwähnten Brief an Max Wenzel noch weiteren Schriftverkehr an andere Adressen gab, wissen wir nicht. In unserem Besitz befinden sich nur wenige handschriftliche Karten und Briefe, die ganz persönlich an meine Mutter und Großmutter gerichtet sind. Ein Archiv gibt es nicht. Der Nachlass – Zeichnungen, Schriftstücke usw., – musste bei der Vertreibung aus dem Sudetenland 1945, wovon auch meine Großmutter (die Frau Anton Günthers) betroffen war, im Wohnhaus in Gottesgab (Boží Dar) verbleiben. Aufgrund der politischen Gegebenheiten blieb es meiner Großmutter verwehrt, noch einmal ihren früheren Besitz zu betreten. Sie starb 1958 bei uns in Oberwiesenthal."

Es bleibt zu vermuten, dass sich unter den Briefen „die ganz persönlich an meine Mutter und Großmutter gerichtet sind", auch ein Abschiedsbrief an Anton Günthers Frau befindet. Warum er der Öffentlichkeit nicht zugänglich gemacht wird, bleibt zwar unverständlich, muss aber letztlich respektiert werden. In einer vorhergehenden E-Mail vom Juni 2004 schreibt die Enkelin von Anton Günther bezüglich des Briefwechsels mit seiner Frau vor seinem Suizid auf eine entsprechende Anfrage des Autors: „Die Entscheidung unseres Großvaters, seinem Leben ein Ende zu setzen, müssen wir respektieren. Er kann sich dazu nicht mehr äußern, was bleibt, sind Spekulationen. Auch 67 Jahre nach seinem Tod sollte die Privatsphäre eines Menschen bewahrt werden."

Wir wollen uns weder an weiteren Spekulationen zu den Ursachen seines Todes, noch an der Verletzung der Privatsphäre von Anton Günther beteiligen. Wenn aber Bruchstücke eben dieser Privatsphäre von einer Person der Zeitgeschichte dann doch an die Öffentlichkeit gelangen, wird weiteres Interesse geweckt und damit erst gewissen Spekulationen Vorschub geleistet. Von daher sollte bei der Erbengemeinschaft „Anton Günther" überlegt werden, ob nicht doch noch das eine oder andere Dokument aus dem Nachlass demnächst veröffentlicht werden könnte, den Leistungen und der Persönlichkeit Anton Günthers dürfte daraus kein Schaden erwachsen. Dennoch darf festgestellt werden, dass in der Literatur über das Verhältnis zu seiner Frau Marie (geb. Zettl) so gut wie nichts zu finden ist. Von daher ergeben sich schon Fragen nach dem Umgang der beiden miteinander. Auch danach, wie sie mit den Kindern (Erwin, Maria und Irmgard) – und sich selbst – zurecht kam, wenn der Vater viel unterwegs war. Wie konnte sie im Schatten dieses bekannten und beliebten Heimatdichters existieren? Oder einfach – was war das für eine Frau? Was für eine Ehe führten die beiden? Schließlich wäre auch wichtig zu erfahren, wie sie zum Freitod ihres Mannes stand. Wie reagierten die Kinder darauf? Hat Marie diese Entwicklung kommen sehen? Gab es Anzeichen dafür, Auseinandersetzungen, Zerwürfnisse gar im Vorfeld dieses Suizids? Die Nachfahren der Mutter und Großmutter sollten dort noch ein wenig Licht ins familiäre Dunkel der Günthers bringen, damit eben die Spekulationen gar nicht erst ihre Blüten treiben können...

Anton Günther stand 1937 vor einem Scherbenhaufen: Die Heimat verloren, vom Volk enttäuscht und verraten, von Gott verlassen und gestraft. Dazu materiell enorm eingeschränkt und psychisch schwer angeschlagen. Krank und erst (oder schon?) 60 Jahre alt. Das Image in höchster Gefahr. Nutz- und Sinnlosigkeit dieses Lebens eingebildet und auch wirklich vorhanden. Wohin soll sich eine solch sensible „ungläubige" Künstlernatur wenden? Doch wohl nur noch gegen sich!

Die Geschichte der Suizide – gerade unter Künstlerpersönlichkeiten – belegt diesen nahezu unausweichlichen Weg in die „Todsünde", die allerdings nur in den Augen einer selbst mörderischen katholischen Kirche diesen Makel trägt. Der Glaube – unabhängig von der Institution – hat auch hier das Prinzip Hoffnung parat. Aber im dogmatischen Katechismus unserer Tage, der über weite Strecken das mittelalterliche Weltbild konserviert und vom ehemaligen Kardinal Ratzinger (jetzt Benedict XVI.) mit zu verantworten ist, wird schon ein gewisses Verständnis aufgebracht und diese Hoffnung begründet: „Schwere psychische Störungen, Angst oder schwere Furcht vor einem Schicksalsschlag, vor Qualen oder Folterung können die Verantwortung des Selbstmörders vermindern. – Man darf die Hoffnung auf das ewige Heil der Menschen, die sich das Leben genommen haben, nicht aufgeben. Auf Wegen, die Gott allein kennt, kann er ihnen Gelegenheit zur heilsamen Reue geben. Die Kirche betet für die Menschen, die sich das Leben genommen haben." (Reg.-Nr. 2282/2283)

Somit hätte also unser „Todsünder" Anton Günther auch noch eine himmlische Chance, falls Gottes Weg irgendwann einmal seinen kreuzen sollte. Man möchte dem Mann aus Gottesgab von hier unten aber zu gerne zurufen:

Lieber Tolerhans Tonl,

„Bild dr nischt ei!", darauf kannste wahrscheinlich noch lange warten. Glaube lieber weiter an Dein erzgebirgisches Volk, denn das hat Dich auch in Deiner schwersten Stunde verstanden, wenn Du es auch nicht mehr erleben konntest. Sie haben Deinen freien Tod auch als Signal begriffen, um über die vielen freien und unfreien Tode, die nach 1937 über unser Volk kamen – und von großen Teilen Deines Volkes weltweit mit verursacht wurden – sich selbst besser zu erkennen. Lieber Anton Günther, Du hast somit nichts zu bereuen! Der Glaube soll Berge versetzen, heißt es im Sprichwort. Tolerhans Tonl, ich danke Dir dafür, dass Du in Deinem Leben nie ganz so geglaubt hast, wie man es Dir nachträglich von gewissen Glaubensbrüdern andichten will, - wer weiß, wo sonst meine Erzgebirgsberge mit all Deinen Liedern heute zu finden

wären... Aber auch das sollst Du wissen, lieber Anton: Leider wird Dein ehrlicher Patriotismus schon wieder von Leuten missbraucht, die daraus fremdenfeindlichen und nationalistischen Honig saugen wollen, und sich schon wieder zu wenige dagegen auflehnen, um dem braunen Ungeist in Sachsen die Stirn zu bieten. Du solltest sie sehen jene „Erzgebirg(l)er", wenn sie Dein vielleicht missverständliches Lied „Deitsch un frei wollen mer sei...!" gänzlich unmissverständlich, mit leuchtenden Augen aus ihren Mündern grölen. Ich kann dann erahnen, wie Du Dich 1933 gefühlt haben musst und warum Du mit solchen Deutschen und ihrer „fallischen Politik" – trotzt Deiner probeweise Annäherung – letztlich nichts zu tun haben wolltest. Du warst eben schon immer eine ehrliche, gute erzgebirgische Haut, halt „aner ven alten Schlog" – und das bis zu Deiner letzten Stunde...

> „On kömmt e Mol mei letzte Stond,
> e Mol muß 's doch aah sei,
> do pack ich meine siebn Zwatsching z'amm
> on zieh in Himmel nei.
> Zen heiling Petrus sog ich gleich,
> nu 'r wird mich wuhl verstieh:
> Du ich bi fei noch aaner ven alten Schlog
> On bleib aah wie ich bi!"
>
> (1900)

Unter den Klängen seines Feierohmdliedes wurde Anton Günther am 2. Mai 1937 in Gottesgab zu Grabe getragen

Primadonna aus Schwarzenberg

Über die weltberühmte Sängerin Elisabeth Rethberg –
die „Erzgebirgische Nachtigall"

Anders als bei jenen Künstlern, die der Nachwelt ihre Bilder, ihre Bücher oder ihre Musik
hinterlassen können, ist es bei denen, die mit
ihrer Stimme Kunstwerke produzieren bzw.
reproduzieren. Meist ist nach ihrem Tod auch
der Ruhm verrauscht, den sie zu Lebzeiten
genießen konnten. Nur ganz wenigen Ausnahmen aus dieser Zeit ist es in der jüngeren
Geschichte – dank der Entwicklung der Tontechnik – vergönnt gewesen, stimmlich zu
überleben. Aber auch hier geben die Schallplattenaufnahmen oder die „gereinigten" CD-
Einspielungen z.B. eines Caruso, Gigli oder der
Callas nur einen geringen Eindruck von der
Originalstimme wieder.

Oftmals sind wir vom Widerspruch zwischen dem auf den Tonträgern Gehörtem und den aufgeschriebenen, teilweise euphorischen Äußerungen in Kritiken aus jener Zeit verunsichert. Nicht anders ergeht es uns mit der am 22. September 1894 im erzgebirgischen Schwarzenberg geborenen Elisabeth Sättler, die sich erst später den Künstlernamen Rethberg zulegte. Auch bei ihrer Stimme überstürzt sich die Kunstkritik – als die oftmals einzige authentische Quelle – in Superlativen über die Stimme und Ausstrahlungskraft unserer „Erzgebirgischen Nachtigall", – wie sie später in ihrer Heimat, aber auch im Ausland, genannt wurde. Stellt man die technischen Voraussetzungen bei den wenigen noch vorhandenen Plattenaufnahmen mit Elisabeth Rethberg in Rechnung, so ist dennoch der Glanz einer einmaligen, außergewöhnlichen Stimme zu vernehmen, die dem damaligen allgemeinen Kunstlob durchaus entspricht.

Die „Perle des Erzgebirges", wie Schwarzenberg gern genannt wird, ist die Heimatstadt von Elisabeth Rethberg. Im Haus der Amalie von Elterlein, der Dichterin unseres Heiligabendliedes (Heiligohmdlied), wohnten die Eltern von Elisabeth fast 20 Jahre, bevor sie in das schöne Gebäude in der Obergasse, den Kugelhammer, einzogen und dort ihrer Tochter das Leben schenkten. Sicherlich haben der klavier- und orgelspielende Vater, Karl Gustav Sättler aus Rittersgrün, sowie die Mutter, Johanna Emanuela, geb. Müller aus Gröba bei Riesa, mit der ihr nachgesagten wundervollen Sopranstimme, beträchtlichen Anteil an der musischen Ausprägung der künstlerischen Persönlichkeit des späteren Weltstars. Darüber hinaus wird auch das gutbürgerliche Schwarzenberger Umfeld mit dazu beigetragen haben, Voraussetzungen für die spätere Entwicklung der Sängerinnen-Karriere zu schaffen. So waren für die Taufe am 30. Oktober 1894 als Paten die Fabrikbesitzer Paul Lein aus Pirna, der Schneidemühlenbesitzer Guido Sternkopf aus Rittersgrün, der Oberlehrer Richard Schneider aus Raschau, der Kaufmann Woldemar Schneider aus Schönheide sowie der Fabrikbesitzer Matthias Kalb aus Schwarzenberg erwählt worden. Noch bevor Elisabeth im Jahre 1901 in die Schule kam, nahm sie beim Selektenschuloberlehrer Sättler, ihrem Vater, den ersten Klavierunterricht. Sie brachte es auf diesem Instrument so weit, dass man erwog, sie zur Konzertpianistin ausbilden zu lassen. Nach ihrer Konfirmation im Jahre 1909 in der Schwarzenberger Georgenkirche entfalteten sich ihre gesanglichen Begabungen zusehends, so dass die 17-jährige in einem öffentlichen Konzert, von ihrer Schwester Käthe auf dem Klavier begleitet, Lieder von Franz Liszt zu Gehör brachte. Die Kritiker der Lokalpresse ließ dies aufhorchen. Die erste Rezension über sie erschien im „Erzgebirgischen Volksfreund", Nr. 283/1911: „Schwarzenberg, den 4. Dezember 1911. Lißt-Abend. (...) Die Sologesänge, wahre Perlen lizstscher Musik, wurden von Frl. Lisbeth Sättler trotz ihrer großen Jugend musterhaft wiedergegeben; namentlich die eben so schwere wie dankbare Loreley, bei welcher sicherste rhythmische Beherrschung, tadellose Reinheit des Tones in allen Lagen, in einer technischen Vollendung, um die sie manche berufene Sängerin beneiden könnte."

Während ihres einjährigen Studiums am Dresdner Konservatorium hat sie sich dann zwischen der Pianisten- oder Sängerinnenlaufbahn entscheiden müssen. Sie nahm ab jetzt den zweiten Entwicklungsweg energisch in Angriff und wurde bereits 1915 – nun unter Zulegung des Künstlernamens Rethberg sowie nach einer Reihe autodidaktischer gesanglicher Weiterbildungen – an die Dresdner Hofoper engagiert. Mit 21 Jahren sang sie an diesem traditionsreichen Opernhaus, dem sie sieben Jahre die Treue hielt, ihre erste Partie: Die Arsena im „Zigeunerbaron". Nach dem Tod der Mutter am 3. Dezember 1914 zog der Vater mit seiner anderen Tochter Käthe 1915 nach Dresden in die Franklinstraße 32, um in der Nähe seiner Jüngsten zu sein und deren künstlerische Laufbahn weiter zu begleiten. Nur wenige Jahre vergingen und Elisabeth Rethberg hatte sich ein Repertoire von mehr als einhundert Partien aus Oper, Operette und Oratorium erarbeitet, das sie zur gefeierten Sängerin Dresdens werden ließ. So bleiben Einladungen zu Gastspielen in andere berühmte Häuser nicht aus. Richard Strauss wollte sie gleich nach der Erstaufführung seiner Oper „Frau ohne Schatten", in der sie die Kaiserin sang, an die Staatsoper nach Wien verpflichten. Der bekannte Dirigent Artur Nikisch holte sie 1919 zum Neujahrskonzert in das Leipziger Gewandhaus. Gastspiele nach Riga, Stockholm, Wien und London schlossen sich an. Es kam auch eine Einladung, die wohl von jedem Sänger insgeheim erträumt wird, die aber nur die wirklich ganz großen erhalten: Eine Verpflichtung an die Metropolitan Opera in New York (MET), dem wohl bedeutendsten Opernhaus der Welt. Dort mit ihrem Lehrer Otto Witrin angekommen, musste sie – noch im Reisemantel – in einer „Aida"-Probe ihr Können unter Beweis stellen. Bereits nach der ersten Arie klatschte ihr das Orchester spontan Beifall. Dieses Debüt im „Heiligen Gral der Gesangskunst" war prägend für die weitere künstlerische und persönliche Entwicklung unserer Erzgebirgerin.

Bezogen auf die Probleme, die sich für das Ensemble der MET durch den Weggang der berühmten italienischen Sängerin Fräulein Muzio ergaben, kommentierte die „New Yorker Staatszeitung" in ihrer Ausgabe vom 1. Januar 1923 offensichtlich erleichtert mit den Worten: „Die Antwort ist da: er (Anm. d. A.: Generealdirektor Gatti-Casazza) brachte Elisabeth Rethberg, eine der jüngeren, aber vielverheißenden deutschen Sängerinnen lyrisch-dramatischer Art hierher und setzte sie, die bisher keine italienische Opernvergangenheit gehabt hatte, keck mitten in das italienische Ensemble des Metropolitan hinein. Das Wagnis glückte, denn die schöne Erscheinung, die ausgesprochene Musikalität, das wunderschöne, in seiner Ausgeglichenheit einer Perlenschnur gleichende Organ mit seinem herrlichen Diamantenglanz und die spielerische Begabung nahmen sofort für die junge Dame ein. Herr Gatti-Casazza hatte Recht: die italienische Primadonna ist da, – er hat sie sich aus Deutschland bezogen." Fast alle nun folgenden Rezensionen bewegen sich auf diesem euphorischen Niveau. Das ist um so erstaunlicher, da die Musikkritiker in den USA – damals wie heute – als ausgesprochen sachkundige Rezensenten und eben solche „Verriß-Produzenten" von den Sängern gefürchtet waren. Die Rethberg gehört zu den seltenen Ausnahmen, bei der sich die Fachwelt in Europa und in den USA einig darüber war, dass man es bei ihr mit einer Künstlerpersönlichkeit zu tun hat, die in ihrer überragenden Einmaligkeit Maßstäbe für kommende Generationen gesetzt hat und die über eine Gesangskultur verfügte, die noch heute Studierenden als Orientierung dienen kann. Zwanzig Spielzeiten hindurch gehörte sie zu den berühmtesten Mitgliedern dieses Opernhauses. Unter den 35 Hauptrollen, die sie in dieser Zeit gestaltet, zählen zu ihren Glanzpartien u.a. die Desdemona im „Othello", die Leonora in „Die Macht des Schicksals" und im „Troubadour", aber auch die Agathe, Elsa, Pamina, Donna Anna... – und immer wieder die Aida. „Es ist zweifelhaft, ob die Rolle

Elisabeth Rethberg-Doman mit Gemahl

120

mit einer feineren Intelligenz dargestellt worden ist..." – schreibt der „Sheffield Telegraph" über die Rethberg in der Aufführung der „Aida" in der Covent Garden Opera in London am 18. Juni 1925. Und „The Star" meint am 3. Juli 1925 über sie: „Dieser Triumph von ihr – Covent Garden wurde wild vor Entzücken – krönt die Großtaten von einer Reihe außergewöhnlich begabten Sängerinnen in dieser Saison. Die ersten Sängerinnen aller Nationen waren vertreten, und von allen die beste war Elisabeth Rethberg." Die Fülle ihrer Gastspiele z.B. an die Mailänder Scala, zu den Salzburger Festspielen und in alle bedeutenden Musikzentren der Welt, sowie die begeisterten Rezensionen in der örtlichen und überregionalen Presse können allerdings hier nur andeutungsweise wiedergegeben werden.

Doch bei all ihrem Erfolg in der Ferne, riss ihre Verbindung zur erzgebirgischen Heimat niemals ganz ab. Die Sehnsucht nach ihrem Erzgebirge kommt auch im Umgang mit den Traditionen, Sitten und Gebräuchen ihrer Heimat zum Ausdruck. Es ist bekannt, dass sie immer zur Weihnachtszeit auch auf der anderen Seite des „Großen Teiches" ihre Pyramide, Engel und Bergmann, einen Schwibbogen sowie zahlreiche Räuchermänn'ln aufgestellt hat und die alten Lieder von zu Hause sang. In den Erinnerungen („Das war mein Teil", Berlin 1981) von Frida Leider (1888–1975) einer anderen großen Opernsängerin, mit der Elisabeth Rethberg in New York auf der Bühne stand und mit der sie befreundet war, heißt es an einer Stelle: „Wie jedes Jahr, gab auch in diesem Winter meine Kollegin, die berühmte Sängerin Elisabeth Rethberg, eine große Gesellschaft, zu der auch mein Mann und ich eingeladen waren. Bei dieser Gelegenheit besichtigten wir ihr schönes und originell eingerichtetes Haus am Riverside. Ursprünglich war es eine alte, ausgediente Mühle, die sie zu einem kleinen Bungalow ausgebaut und von Jahr zu Jahr erweitert und aufgestockt hatte. Die nachtblau getönte und mit goldenen Sternen bemalte Decke des großen Speiseraums wölbte sich wie ein Himmel. In der Küche war ein Podest eingebaut – mit einer wundervollen Aussicht auf den Fluss – als Ruheplatz für ihr Personal, das übrigens in jahrelanger Treue zu ihr gehalten hat. Die Kellerräume waren in sehr gemütliche Bauernstuben verwandelt worden...". Es ist dringend anzunehmen, dass es sich bei den „sehr gemütlichen Bauernstuben" im Haus der Erzgebirgerin Rethberg um nichts anderes als eine erzgebirgische „Hutznstub" gehandelt haben dürfte, wie sie so mancher auch noch heutzutage in der Ferne errichtet, um die Verbindung zur Heimat erleb- und fassbar aufrecht zu erhalten. Es ist bekannt, dass die allzeit bescheiden gebliebene große Sängerin Rethberg jede nur passende Gelegenheit nutzte, um in ihre Heimat zu reisen. Der Weg führte sie dann oft nach Dresden, aber auch hinauf in ihre Elten- und Heimatstadt Schwarzenberg. Bei einem solchen Besuch auf Schloss Wolfsbrunn im Jahre 1922 lernte sie auch ihren ersten Mann, den Industriellen Albert Doman, kennen, mit dem sie bis 1937 in den USA lebte. Erst zwanzig Jahre später heiratete sie den russischen Bariton George Cehanovsky, der von 1926 bis 1962 am New Yorker Opernhaus verpflichtet war. Übrigens die längste Karriere, die jemals ein Sänger hier hatte. Spekulationen, die ihren

Weggang aus Deutschland trotz Angebote seitens der Deutschen Staatsoper Berlin in einen Zusammenhang mit ihrer angeblichen „nichtarischen" Herkunft sehen wollen, können aus den vorliegenden Quellen nicht bestätigt werden. Zweifel kommen allerdings wieder auf, wenn man diesbezügliche Äußerungen näher untersucht, die von den oberflächlich vorgehenden Biographen Hentschel und Friedrich 1928 verbreitet wurden. Dem würde allerdings widersprechen, dass sich die Deutsche Botschaft in den USA in intensiver Weise darum bemühte, Frau Rethberg als die „deutsche Botschafterin in den Vereinigten Staaten" durch Herrn Freiherr von Maltzahn gegenüber dem damaligen amerikanischen Präsidenten Coolidge anzupreisen. Sicher bedurfte das angeschlagene Image der Deutschen nach dem 1. Weltkrieg solcher „Botschaften", und die Künste sowie ihre Vermittler waren zu allen Zeiten willkommene Mittel zum Zweck. Insofern wäre es denkbar gewesen, sich auch in diesem Falle – wie in so manch anderem auch – über den selbstverordneten nationalsozialistischen Codex kurzzeitig hinwegzusetzen und Elisabeth Rethberg in diesem Sinne zu „gebrauchen". Hier ist allerdings die Quellenlage äußerst spärlich, so dass sich weitere Vermutungen verbieten. Wie die Ergebnisse künftig auch dazu ausfallen werden, gesichert ist, dass wir es bei Elisabeth Rethberg-Sättler (wie sie sich auch nannte) mit einer überragenden Sängerinnen-Persönlichkeit ihrer Zeit zu tun haben, die mit ihrem Nachruhm – ob in den vorhandenen Rezensionen, oder in den nicht sehr zahlreichen Tonaufnahmen – weiterleben wird. Im Jahre 1942 ist in einem Büchlein „Singers to Remember" von Herold Simpson, erschienen im Verlag The Oekwood Press, lakonisch vermerkt „A short and dignified – speech from... (Eine kurze und würdevolle Rede von der Bühne der Metropolitan Opera beendete die Karriere von E. Rethberg, Soprano Assoluta)". Und in der italienischen Ausgabe des Artikels über „Elisabeth Rethberg, Le grandi voci" (Rom, 1964) wird auf ein wesentliches Ereignis in ihrer Künstlerlaufbahn eingegangen, nämlich auf die 1929 erfolgte Verleihung der Goldmedaille „New York Guild of Vocal Teachers", der etwa 3.000 Fachkundige unterschiedlichster Nationen und deren Beschluss damit Elisabeth Retberg „In Anerkennung ihrer Stellung als vollkommenste Gesangskünstlerin der Welt" zu ehren. Mit 82 Jahren, am 7. Juni 1976, ist die „Erzgebirgische Nachtigall" Elisabeth Rethberg (Sättler) in Yorktow Heights Nr. 4 verstorben.

Ton-Aufnahmen von Elisabeth Rethberg existieren u.a. bei den Firmen ASCO, RCA und HMV/ HQM; bei ODEON gibt es eine Aufnahme mit ihr als „Che shir Cat" aus „Alice im Wunderland". Bei der selben Firma gibt es einen Zusammenschnitt (bearbeitet 1978), auf dem die Rethberg mit Tauber, Gigli und Pinza zu hören ist. Weitere Discographien bei J.B. Richards, VII (1953), Recordings, Record Collektor, VII (1953); kleine Auswahl auch bei Bole & Bock im Berliner Europ-Center unter der Reihe „Lebendige Vergangenheit" (u.a. Aufnahmen von 1930, (LV 1309).

Das verkannte Genie

Fremde und persönliche Erinnerungen an einen verkannten Narren – den Oberdicknischl und Heimatdichter Arthur Schramm (1895–1994) aus Annaberg

Auf die Berge will ich steigen,
um zu schaun ins tiefe Tal.
Droben sich die Hände reichen
Berg und Himmel allzumal...

...so beginnt eines der zahlreichen Wanderlieder unseres dichtenden Erzgebirgs-Originals Arthur Schramm. Fast täglich konnte man ihn auf seinem Weg zum Pöhlberg oder oben im Lokal bei der „Bäuerin", manchmal auch im Buchholzer Wald, antreffen. Immer hatte er sein Stöckchen bei sich, mit dem er die Straßen und Gassen von Annaberg – stets mit wichtig inspizierenden Blicken – von Unrat beräumte. Er liebte seine heimatliche Natur über die Maßen. Besang sie, verklärte sie und flüchtete sich in sie, wenn man ihm übel mitspielte. Von seinen Waldgängen kam er gegen Nachmittag zurück. Am Rockaufschlag, oder im Winter am Filzhut, steckte ein frisch gebrochenes Fichtenzweiglein. Massenhaft vertrocknete fand man Jahre später in einer Schublade seiner Bleibe. Er hatte sich seinen Wald nach Hause geholt.

In den Gaststätten „Pöhlberg", „Erzgebirgischer Hof", „Erzhammer", „Böhmisches Tor",
„Zum Schwan", „Wilder Mann", „Frohnauer Hammer" oder in der Annaberger Bahnhofs-
Kneipe, wo er einen Fensterplatz an einem eigens für ihn reservierten Tisch mit Blick zum
Bahnsteig hin hatte, konnte man dann bis in den Abend hinein Arthur begegnen. Bestimmt
traf man ihn in einer der Lokalitäten entweder lautstark Skat dreschend, beim politischen
Diskurs, bei der pron005
rcierten Deklamation seiner Verse, – oder lallend im Kleiderstän-
der der „Festhalle" sitzend. Dort hatten ihn wieder einmal „böse Buben" zum Aufsagen
seiner schwergewichtigen Reime mit geringen Mengen von Alkohol (er vertrug nicht viel,
weil er kaum was aß) zu überreden versucht, die der kleine, zierliche, und späterhin dann
doch schon recht wacklige Mann, nicht verkraften konnte. Doch der Ruf: „Arthur, trinkste
noch e Schnapsl miet?", musste nicht in jedem Falle im besagten Kleiderständer enden. Ich
habe Runden beigewohnt, in denen Schramm in zum Teil überzeugender Weise nicht all
zu dumme Ansichten vertrat und diese auch redegewandt zu verteidigen wusste. Und was
seine Verse anbetrifft: Manch einem ist gerade bei solchen Sitzungen deutlich geworden,
dass nicht alles was man ihm nachsagte, es stamme aus seiner Feder, auch tatsächlich von
ihm verfasst war. Noch nach seinem Tode – in so genannten Nachrufen der einheimischen
Presse und in einem einseitig-verzerrenden Film – sind dem Wehrlosen Verse angedichtet
worden, die nicht seine gewesen sind, – aber zugegeben, mitunter von ihm hätten kommen
können. Mag schon sein, dass sich hier der grobe Volksmund seinen Dichter gesucht hat.
Wahrscheinlich hat sein überwiegend exaltiertes und aus mangelnder Anerkennung resul-
tierendes geltungsbedürftiges Verhalten sowie sonderbare Erlebnisse im Umgang mit seiner
Person, zu teilweisen Unter- und Falschbewertungen beigetragen.

Meine Begegnungen mit unserem „grünen Humanisten" waren fast immer informativ,
heiter bis komisch und anregend allemal. Wie sollte es auch anders sein, wenn man einem
Menschen gegenübersitzt, der den Ersten Weltkrieg mit erlitten, die Weimarer Republik
durchlebt, dem Führer gehuldigt, Ulbricht verehrt und Honecker angeschmeichelt hatte, um
sich nun endlich Bier trinkend mit den Revoluzzern der Neuzeit und Blockflöten von einst
abfotografieren zu lassen. Ein solcher Mensch wird einfach zur Persönlichkeit, – ob er dies
will oder nicht. Eine derart langlebige Biographie macht ihn auch willenlos der eigenen Vita
gegenüber. Seine Skatbrüder ahnten dies, die Mittrinker fühlten sich unbewusst wohl in
seiner Nähe, die ganze Stadt war froh, dass es ihn gab, – und sei es auch nur, um mit Fingern
auf ihn zu zeigen oder jenen Alten als abschreckendes Beispiel für arbeitsscheues Künstler-
gesindel den Heranwachsenden vorführen zu können. Schramm war so gesehen überaus
nützlich. Nützlich, wie eben ein städtischer Narr hierzulande nützlich sein kann. Schramm
hatte keine Freunde. Seine Ehe scheiterte. Sein Sohn verließ ihn in Richtung Amerika und
wart seitdem kaum mehr gesehen.

Unnützer städtischer Narr

Zu seinem Partner Arno Michaelis, mit dem er den MIRAMM-Vertrieb zwecks Verwertung seiner zum Teil patentierten Erfindungen gründete, gab es nur kühle geschäftliche Beziehungen, die obendrein noch ausgesprochen erfolglos waren. Feindschaft begegnete ihm zeitlebens in Form von Intoleranz. Man wusste mit dem seltsamen Männlein nicht recht umzugehen. Er war in seiner Art unnahbar und doch immer ganz dicht bei uns, – weil er einer von uns war. Geprägt von den Zeitumständen, einem darin verkorksten Talent, das sich zudem in der räumlichen und mentalen Erzgebirgs-Beschränktheit nie entfalten konnte, – vielleicht auch nicht wollte. Ende der 70er Jahre muss es gewesen sein, als ich das Glück hatte – ja, es war ein Glück – mit Herrn Schramm allein an einem Erzhammer-Tisch sitzen zu können und mit ihm über Gott und die Welt ins Gespräch zu kommen. Dabei ist mir deutlich geworden, dass dieser überaus sensible Mann, aus tiefer und ehrlicher christlicher Ethik kommend, sich eine zweite Welt innerhalb seiner innig geliebten Erzgebirgsheimat errichtet hatte, die in der Realität und Phantasie oftmals weit auseinander liefen oder in manischer Hochstimmung miteinander verschmolzen. Von daher kann das Unverständnis seiner Mitmenschen auch nicht durchweg getadelt werden, obschon die Offiziellen der Stadt in den zurückliegenden Jahren so gut wie nichts getan hatten, um ihm geistige und gegenständliche Räume anzubieten, in denen sich das Talent dieses Mannes hätte produktiv für die Stadt Annaberg und darüber hinaus entfalten können. Eher schämte man sich seiner, denn er war ja anders als die anderen. Er wich ja ab von der Norm. Dieser Narr passte nicht in das Bild von einem Erzgebirgsdichter,

FRIEDENSAUFRUF

Mit der ganzen Kraft der Herzen.
Tretet für den Frieden ein.!
Kriege gilt es auszumerzen.;
Kriege brauchen nicht zu sein.

Wenn die Menschheit eines Geistes,
Wenn sie guter Wille eint,
Dann die edle Tat beweist es:
Keiner sei des andern Feind!

Frieden soll es froh erschallen.!
Mächtig sei sein Widerhall!
Jedermann zum Wohlgefallen.
Auf dem ganzen Erdenball.

Drum auch du kämpf für den Frieden,
Daß das Friedenswerk gedeiht.
Alle Kraft gilt's aufzubieten.
Für die neue Friedenszeit. —

Arthur Schramm.

wie man es sich von anderen „Narren" hat schnitzen lassen. Es dauerte nicht lang und nach zwei Bieren und einem grün-bitteren Lauterbacher Schnaps rückte Arthur mit einer Fotokopie seines „Friedensaufruf" heraus, um ihn mir gestenreich und vielsagend, mit einer wuchtigen Widmung versehen, für drei DDR-Mark und noch zwei Biere (à 0,51 DDR-Pfg.) zu überreichen. Viele Erzgebirger und Gäste unserer Heimat sind mit diesen durchaus beachtenswerten Reimen von ihm bedacht worden. Und er konnte unermüdlich und stolz berichten, dass dieses Werk sogar vom Kulturministerium der Deutschen Demokratischen Republik (gerahmt) angekauft wurde. Später hörte ich, dass es im Staatsrat zur Aufhängung gekommen sein soll. Im Jahre 1988 starb der dafür anrufbare Augenzeuge aus Annaberg. Schramms Ruhm drang sogar bis zum Heiligen Stuhl nach Rom vor, denn eine Kopie seines Gedichtes hatte er nachweislich (gerahmt) an den Vatikan geschickt. Ob es dort sichtbar angebracht wurde? Ich glaube, dort genau so wenig, wie im hiesigen Rathaus. Darin waren sich schon damals der Papst in Rom und der Bürgermeister von Annaberg einig.

Die Fliege in der Suppe

Wenn man mal vom kritikwürdigen und plagiativen Kaden-Buch und jenem peinlichen Film absieht, wurde bisher wenig über eines der vermutlich letzten Erzgebirgs-Originale veröffentlicht. Als ich im Jahre 1990 versuchte, auch auf den anderen Schramm aufmerksam zu machen, war die Resonanz darauf in Form von Leserbriefen, Anrufen und Gesprächen reichlich und überwiegend von liebenswerter Zustimmung. Allerdings gab es auch Meinungen einzelner, die den Schramm Arthur vermutlich in nicht nur lustigen Situationen erlebt hatten. Es kam auch zu derben Beschimpfungen! Andere wieder gaben mir Informationen über sein anbieterisches Verhalten in der Nazi-Zeit. Deshalb habe ich auch der immer währenden Systemnähe Schramms ein gesondertes Kapitel gewidmet. Doch bleiben wir zunächst bei den heiteren Episoden im Leben unseres Kaufmannes und Poeten. So nämlich stand es in seinem Ausweis eingetragen. Dort hinein kam diese Berufsbezeichnung nur, weil er offenbar mit Engels(Dichter)-Zungen auf die damaligen Volkspolizisten einredete, die ihm schließlich diesen kleinen Gefallen – mit großer Wirkung für ihn – taten. Stolz zeigte er seitdem jeden, auch der es nicht wissen wollte, diese kapriziöse Eintragung.

Regelmäßig führte Arthur eine Streichholzschachtel bei sich, in der nicht etwa Zündhölzer für seinen mehr als fünfzehn Mal erloschenen Zigarrenstummel waren, – nein, Fliegen befanden sich darin. Mit abnehmendem Erfolg kam noch bis in die frühen 80er Jahre hinein sein Fliegentrick zur Anwendung, und der ging so: Der immer an einem klammen Geldbeutel leidende Poet begab sich in eine Gaststätte seiner Wahl – meist „Erzhammer", „Erzgebirgischer Hof" oder „Böhmisches Tor" – bestellte dort eine Suppe, die er bis zur Hälfte auslöffelte, um dann unbemerkt eines der armen Fliegentiere aus der Schachtel zu holen und in der Brühe baden zu lassen. Just im nächsten Moment krähte er lautstark den Kellner herbei, um seine mehrfach erprobte, saftige Beschwerde über jene Fliege in der Suppe loszulassen. Viele der damaligen Gastronomen kannten Arthurs Fliegen-Theater. Mit stillschweigender Heiterkeit sahen die Meisten darüber hinweg und verhalfen ihm manchmal derart zum Sattwerden.

Kein keimfreier Dichter

Schramm hatte und hat auch Kritiker seiner Dichtkunst. Allerdings: nicht einer von denen, die mir bisher begegneten, kannten auch nur ein Gedicht, das tatsächlich aus seiner Feder stammte. Die ihm oftmals in dümmlicher Absicht untergejubelten Verslein dagegen waren um so häufiger mit schwerer Zunge dahergelallt anzutreffen. Im hohen Alter wusste er selbst nicht mehr, welche Texte von ihm, von anderen oder von seinem Dichterfreund Goethe stammten. So war es ein Leichtes, einmal in ihn installierte fremde Sprüche unfair als seine eigenen abzurufen und ihn auch noch im Film „Die Legende vom kleinen Glück" (2006) marktgerecht vorzuführen. Wahr ist aber: Arthur Schramm hatte eine tiefe, fast gläubige, lebenslängliche innere Beziehung zu seiner Erzgebirgsheimat. Seine romantischen Gedichte – ob nun im Hochdeutschen oder in seiner Mundart verfasst – drücken dies aus. Gleichzeitig scheinen sie oftmals im krassen Gegensatz zu seinem sonstigen exaltiertem Getu' zu stehen. Dass dabei auch eine Reihe weniger gelungene Reime zu Papier gebracht wurden, sollte heute unproblematisch und mit Nachsicht bewertet werden, zumal viele Sprüchchen, Versilein und Liedleinchen von so genannten seriösen Erzgebirgsdichtern in so manchem Erzgebirgsbüchlein oder auf diversen Heimatkalendern bei einer genaueren Analyse der dort gebotenen Lyrik kaum besser davonkämen. Vieles aus dem Gedichte-Nachlass von Schramm ist schon frühzeitig verschwunden, weggebracht worden oder dem Wohnungsbrand zum Opfer gefallen. Übrigens muss die Wohnungsauflösung nach besagtem Brand 1982 in der Geyersdorfer Straße 6 mit dazu beigetragen haben, das negative Bild von Schramm in der Annaberger Öffentlichkeit zusätzlich zu verfestigen. Dass ein über Jahre allein lebender Mann, der im vorigen Jahrhundert geboren wurde, eine vielleicht andere Auffassung von Ordnung und Reinlichkeit hat, ist sicher von Menschen, die aus „geordneten" Verhältnissen stammen, nicht immer leicht nachzuvollziehen. Und dennoch darf man A. Schramm den Vorwurf eines nicht ganz keimfreien Dichters angesichts seines verwahrlosten Domizils nicht gänzlich ersparen. Zu dieser Wohnung gibt es übrigens noch eine Episode, die den Kritikern ihr Schramm-Bild noch weiter stabilisieren könnte, und die von der Großmutter meiner Frau verbürgt übermittelt wurde: Vor vielen Jahren gab es noch in jenem fernen, kleinen Land mit den drei Buchstaben die so genannten Nasspresssteine, – ein ziegelförmiges Braunkohlensurrogat, von dem man Berge benötigte, um einigermaßen über die damals noch kalten Erzgebirgswinter zu kommen. Eines Tages hatte sich auch Arthur Schramm einen solchen Kohlenberg vor Tür und Fenster seiner Parterrewohnung – gleichzeitig Gewerberaum, Büro und Dichterklause – in der Geyersdorfer Straße 6 werfen lassen. Der Himmel über Annaberg graute und ein Regenwetter drohte auf die Schramm-Steine niederzugehen. Die Heizkraft solcherart eingeweichter Kohlen sank, auch nach intensiver Trocknung, fast auf Null, da sie außerordentlich porös waren. Um dies zu verhindern, mühte sich Arthurs Nachbarin, die gute alte Frau Gruß, die Kohlen noch vor dem Gewitter in den Keller zu bringen. Der Dichter, der das Wetter in illustrer Runde beim Skat im „Erzgebirgischen Hof" äußerlich trocken überstanden haben soll, begab sich bei seiner Heimkehr sogleich in den Keller. Nach geraumer Zeit klopfte er bei seiner Nachbarin und sprach dort die denkwürdigen Worte: „Frau Gruß, Sie sind eine ehrliche Frau. Ich habe die Kohlen gezählt – sie stimmen!" Nun gut, auch das war unser Arthur. Auch das machte ihn vielleicht mit zum umstritten-sympathischen Original unserer Heimat. Ob seine Wohnung durch seinen klimmenden Zigarrenstummel Feuer fing und 1982 lichterloh brannte, oder ob andere Umstände zur Vernichtung seiner Bleibe führten, – Genaues weiß man nicht. Der nun vollends Abgebrannte fand zunächst im Otto-Buchwitz-Heim und später dann im Altenheim „Adam Ries" seine letzte Raststatt. Zuwendung und auch Anerkennung waren dem nicht immer pflegeleichten Insassen hier gewiss. Er bekam dort ein paar der Streicheleinheiten im sehr hohen Alter doch noch verabreicht, die er wahrscheinlich so dringend als Knabe gebraucht hätte. Ab und an führten ihn seine wackligen Beine an die Stätten seiner früheren, bescheidenen Lüste. Die Leute schauten, tuschelten, lachten, foppten ihn manchmal und mokierten sich nur noch selten über den Greis. Er wurde langsam zum närrischen Exoten.

Der „Erzgebirgsverein Berlin 1910 e.V." – eine illustre Truppe von „Erzgebirgsflüchtlingen", die sich schon vor und nach den beiden Kriegen, aber besonders nach dem Mauerbau 1961, in Westberlin eingerichtet haben – bestaunte den bis dahin noch nie leibhaftig zu Gesicht bekommenen Schramm auf ihrer ersten Reise in die alte Heimat nach der Wende mit einfältiger Bewunderung. Man interessiert sich aber lediglich für die Form, kaum für den Inhalt der traurigen Gestalt, die an diesem Tag fast wie der E.T.A. Hoffmannsche „Klein Zack" über die Buchholzer stakste. Die digitalen und Sofort-Bild-Kameras wurden gezückt und auf ihn angelegt. Man kletterte wieder in die Mercedes-Busse und ab ging die Fahrt in die noch wohlstandsgesicherte, pseudo-erzgebirgische Heimatinsel. Dort wurde dann auch Schramm entwickelt, rumgezeigt und nachsichtig bestaunt. Ein Text ist sogar über diesen Ausflug verfasst und veröffentlicht worden, aus dem hervorgeht, dass man Arthur nicht begriffen hat, weil einem das Erzgebirge selbst über die Jahre doch schon mächtig fremd geworden ist.

Unser „patenter" Schramm

Vom verstorbenen Poeten Arthur Schramm wurde von mir versucht, in den vergangenen Jahren einiges der Vergessenheit zu entreißen und zu veröffentlichen. Immer auch in der Absicht, den anderen Schramm, den sensiblen, den verkannten und das teilweise auch zu recht gescholtene „Klaane Getu" als eines unserer letzten lebenden Erzgebirgs-Originale bekannt zu machen. Dieser Kaufmann und Poet hat aber nicht nur Gedichte in erzgebirgischer Mundart und in hochdeutscher Sprache geschrieben, wenn er mal gerade nicht seinen obligatorischen Gang zum Pöhlberg absolvierte oder seine Schritte an die Stammtische hiesiger Kneipen lenkte. In anderen Stunden der Muse sann er über die Verbesserung der Lebensqualität seiner Mitmenschen nach, – selbstverständlich nicht ohne Eigennutz. Zu den zahlreichen Erfindungen, die zum Teil im Deutschen Patentamt registriert sind und mit denen er auf der Leipziger Messe in den 30er Jahren für nicht geringes Aufsehen sorgte, gehört sein „Zeppelin-Fliegenfänger".

Werbezettel von MI(chaelis) und (Sch)RAMM

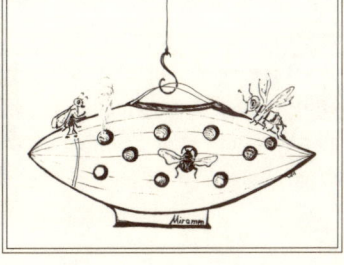

Rekonstruktion des Schrammschen Fliegentodes

Gemeinsam mit seinem Partner Arno Michaelis aus Annaberg gründete er das Zwei-Mann-Unternehmen „MIRAMM-Vertrieb" (zusammengesetzt aus [MI]chaelis und Sch[RAMM]). Beide tüftelten nun ein Unikum zurecht, dessen Aussehen von ihnen selbst in diversen Werbeschriften wie folgt beschrieben wurde: „Unsere neueste, eigene Erfindung besteht aus einem etwa 40 cm langen Pappzeppelin, an dessen Außenmitte sich mehrere runde Löcher befinden. Durch den im Inneren des Gehäuses hängenden, jedoch dem menschlichen Auge wohltuend verdeckten, süßduftenden, Leimstreifen werden die Fliegen unabwendbar angezogen sowie unauffällig gefangen und schließlich rettungslos getötet..." (Auszug).

Der damalige Ästhet Schramm legte insbesondere Wert auf die Form. Nicht nur in seinem illustren Leben, sondern auch bei diesem Fliegenfänger-Patent. Und er schwärmt geradezu über das gefällige Aussehen seines Fliegen-Tod, indem er ihn als „Ziermittel für jedes Zimmer" anpreist. Der Erfolg dieses „neuen Weltschlagers", – wie er ihn auf seinen Werbezetteln etwas großspurig nannte –, war recht bescheiden. Einige wenige deutsche Kaufleute ließen sich zwar auf der Leipziger Messe von diesem „umwälzenden und billigen Massen-schlager für das In- und Ausland" zu kleinen, eventuell auch mitleidigen, Kaufabschlüssen bewegen. Von daher gehört Schramms Werbe-Offerte: „Unser ges.gesch. Zeppelin-Fliegen-fänger ist im Deutschen Reiche in jedem einschlägigen Geschäft zu haben!" – sicher zu seinen liebenswerten, weil unschädlichen Übertreibungen. Meine Großmutter hatte solch einen Fänger erstanden. Und ich kann mich erinnern, dass er allgemeine Zufriedenheit aus-löste. Vielleicht weil keiner wusste, dass unsere Schramm Arthur der Erfinder war.

Seine Neigung zum Kreativen war offenbar nicht nur im Erfinden von Versen ausge-prägt. Sein praktischer Sinn, der sich noch anhand anderer Entdeckungen für den Haushalt nachweisen ließe, steht allerdings im Widerspruch zu seinem sonstigen bekannten unprak-tischen Verhalten im täglichen Leben. Ich habe meine Frau gebeten, die Rekonstruktion des Schrammschen Fliegentodes auf Seite 129 aus der Erinnerung anzufertigen – weil es in seiner Werbeschrift dazu heißt: „Jede saubere Hausfrau wird die großartige Appetitlich-keit unseres Miramm-Fliegenfängers ohne weiteres richtig erkennen, sie nachgerade als Wohltat empfinden und durch sofortige, gute Aufnahme dieses einmaligen Schlagerarti-kels begeistert zu schätzen wissen!" Es muss allerdings vor dem unberechtigten Nachbau dieses nostalgisch-nützlichen Zimmer-Zeppelins aus patentrechtlichen Gründen gewarnt werden! Es sei denn, jemand hätte sich zu Lebzeiten gefunden, der unserem „patenten" Ar-thur Schramm seine Erfindung, zwecks eventueller Aufbesserung dessen schmaler Rente, abgekauft hat.

Gefiltertes vom „Klaanen Getu"

Aus seinen zahlreichen, beim Deutschen Patentamt registrierten und auf Leipziger Messen vorgestellten Erfindungen, ragt der Miramm-Kaffeefilter" markant hervor. Arno MIchaelis und Arthur SchRAMM legten nicht nur Teile ihres Namens, sondern auch das we-nige Gesparte zum wohlklingenden, jedoch kaum gewinnbringenden MIRAMM-Vertrieb, Annaberg i. Erzgeb., Kleinrückerswalder Straße 11, Fernspr. 2640, Postscheck-Konto: Leipzig Nr. 81107, zusammen. Neben seinen Patenten für Fahrrad-Sattel-Lehnen, Zeppe-

Miramm-Filter – ges. geschützt

lin-Fliegen-Fänger und die „ewigen" Rasierklingen gab es eben auch jenen „unverzicht-
baren Helfer für jede Hausfrau, den praktischen und billigen Miramm-Kaffeefilter", – wie
er in zahlreichen Werbeschriften Anfang der 30er Jahre angepriesen wurde. Das Aussehen
dieses „gesetzlich geschützten Weltschlagers" kann hier nur aus der Erinnerung bzw. auf
der Grundlage vorhandener Werbeschriften rekonstruiert werden. Es wird demnach nicht
viel mehr als ein Metall-Ring gewesen sein, an dem ein Leinensäckchen befestigt war. Da
hinein kam nun das Kaffeepulver oder getrocknete Teeblätter. Mit einem Deckel wurde das
ganze verschlossen und „mittels des anhängenden Kettchens wird der Filter nunmehr zum
Ziehen in den Topf hineingehängt. Es bleibt der Hausfrau überlassen, den Filter mit seinem
Inhalte – zum ergiebigen Auslaugen des Kaffees oder Tees - beliebig lange im kochenden
Wasser zu belassen."

Ausführliche Hinweise auf die Nachbehandlung des Filters unter kaltem Wasser und der
verblüffenden Möglichkeit einer sofortigen Wiederverwendung nach gehörigem Trocknen,
schließen sich an. Im Vergleich mit der bis dahin weit verbreiteten Kaffee-Aufbrüh-Methode
im Erzgebirge der frühen 30er Jahre und der allgemeinen Notwendigkeit zu Einschränkungen in allen Lebensbereichen, handelte es sich hierbei tatsächlich um ein sparsames Haus-
haltsgerät, – wenn auch der Kaffeefilter in anderen Gegenden schon längst erfunden war.
Tragisch und komisch zugleich verlief das Leben unseres Schramm Arthur. Seine Erfindungen wurden belächelt und verspottet. Dabei wollte er doch nur sich und vielleicht auch anderen helfen, etwas vom großen Lebens-Kuchen abzubekommen.

Möglicherweise träumte er sich mit seinen Erfindungen in einen Michelangelo hinein,
wie er dies ja auch so häufig mit seinem hochverehrten Herrn Goethe auf dichterischem Gebiet tat. Diese, für den kleinen Mann aus Annaberg, unfassbaren Größen, haben zumindest
sein Talent und seine Phantasie beflügelt und für uns ein Stück bescheidene, manchmal naive, aber auch skurril-liebenswerte Heimat-Poesie, – ebenso in Gestalt seiner „verhaunen"
Erfindungen –, hinterlassen.

Der systemnahe Schramm

Als umstrittenen Heimatdichter kennen ihn fast alle im Erzgebirge. Als Erfinder und Pa-
tentbesitzer von zum Teil kuriosen, aber auch nützlichen Gebrauchsgegenständen ist er
sicherlich nur wenigen bekannt. Kaum jemand der jüngeren Erzgebirger wird aber vermutlich etwas vom politischen Arthur Schramm wissen, der er zu allen Zeiten und in jedem
System auch war. Der 1. Weltkrieg war zu Ende und der damals zwanzigjährige Arthur lob-
te in seinen frühen Verslein den Frieden. Verständlich, denn die Kriegssituation hatte den
Jüngling tief erschüttert und wahrscheinlich auch für sein weiteres Verhalten im Leben mit

geprägt. Das „Gruße Getu", wie im Annaberger Volksmund Arthurs Vater wegen seiner gewichtigen Körpergröße und seines ebenfalls etwas exaltierten Verhaltens genannt wurde, kam leicht verletzt in seine ärmliche kaufmännische Existenz aus dem Krieg zurück. Sein Sohn, der nunmehrige Kaufmannsgeselle, mutierte merklich zum Poeten. In dieser Zeit sind seine ersten lyrischen Versuche, die sich noch enorm stark – sprachlich und begrifflich – an größeren Vorbildern orientierten, „aus ihm herausgequollen", – wie er diese Ergüsse selbst gern bezeichnet wissen wollte. Wahrscheinlich haben ihn andere davon abgeraten, dieser brotlosen Kunst weiter zu frönen und darüber sein Geschäft zu vergessen, welches im Hinblick auf seine Erfindungen durchaus – im bescheidenen Rahmen selbstverständlich – erfolgversprechend begann. Es waren jene produktiven Jahre, in denen die Leipziger Messen, und damit auch die Welt, von solchen epochalen Erfindungen erfuhr, wie z.B. dem Zeppelin-Fliegenfänger, dem Wetzstein-Handschutzhalter, der Fahrrad-Sattel-Lehne, dem Miram-Kaffeefilter, dem Ideal-Salzstreuer oder der Immer-währenden-Riez-Rasierklingen-Reinigungsplatte. Es war auch jene illustre Zeit, in der unser Schramm Arthur sowohl im Männerchor „Tannhäuser" wie auch unter der Mitglieds-Nr. 7 im Annaberger Männergesangsverein „Orpheus" die Säle mit seiner Stimme zum Erschauern brachte. Der Naturheil-Verein Annaberg sah ihn regelmäßig im Adams-Kostüm im Luft- und Sonnenbad hinter jenem durchlöcherten Bretterverschlag am Flößgraben im Pöhlbergwald. Und im Stadtbad Annaberg verfügte er nachweislich über ein Wäschefach mit der Nr. 24 , für das er damals immerhin 5,40 Mark für ein halbes Jahr berappen musste.

Die Weimarer Republik färbte sich zusehends brauner und Schramm reagierte zunächst mit seiner bescheidenen Lyrik meist naturverbunden und heimattümelnd-sentimental auf die Ereignisse rings um ihn herum. Kaum etwas Brauchbares ist uns aus dieser Zeit erhalten, wenn man von seinem am 20.12.1933 verfassten Weihnachtsgedicht „Christi Geburt" einmal absieht, das er zusätzlich mit „Gesegnete Weihnacht – Arthur Schramm" unterzeichnet. Im Oktober 1936 erscheint sein „Arzgebirgslied", worin er noch merklich verhalten seine deutsch-nationale Positionen durchschimmern lässt, indem er feststellt, dass im „Härzblattl vun Deitschland, mei Arzgebirg, das Härzblut vun den heiling grußen Voterland, dos für uns net annersch als när Deitschland heßt" fließt und dort „wie aus Basalt un Granit aah dei Volk feststieht". Diesmal unterschreibt er sinnig mit „Gelickauf!", was er dann im nachfolgenden, dem Erzgebirgszweigverein Annaberg zu dessen 50-Jahrfeier (1936) gewidmeten „Pöhlberglied", in ein dreimal auszurufendes „Glickauf!" münden lässt.

Ist das „Pöhlberglied" im erzgebirgischen Raum – auch durch den Druck von selbst verfassten Liedpostkarten – ziemlich bekannt geworden, so konnte er mit dem 1937 geschriebenen „Greifenstaalied" nicht den gleichen Erfolg für sich verbuchen. „När net locker lossen!" – betitelt er sein im September des gleichen Jahres entstandenes Lied, in dem auch er sich am Schmieden von Durchhalteversen beteiligt: „Wie dr Baam drubn zäh hält jeden

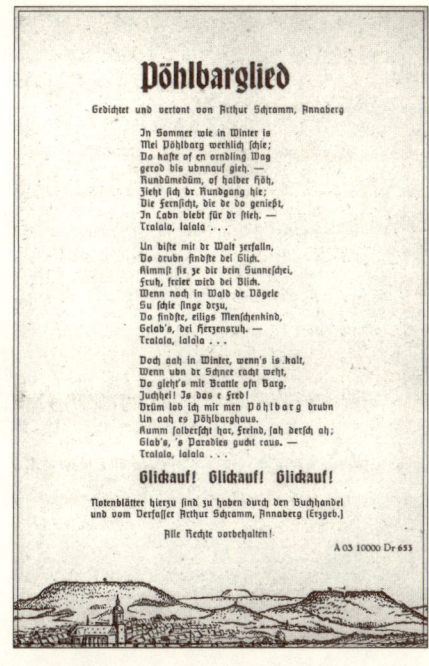

Watter Stand; a de Stürme trotzt, die fegn durch unner Land". Nach den bisher bekannten Gedicht-Manuskripten unterzeichnete A. Schramm lediglich einen „Vorspruch" zum 25-jährigen Jubiläum der Annaberger Schwimmerriege „Neptun" (ohne Datum; vermutlich 1934) mit der tragisch-komischen Grußformel „Gut Naß! Heil Hitler!". Alle seine anderen lyrischen Verlautbarungen schließen nur mit seinem gewaltigen, graphologisch unschwer zu analysierenden Namenszug.

Es war bisher noch nicht zu ermitteln, wann der Heimatdichter Schramm in die Reichsschriftumskammer (RSK) unter der Mitglieds-Nr. 4419 aufgenommen worden ist. Wir kennen auch nicht jenes Schreiben, welches er von dort erhalten haben muss und in dem man ihm zu verstehen gab, dass in der RSK nur hauptberufliche Schriftsteller und Dichter ein Mitgliedsrecht haben. Er aber – da er ja von Beruf Kaufmann war und seine Verse nebentätig fabrizierte – konnte dort offenbar aus diesem Grunde nicht länger Mitglied bleiben. Man hatte allerdings im damaligen „Reichsministerium für Volksaufklärung und Propaganda" am Berliner Wilhelmplatz nicht mit dem in seinem Ehrgefühl äußerst verletzten Energiebündel aus dem Erzgebirge gerechnet. Denn an jene Goebbels-Dienststelle richtete unser so verkannter Heimatdichter am 15.6.1939 eine fünf(!)-seitige, eng beschriebene „Berufung". Ganz fürchterlich wetterte er darin gegen den „mißgünstigen und übelgesinnten Kreisleiter (der NSDAP, d.V.) Vogelsang aus Annaberg", den er seit mehr als 4 Jahren bei der „Reichsregierung unter schwerer, bis heute leider noch immer nicht abgeschlossener Anklage" stellen ließ, wogegen er „als alter Hitler-Kämpfer schärfsten Sturm läuft". Nun wäre eine Beschwerde gegen einen Rausschmiss aus der RSK weiter keine tragische Angelegenheit. Ganz andere Dichter- und Schriftstellergrößen waren dort Mitglied und kamen nicht zu der „Ehre", wie sie Arthur Schramm zuteil wurde. Interessant ist also weniger sein Kampf um die Wiederaufnahme in jene ominöse Kammer, sondern vielmehr die Dar- und Ausstellung seiner Haltung zum damaligen System in jenen verbalen Äußerungen, die hier deshalb nicht wiedergegeben werden sollen, um den bereits mehrfach an anderer Stelle positiv gewerteten Heimatdichter zu schmähen, sondern um die

Entwicklungsgeschichte eines Menschen möglichst in seiner Ganzheit darzustellen. Hierbei könnte A. Sch. durchaus auch als Synonym-Figur in Betracht kommen, um damit eventuell einer leider wieder zunehmend häufiger anzutreffenden selektiven Geschichtsaufarbeitung von Lebensläufen verdienstvoller erzgebirgischer Persönlichkeiten entgegenzuwirken. Es ist schon einigermaßen verwunderlich zu erfahren, dass der spätere nimmermüde Friedensmahner, das Ost- und West-CDU-Mitglied, im Jahre 1939 von sich nachweislich im Schreiben behauptete: „Ich habe mich schon vor vielen Jahren als völkischer Rufer selbstlos eingesetzt und habe aktiv auch im Zeichen Adolf Hitlers für Deutschlands Erneuerung und Vergrößerung uneigennützig getrommelt und gepredigt; was unwiderleglich ist und nachgewiesen werden kann! Und habe so das Dritte Reich mit dichterisch heißem Herzen miterlitten und erkämpft…!!"

Der Ministerialkanzlei drohte er schließlich seinen persönlichen Besuch beim „Förderer und Schützer deutscher Kunst und ihrer Künder, unseren allverehrten Pg. Dr. J. Goebbels" an, und schlimmstenfalls würde er „doch noch direkt zum geliebten Führer" fahren. Es folgt eine umfangreiche und umständliche Aufzählung seiner vielfältigen Verdienste um „Führer und Reich", von denen hier nur einige ausgewählte Kostproben folgen sollen: Ein „SA-Marsch im Volksliedton" (deponiert im Hauptarchiv der Reichsleitung der NSDAP München) zu dem er auch die „Melodie in straffen Rhythmen selbst komponiert" hatte; ein „Freischärlermarsch" für das Freikorps des berüchtigten Konrad Henlein, von dem er ein Dankschreiben mit der Versicherung erhielt, dass dieses „Werk der Bataillonsgeschichte des Batl. VI beigelegt wurde, damit es späteren Generationen erhalten bleibt!"; ein dem italienischen Faschisten „Benito Mussolini" gewidmetes und so betiteltes Gedicht, für das er vom SS-Judenvernichter Dr. Todt ein Buch als Auszeichnung überreicht bekam; und schließlich hatte ihm der Gauleiter Bürckel für sein „Saarbefreiungs-Gedicht" schriftlich herzlich gedankt. Aber was war das alles im Vergleich zu jenem Schauspiel, von dem A. Schramm mit Stolz nach Berlin berichten konnte: „So habe ich in der Revolutionsnacht am 30. Januar 1933 mein feueriges und zündendes Kampfgedicht, betitelt ‚Aufbruch der Nation', vom Annaberger Rathausbalkon begeistert und begeisternd in die angestauten Massen deutschen Volkes, erwachten Volkes, geschleudert!"

Vermutlich wird es noch Zeitzeugen von diesem makabren Appell auf dem Annaberger Marktplatz geben. Oder wollen die noch lebenden Teile jener damals „angestauten Massen" sich nicht mehr daran erinnern können? Verdrängen? Immer noch, – nach so vielen Jahren? Irgendwann werden wir es unseren Kindern und Enkeln aber doch erklären müssen, warum wir damals die ausgestreckte Hand nicht zur Faust (wenigstens in der Manteltasche) geballt haben. Wer gibt uns das Recht, jüngste Geschichte vorgeblich ganz und die von vor einem halben Jahrhundert nur teilweise aufarbeiten zu wollen? Das Luther-Wort: „Die Wahrheit muß herfür!", schleuderte am 26.11.1938 unser staatsnaher Heimatdichter in eigener Sache seinem „geliebten Führer Adolf Hitler" wuchtig in einem Brief entgegen und setzte als Höhepunkt seiner Bekennerschaft noch hinzu: „Ich bin in meiner unveräußerlichen Ehrliebe und in meiner unabänderlichen Ehrauffassung in sittlicher und charakterlicher Hinsicht nicht zu übertreffen und fühle mich hierbei in der besten Gesellschaft meines geliebten Obersten Führers!! Sie können fest versichert sein, daß ich mit brennender Sehnsucht, wenn auch blutenden Herzens, im Geiste bei ihnen bin; wie gern wäre ich auch diesmal wieder bei dem 1. Reichsparteitag Großdeutschlands persönlich dabei gewesen; es blieb mir hart versagt". Wer nun glaubt, in diesem „Kämpfer um ein Parteibuch der NSDAP unter den Nummern 1-1.000" nur den manischen Exzentriker sehen zu müssen, der verniedlicht die Zeit, die solche Fanatiker zeugte und ge(miß)brauchte, von denen A. Sch. vielleicht nur wegen seiner spezifischen Persönlichkeitsstruktur heraussticht. Der Nachweis über das Verhalten anderer bekannter und wesentlich profilierter Territorial-Gestalten aus jener Zeit wäre unschwer zu erbringen. Typisch für die meisten von ihnen ist ihre überraschende „Vergesslichkeit", ihre engagierte Verdrängungswut und ihr oftmals widerwärtiges Anpasslertum an das jeweils nachfolgende System, – einschließlich jener, die deren geistiges Erbe heute „verwalten". So brauchen wir nicht verwundert sein, wenn unser Heimat-Poet nach einer gewissen sentimentalen Phase in den mittleren 40er Jahren (Weihnachtsgedichte, Frühlingslieder, Durchhalteverse) bereits 65 Tage nach der Befreiung von dem bisher furchtbarsten aller Kriege in seinem so betitelten „Ruf" seinem Erzgebirgsvolk entgegenschmettert:

„Komm' mit, Kamerad! Pack' an! Schaffe mit! Es gilt jetzt die Welt zu befrieden! - Wir beid', du und ich, geh'n im gleichen Schritt, die Einheit, den Frieden zu schmieden ..."

Von nun an überstürzen sich seine Bekenntnisse zum Frieden, zu Einheit, zur Freiheit, zur Heimat – und auch zum „Eierkuchen". Schramms große Stunde, sich wieder der neuen Macht zu empfehlen, kam bald. Anfang der 50er Jahre wurde das vormalige Anton-Günther-Gymnasium in Johannes-R.-Becher-Oberschule umbenannt. Ein ehemaliger Schüler berichtet dazu aus eigenem Erleben: „Ich gehörte damals zu den ‚Jublern', die auf der Schulhaustreppe postiert wurden. Brausender Beifall sollte Johannes R. Becher, den Kulturminister der DDR, empfangen. Doch vor dessen Eintreffen kam ein anderer Dichter – es war Arthur Schramm. Man sagte, dass er sich dem Minister als größter Heimatdichter vorstellen wollte. Dazu kam es nicht. Schüler aus den oberen Klassen, eigens dafür eingesetzt, verhinderten ein unerwünschtes Zusammentreffen". Später dann ist es Schramm doch noch gelungen, seinen künstlerisch durchaus akzeptablen „Friedensaufruf" im Treppenaufgang des Ministeriums für Kultur - fast lebensgroß - zu platzieren. Die ehemalige systemnahe Blockpartei der SED – die CDU – nahm Arthur Schramm in ihre Reihen auf. Nach der so genannten Wende beschweren sich ehemalige Funktionäre der „Mutterpartei" darüber, dass sich seine Parteifreunde kaum um den älter und kränker werdenden, nunmehr christ-demokratischen Dichter gekümmert hätten. Mitarbeiter der Annaberger SED-Kreisleitung waren es nach eigenem Bekunden, die Herrn Schramm regelmäßig zum Geburtstag aufsuchten und beschenkten. „Die dabei immer angebotene Hilfe in vielfältiger Form – Bettwäsche, Wohnungsgegenstände, Kleidung usw. wurde von A.S. abgelehnt, ja sogar als ausgesprochene Beleidigung zurückgewiesen! Geld nahm er an!" – schreibt Gisela Kaden, eine ehemalige Mitarbeiterin der SED-KL in einem Leserbrief an die „Freie Presse" vom 24.12.1991 auf einen damals verfassten Beitrag des Autors über A. Schramm. Obwohl in der „Neuen Zeit" (diese Ost-CDU-Zeitung veröffentlichte übrigens zwei Gedichte von Schramm) angekommen, konnte er sich offensichtlich von der alten nicht ganz trennen.

In seinem Domizil soll man bei dessen Auflösung Stapel von Nazi-Zeitungen gefunden haben. Sogar Waffen und Munition seien dort entdeckt worden, wird in einem Schreiben von einem Kenner der Szene versichert. „Nur dem Alter und der Person A. S. war es geschuldet, daß er nicht zur Rechenschaft gezogen wurde" – lautet eine dazu vorliegende, für die damaligen Zeitumstände doch recht merkwürdig anmutende Begründung. Sollte er Glück gehabt haben und man war tatsächlich nachsichtig mit diesem „Städtischen Narren"? Denn

Glück hatte Arthur Schramm in seinem privaten Leben kaum, dafür anscheinend mehr mit den jeweils Mächtigen. Und wen wundert es dann noch, wenn wir den nun fast Hundertjährigen genussvoll sein Bier schlürfend, einträchtig – gleich zwischen zwei CDU-Bürgermeistern sitzend – beim 1. Sächsischen Bergmannstag 1992 auf einem Foto in der „Freien Presse" wiederfinden. Warum auch nicht? Dies sollte man schon als konsequente Kontinuität von ihm erwarten dürfen. Der alte Narr aus Annaberg ist schließlich auch nur ein Kind seiner Zeiten gewesen und hat sich in diesen auf seiner Weise engagiert und mit ihnen arrangiert, – mehr doch wohl nicht!? Oder??

„'s is Feierobnd..." haben vier Musikanten im Berghabit dem „Klaanen Getu" auf seinem allerletzten Weg nachgeblasen, als ihn eine kleine Fan-Gemeinde am 26. Mai 1994 bei Regen und Nebel auf dem Neuen Friedhof von Annaberg in seine geliebte Heimaterde bettete. Drei Fichten stehen nun an seinem Grab. Fichtenzweiglein waren zeitlebens sein heimatverbundener Schmuck. Nicht nur die Geschichte wiederholt sich, – die Geschichten tun es auch. Jeweils in veränderter Form.

Arthur Schramm im Jahre 1993 vor dem Pflegeheim „Adam Ries", fotografiert vom Mundartdichter und Heimatforscher Manfred Pollmer (Geyer, 1922–2000)

Lehrer der „alten Schule"

Hugo Vogel (1906–1996) – Generationen kannten, fürchteten und liebten das Konstrukt aus strengem Pädagogen und väterlichem Freund

„Du bist mir Lehrer gewesen seit meinen frühsten Jahren,
hast mir geöffnet die Tür, weit in das musische Reich.
Fromm warst du, ernst und gelehrt und den Sitten ein strenger Gebieter,
unermüdlich im Fleiß, vatergleich, emsig besorgt..."

Mit diesen Worten dankt Paul Fleming (1609–1640) aus dem erzgebirgischen Hartenstein seinem einstigen Lehrer für dessen Einfluss auf das Leben und Schaffen des leidgeprüften Dichters, der die Nöte und Schrecken des Dreißigjährigen Krieges aus eigenem Erleben in seinem Werk anschaulich reflektiert hat. Auf den etwa 300 Jahre später geborenen Hugo Vogel aus Annaberg treffen die Worte Flemings in ähnlicher Weise zu, besagen sie doch, dass es zu allen Zeiten Lehrer gab, die zuvörderst wegen ihrer charakterlichen Eigenschaften pädagogische Langzeitwirkungen im Verhalten ihrer Schüler auslösten und somit in deren Erinnerungen haften blieben.

Herr Vogel war mein Lehrer für Biologie, Sport, Deutsch, Schulgarten und für eine Lebenskunde, wie sie vermutlich kein Lehrplan vorsehen kann. Mit unvergleichlichem pädagogischen Geschick hat er mehreren Generationen Möglichkeiten für spätere Lebenswege eröffnet. Dabei waren ihm bloße Wissensvermittlung oder sture Faktenpaukerei zuwider. Er war ein Pädagoge der „alten Schule", – ein an Wissen reicher, Sprachen beherrschender, die Künste liebender, am Tradierten hängender und in allem ein äußerst disziplinierter Mensch. Ihm hat es offensichtlich die Mehrheit seiner ehemaligen Schülerinnen und Schüler zu verdanken, dass aus ihnen was „Ordentliches" geworden ist, vermittelte er doch jenes Etwas, was einerseits Bestand hatte in einer Zeit, die mitunter von übertriebener Fürsorge für den Einzelnen gekennzeichnet war und das andererseits auch nach dem Zusammenbruch von Hoffnungen dazu beitrug, dass sich die wenigsten von ihnen zu Wendehälsen entwickelten.

Hugo Vogel, der drei politische Systeme im Vergleich durchleben durfte, gab uns offenbar seinen Erfahrungsextrakt als Immunfilter mit auf den Weg, der uns in gewisser Weise gegen persönliche Katastrophen schützte. So sind die heute bereits ergrauten Klassenkameraden (die Klassenkameradinnen ergrauen bekanntlich nicht) als Unternehmerinnen, Ingenieure, Architekten, Kaufleute, Programmdirektoren, Chefredakteure u.v.a.m. aber auch – vielleicht auch aus Trotz – als Lehrer in ganz Deutschland und darüber hinaus verstreut tätig. Klassentreffen sind also auch wegen der großen Entfernungen, die sich zwischen Hugos Schützlingen von einst geschoben haben, heute kaum noch zu organisieren. Drei oder vier Mal hat man sich daher auch nur in den zurückliegenden mehr als 40 Jahren seit dem Schulabschluss getroffen, um sich mitunter als fremde Bekannte an längst vergangene Tage zu erinnern. Die Meisten sind glücklich, auch dann, wenn sie nicht unbedingt zu den Glücklichsten gehören. Erstaunlich wenige nur hat die asoziale Marktwirtschaft mit ihrer ganzen Kälte und Unbarmherzigkeit getroffen – vielleicht auch dank Hugo. Dabei haben es die Knaben in den meisten Fällen zu etwas gebracht, von den Mädchen ist vermutlich nur eine über sich hinausgewachsen, über die an anderer Stelle erzählt werden soll.

Neben seiner Hauptleidenschaft, der behutsamen Führung von jungen Menschen ins Leben, galt Hugo Vogels großes Interesse in jungen Jahren, parallel zu seinen zahlreichen Studien der Malerei, der Musik und besonders – bis ins hohe Alter – dem Gesang. Gut kann ich mich noch daran erinnern, wie er neben mir jungen Spund, im damals renommierten Städtischen Chor Annaberg, heldisch-schön, einfühlsam-wohltönend oder auch manchmal angestrengt-wichtig seinen klirrenden Bariton zum Schwingen brachte. Mit großer Wahrscheinlichkeit habe ich ihm meine spätere Sänger-Laufbahn zu verdanken. Und das kam so: Mein Stimmbruch glättete gerade seine letzten Falten und der jungen Kehle entströmte ein erstaunlich tiefer, schwarzer Bass. Gottfried Baden, Musiklehrer seines Zeichens an der Pestalozzi-Schule, und eine bachsche Urgestalt dazu – der übrigens nicht nur in der Kinderzahl seinem großen Vorbild nacheiferte – erkannte mein Stimmaterial zwar zuerst und führt es der Klasse als erstrebenswerte Möglichkeit im Musikunterricht zu gerne vor. Vermutlich nicht ahnend, dass er damit bei mir eine seltsame Mischung von frühmännlicher Eitelkeit und spätpubertiver Scham hervorrief. Zumal die Klasse mit den kraftvollen Tönen ihres auch ansonsten sich recht auffällig gebenden Mitschülers sichtlich überfordert war. Die momentane stille Verblüffung ging allerdings recht schnell in ein zickenhaftes Gekicher in den Mädchenbänken über, das sich rasch mit einem mutierenden Gelächter aus der Knabenecke mischte, um sich in sieben-klässlerische Lachsalven hineinzusteigern, die weder von meinem sonoren Bass, der wohl gerade die Verleumdungsarie donnerte, noch vom spitzen Tenor des Bach-Verschnitts Baden übertönt werden konnten. Komischerweise hatte das Gebaren meiner Klassenkameraden keinen Einfluss auf meine Psyche. Normalerweise weigert man sich doch, die nächste Musikstunde zu besuchen, um in derselben derart vorgeführt zu werden. Mich störte der seltsame Applaus meiner zurückgebliebenen und kulturlosen Mitschüler - so dachte ich jedenfalls damals – nicht im Geringsten, zumindest was die neidischen Knaben anging. Etwas anders war es schon bei den einstigen Jungfrauen. Doch, doch, diese Spezies gab es damals noch in den siebenten Klassen. Sie lächelten und kicherten nur, mitunter gepaart mit Unverständnis und Staunen, noch nicht mit Anerkennung und Bewunderung. Das kam erst etwas später…

Eines Tages übte der Musiklehrer Gottfried Baden mit mir gerade das tiefe „E" im „Büblein klein an der Mutterbrust", um mich demnächst der gesamten Schüler- und Lehrerschaft bei einer Festveranstaltung in der Aula der Pestalozzi-Schule als seine Entdeckung vorzuführen. Da betrat der Vogel Hugo das ansonsten leere Musikzimmer, um diesen seltsamen Tönen im Original – und nicht mehr hinter der Tür – zu lauschen. Mehr noch: er war vermutlich auch gekommen, um selbst rotköpfige Töne zu produzieren und sie mit mir um die Wette in die tiefsten Tiefen hinabdröhnen zu lassen. Es war wohl das einzige Mal, wo ich bei einem Wettstreit mit ihm als Sieger hervorging. Diese Tatsache muss den meist Erfolg gewohnten Mann derart beeindruckt haben, dass er mir nunmehr mit einem arg verknödelten Bariton und jovial theatralischer Geste eine Einladung zum Besuch der nächsten Probe des Annaberger „Städtischen Chores" überreichte.

Eine Woche später verstärkte ich bereits an seiner Seite kurzzeitig den Chorbass, um wenige Wochen darauf vom feinfühligen und engagierten Chordirektor Werner Naumann mit zahlreichen Solopartien betraut zu werden und die Ehre hatte – für drei Mark pro Stunde – bei ihm meinen ersten Gesangsunterricht zu erhalten. Hugo war zeitlebens stolz auf mich, auf seine Entdeckung. Und ich bin ihm dafür ein Leben lang dankbar.

Hugo, mein Lehrer, war es auch, der in den anderen Schulklassen um Nachwuchs für den leider heute nicht mehr bestehenden Chor erfolgreich warb. Ganze Familien schleppte er in die Chorstunden, die mehr waren als nur ein Sängertreffpunkt oder gar eine Liedertafel. Der „Städtische Chor" in Annaberg war eine laien-künstlerische Institution über die

Grenzen der Stadt hinaus und eine soziale Oase für sangesfreudige Männer, Frauen und Jugendliche aus allen Schichten, die miteinander singen, lachen, reden, trinken, – kurz, sich in einer Gemeinschaft von unterschiedlich Gleichgesinnten wohlfühlen wollten. Darüber hinaus war dieses Kollektiv – im besten Sinne des Wortes – auch eine „Kupplerin", denn schließlich habe ich dort meine künftige Schwiegermutter, ja richtig, – auch meine spätere Frau gefunden…

Nur manchmal entdeckte man etwas am Verhalten des Vogel Hugo, das uns eigentümlich und fremd, mitunter auch recht unangenehm und so gar nicht zu seinem sonstigen Wesen passend vorkam. Eigenschaften, die erst Jahrzehnte später erklärbar scheinen. Wie hart, oftmals militant erschien er uns Schülern, wenn er von uns Exaktheit sowohl in den Formen als auch in den Inhalten verlangte. „Mittelfinger an die Hosennaht! Nase geradeaus gerichtet und Straffheit im musculus cluteus maximus!" Letztere Bemerkung

Hugo Vogel war jahrelang Sänger im Städtischen Chor Annaberg (Naumann-Chor), hier mit Gottfried-Baden-Quartett.

rang uns nicht nur Bewunderung ob seiner exzellenten Lateinkenntnisse ab, sondern sie milderte auch die kadettisch strenge Form und zog das Ganze ins Heitere, zumal sich längst herumgesprochen hatte, dass es sich bei diesem lateinischen Begriff um den großen Gesäßmuskel, also den deutschen Arsch handelte – wie Hugo seine Übersetzung jedesmal genüsslich zelebrierte. Wahrscheinlich wirkte in diesen herben Phasen seines Unterrichtes jene Zeit nach, über die er zu uns Kindern kaum sprach. Heute erst weiß ich, dass Hugo Vogel, obwohl er nicht am „Rußland-Feldzug" als Soldat teilgenommen hatte, mit seiner gefangengenommenen Division von den Amerikanern an die Sowjets übergeben wurde. „Skorko damoij" waren die hoffnungsvollen Worte nach dem Krieg, die ihn aber nicht etwa „bald nach Hause" schickten, sondern vielmehr lange 8 ½ Jahre russische Gefangenschaft – ohne gerichtlichen Nachweis individueller Schuld, wie er immer betonte – bescherten.

Man munkelte in gewissen elterlichen Kreisen, dass sowohl er als auch die damaligen Russisch- und Zeichenlehrer bei der Waffen-SS gewesen sein sollen und deshalb so lange in Gefangenschaft gehalten wurden. Andererseits ist es damals kaum denkbar gewesen, dass in der noch jungen DDR ehemalige Nazis wieder als Lehrer in den Schuldienst eingestellt wurden, anders bei der NVA oder im Verwaltungsapparat. Nicht erst seit heute wissen wir, dass es im anderen deutschen Staat offensichtlich zum guten Ton gehörte, eine braune Vergangenheit zu haben, um einer vergoldeten Zukunft entgegensehen zu können. Neuere Erkenntnisse und Dokumente belegen aber auch, dass die SED bei so manchem aus den unterschiedlichsten Gründen, ein Auge zudrückte. Vielleicht war es aber auch der Mangel

Hugo Vogels Lieblingsklasse: Die ehemalige 1 bis 10 a zum Klassentreffen im Jahre 2002 vor der Pestalozzi-Schule

an gut ausgebildeten Lehrern, der beim Aufbau eines so genannten sozialistischen Schulsystems die Verantwortlichen dazu zwang, solche überschaubaren und kontrollfähigen Kompromisse einzugehen. So makaber es auch klingen mag, aber der Russischlehrer Dietrich hätte nie in diesem Beruf arbeiten können, wenn er nicht so lange in russischer Kriegsgefangenschaft festgehalten worden wäre. Nur dem Zeichenlehrer Wohlgemuth hat das wenig genützt. Er kam als aggressiver und gar nicht wohlgemuter Kunstvermittler wieder, der bei uns Schülern jedesmal ängstliche Verwunderung auslöste ob seines Jähzorns über geringfügige Disziplinlosigkeiten solcher Typen, wie ich eine war. Dann kam es schon mal vor, dass der Farbkasten oder die gefüllte Alu-Waschschüssel quer durch das Klassenzimmer flogen, oder meine Eltern sich beim Klassenlehrer beschweren kommen mussten, weil die Beule an meinem Kopf – verursacht vom voluminösen und querfliegenden Schlüsselbund des Zeichenlehrers – beträchtliche Ausmaße angenommen hatte. Keine dieser pädagogischen Entgleisungen oder etwa die nachgewiesene faschistische Staatsnähe führten damals – jedenfalls nicht bei unseren Lehrern – zur Entfernung aus dem Schuldienst. Alle haben sie in Würde ihre Schwächen und Stärken an uns ausleben dürfen, um dann mit Anstand die Pensionierung zu erreichen. Es muss eine recht tolerante Zeit gewesen sein, – vielleicht aber auch nur hier oben im Erzgebirge. Schade, dass sich die verantwortlichen Schulbeamten nach der politischen Wende nicht mehr auf diese Zeit besinnen wollten. Viel unproduktives Leid wäre so manch einem staatsnahen Pädagogen nach der Wende erspart geblieben. Auch den Eltern, den Schülerinnen und Schülern sowieso und dem Erzgebirge nicht minder.

Kaum war Hugo Vogel aus dem fernen Russland heimgekehrt, zog es den Studienrat – ein Titel, auf den er besonders stolz war – schon wieder in seine geliebte Schule. Und so finden wir ihn dann in den Jahren 1953 bis 1970 an der Pestalozzi-Schule in Annaberg. Seine Tätigkeit als Lehrer begann er viel früher; bereits 1923 trat er in den Schuldienst ein und lehrte an der damals erneuerten und erweiterten Schule in Sehma. Viele ältere Erzgebirger erinnern sich aber auch noch an seinen Unterricht an der Annaberger Handelsschule in den 30er Jahren und schwärmen von seinem Geschick, mit Menschen feinfühlig und tolerant umzugehen. Etwas andere Erfahrungen haben allerdings einige seiner Schutzbefohlenen auch mit ihm gemacht: Zum Entsetzen der damals noch besonders weiblich erzogenen Mädchen, verlangte der Sportlehrer Vogel – sowohl an der Handelsschule und später an der gelben Schule auf dem Berg – auch von ihnen ein exaktes Radschlagen. Wer weiß, wie schwer es so manchen durchtrainierten Jungen heute noch fällt, diese unnatürliche Bewegung, jene Hochkantrolle des menschlichen Körpers einigermaßen gerade und ohne größere Prellungen zu überstehen, der erahnt in etwa die Gesichter der Mädchen von damals. Aber auch hier hatte der Hugo Erfolge vorzuzeigen und sogar Talente entdeckt: eine fast 70-jährige ehemalige Schülerin teilte ihrem neunzig Jahre alten Lehrer brieflich mit, dass sie im vergangenen Jahr zum 29. Mal das Sportabzeichen in Gold abgelegt und die 1000 Meter im Schwimmen nicht in den für ihre Altersgruppe vorgesehenen 42 min, sondern bereits in 29 min zurückgelegt habe. Diese Zeilen las er mir noch kurz vor seinem Tod mit Stolz geschwellter Brust vor, so, als hätte er die Leistung erst gestern selbst vollbracht.

Über fast zwei Jahrzehnte werden seine umfangreichen Kenntnisse und wertvollen pädagogischen Fähigkeiten neben seinem Schuldienst an der Volkshochschule gebraucht. Es verwundert auch hierbei immer wieder, wie tolerant sich die damaligen Behörden der Stadt Annaberg einem Lehrer gegenüber verhalten haben, der wegen seiner „politischen Irrtümer im 3. Reich" weit über acht Jahre gefangengehalten wurde. Vielleicht bot man ihm damals gerade auch aus diesem Grunde eine neue Chance – um das Wort Sühne zu umgehen – in einem solch öffentlichen Amt? Wenn für ihn die Lehrpläne auch oftmals „Leerpläne" waren und er sich manchmal vorkam „…wie die Gäule der Russen, die mit zusammengebundenen Vorderbeinen auf die Weide gelassen wurden, so konnte ich doch meinem Beruf als Berufung nachgehen, immer in der Absicht, jungen Menschen zu helfen, ihren Weg zu finden" – wie der fast Neunzigjährige in einem seiner zahlreichen, aufschlussreichen Briefe an mich schrieb. In den Jahren, als man Hugo Vogel noch häufiger in der Stadt oder im Pöhlbergwald treffen konnte, riss er stets in weitem Bogen seinen Hut zum Gruß vom markigen Kopfe, um sich nach dem Befinden seines Schülers oder seiner Schülerin zu erkundigen. Mitunter berührte uns das peinlich. Nicht zuletzt, weil uns diese „alte Schule" fremd vorkam und unsere Väter nur in den seltensten Fällen Hüte trugen, die sie zum Gruße lüften konnten. Heute sollten wir womöglich eher unseren Hut ziehen oder uns wenigstens ein bisschen verneigen vor einem Lehrer, wie Hugo Vogel einer war. Einer von jenen Pädagogen, die sich ihren aufrechten Gang – bei ihm sogar im doppelten Sinne – bis zur letzten Lebensstunde bewahrt haben und ihn auf einen Großteil ihrer Schüler übertragen konnten. Vielen seinen ehemaligen „Zöglingen" half dies über Zeiten zu kommen, wo Verbeugungen und Verrenkungen vor scheinbar Mächtigen zur Lebenshaltung größerer Massen gehörten und allem Anschein nach schon wieder gehören.

Einer der ältesten Nachfahren des Annaberger Rechenmeisters Adam Ries – auch das war unser Hugo Vogel, wie sich herausstellte – ein Erzgebirger (auf die richtige Schreibweise ohne das „L" legt er dabei exemplarischen Wert) mit aufrichtigem Herzen und wachem Verstand. Wenn ihn auch so manche Lokalzeitung angesichts seiner kritischen Einwände gegenüber manch journalistischen Leistungen beargwöhnte, konnte man doch nicht auf interessante heimatgeschichtliche Artikel aus seiner Feder verzichten. Von besonderem Wert bleiben seine umfangreichen und sachkundigen Arbeiten zur Entwicklung der Posamentiererei im Erzgebirge und die daraus hervorgegangene Betriebs-Chronik des ehemaligen OPEW, – auf die noch heute so mancher Schreiber gern zurückgreift, allerdings meist, ohne die Quelle seiner „Weisheit" zu nennen.

Paul Fleming, der große Dichter aus dem Erzgebirge und der Schicksalssänger des Dreißigjährigen Krieges, dankte seinem Lehrer von damals mit Worten, die vielleicht auf jeden guten Lehrer zutreffen mögen, aber auf einen meiner Lieblingslehrer, der kurz nach seinem 90. Geburtstag in seinem geliebten Annaberg starb, treffen sie ohne Einschränkung zu:

> *„Jetzt, da die Einsicht versteht, was geschah, muß ich deiner gedenken.*
> *Für die erwiesene Treue sei dir gedankt durch den Vers.*
> *Wenn er auch wenig gefällt, weil es an Kunst darin mangelt – weil ihn dein*
> *Schüler dir bringt, nimm ihn, ich bitte dich, an."*

Meinem Lehrer Hugo Vogel zum 90. Geburtstag:

Alt bist Du geworden wie ein knorriger Baum,
mit Jahresringen, längst nicht mehr zu zählen,
mit Rinden, die sich immer wieder schälten,
mit Wurzeln tief, ein Spaten sticht sie kaum..
Jung bist Du geblieben tief im Herzen drin,
jung wie ein Baum an sommerfrischen Tagen
zu dem sich Deine Schüler freudig wagen
wie ehemals, – vor vieler Jahre Anbeginn.
In dieser Zeit, in der so vieles neu beginnt,
und wo auch Deine Träume nochmals reifen,
da wir Jungen Dich, den Alten, neu begreifen
weil wir in der Erinnrung glücklich sind.
G.B.S.

Hugo Vogel beim Gratulationsbesuch zum 90. Geburtstag

Grande Dame des Annaberger Theaters

Erinnerungen an die Sängerin Lotte Buschan (1917–1994)

Als die „Sächsischen Neuesten Nachrichten" am 25.10.1953, nach der Annaberger Premiere des „Paganini" von Lehar, vermelden konnten: „In Lotte Buschan besitzt das Kreistheater wieder eine Sängerin von Format, deren Anna Elisa durch lebensvolles Spiel und eine ebenso kultivierte wie tragfähige Stimme begeisterte...", setzte sich die Sängerinnen-Karriere einer Frau, die das Annaberger Theaterleben zwanzig Jahre lang nachhaltig mit geprägt und als seine „grande dame" in die Annalen des Hauses Eingang gefunden hat, in wunderbarer Weise fort.

Lotte Buschan wurde am 23.1.1917 in Heidenau bei Dresden geboren. Während sich die Mutter, Rosa Buschan, um die Erziehung der Tochter kümmerte und in ihr frühzeitig die Liebe zur Kunst weckte, kletterte ihr Vater, Robert Buschan, über die Dächer des Städtchens, um den Ruß aus den Schornsteinen zu fegen und damit vielleicht auch das Glück ins Haus zu bringen. Das Schornsteinfeger-Geschäft der Buschans in Heidenau besteht nunmehr schon in der vierten Generation. Nach Abschluss der Kaufmännischen Volksschule beginnt sie ihre Lehrzeit beim Kaufmann Thedor Maaz in Pirna. Dies war auch die Zeit, in der ihr musikalisches Talent und besonders ihre wunderschöne Sopranstimme entdeckt wurden. Sie bewarb sich an der Opernschule des Dresdener Konservatoriums, begann 1937 das Gesangstudium und erhielt dort im Mai 1941 ihren Abschluss als Sängerin. Die Kriegswirren, die auch um den sächsischen Raum keinen Bogen machten, verhinderten zunächst die weitere künstlerische Entwicklung von Lotte Buschan. Abgesehen von einigen konzertanten Auftritten sowie wenigen Gastspielen in der näheren Umgebung, wurde die Stimme der jungen Sängerin in dieser Zeit kaum gebraucht. An ein festes Engagement war sowieso nicht zu denken, da so gut wie alle Theater geschlossen waren. Noch kurz vor Kriegsende wurde sie ab Dezember 1944 in die Heidenauer Damenhutfabrik dienstverpflichtet. Kann sein, dass aus dieser Zeit ihre Vorliebe für Florentiner-Hüte herrührte, die sie dann später auf der Annaberger Bühne immer wieder gerne und mit viel Charme trug.

Endlich! Im Oktober 1945 wurde auf Befehl der sowjetischen Militäradministration das Theater in Heidenau wieder geöffnet und Lotte Buschan hielt ihren ersten richtigen Theatervertrag als Sängerin/Soubrette in den Händen. Von nun an begann ein rastloses, aufregendes und erfolgreiches Künstlerleben. Die einzelnen Stationen ihrer Laufbahn waren oftmals nicht länger als ein Jahr, aber gekennzeichnet von ungeheurer Intensität, voller Fleiß und unbezahlbaren Erfahrungen. Wahrscheinlich war es von jeher eines der Geheimnisse großer Darstellerpersönlichkeiten, dass sie sich in ihren jungen Jahren nicht an ein großes Haus und ein Ensemble für viele Jahre binden, um lediglich zuschauen zu dürfen, wie ihnen die angestammten Künstler ihre Partien wegsingen und -spielen. Viel eher war es möglich, sich an den kleinen Häusern in großen Rollen die Bühnenerfahrungen anzueignen, die später in künstlerische Meisterschaft münden.

So treffen wir Lotte Buschan bereits 1947 am Stadttheater Bautzen, 1948 am Gerhard-Hauptmann-Theater in Görlitz und von 1949 bis 1952 verweilte sie etwas länger am Theater der Altmark Stendal. Hier in Stendal konnte sie bereits ihre ersten großen Erfolge feiern. So schreibt der „Der neue Weg" am 23.5.1951 über die Premiere von „Hoffmanns Erzählungen": „Der unvergleichlich leuchtende Schimmer, der dem Sopran Lotte Buschans eigen ist, befähigte die Sängerin im besonderen Maße, die Vorzüge ihrer Stimme für die beiden Frauengestalten ‚Giulietta' und ‚Antonia' voll einzusetzen. Der Erfolg war außerordentlich und rief die Mitwirkenden, auch den Intendanten, ungezählte Male vor den Vorhang".

Lotte Buschan als Iduna in Paul Burkhards Musikalischer Komödie „Feuerwerk"...

... und als Wirtin im „Weißen Rößl" im Annaberger Theater

Jener Intendant, der da nicht zuletzt wegen der Buschan so häufig vor den Vorhang musste, bedankte sich bereits im Dezember 1950 bei der Sängerin für die großartige und menschlich wertvolle Zusammenarbeit. Üblich war es damals auch noch, dass der 1. Bürgermeister der Stadt sowie der Theaterdezernent Frau Buschan u.a. zur Premiere von „La Bohém" von Puccini „...in dankbarer Verbundenheit, mit den Wünschen für eine Reihe weiterer Erfolge" gratulierten. Nachdem sie noch eine großartige „Aida" in einem Opernabend anlässlich des 50. Todestages von Giuseppe Verdi gab und beim Publikum mit der Verkörperung der Cho-

Cho-San in „Madame Butterfly" von Puccini „...mit ihrem klangvollen Sopran und durch ihr natürliches Spiel einen tiefen, erschütternden und nachhaltigen Eindruck hinterließ", wie der Kritiker schrieb, verließ sie Stendal, um ab September 1953 für eine Spielzeit am Stadttheater Cottbus hauptsächlich als Operettensängerin zu wirken. Dass sie auch dieses Metier meisterlich beherrschte, wurde ihr am 25.2.1954 von den „Brandenburger Neuesten Nachrichten" bestätigt: „Die launische ‚Gräfin Mariza' gab Lotte Buschan mit stimmlicher Bravour und bemerkenswertem Temperament". Bis zum Jahre 1956 ist sie neben ihren Verpflichtungen am Cottbuser Theater in einer Vielzahl konzertanter Veranstaltungen in der dortigen Region zu erleben.

In Zwickau, wo sie in der Spielzeit 1956/57 in „Paganini" von Lehar „stimmlich überragend und charmant in Gestalt und Spiel die Rolle der Fürstin Maria Anna Elisa sang..." (Union, 18.11.57), hat sie der damalige Intendant des Annaberger Theaters, Walter Siebenschuh, erlebt und ihr für die darauffolgende Spielzeit einen Vertrag als Sängerin an seinem Theater angeboten. Mit dem Engagement in Annaberg begannen ihre vielleicht produktivsten und schönsten Jahre. Hier wird sie nach all den vielen Theater-Stationen ihre künstlerische und auch private Heimat finden. „Die Buschan singt!" – Diese Mitteilung über die Besetzung einer Partie in Opern- oder Operettenaufführungen mit Lotte Buschan ging von Mund zu Mund und war in jener Zeit so etwas wie ein Qualitätssiegel für das Theater und für die Gunst des Publikums gegenüber dieser Frau und ihren nachhaltigen künstlerischen Leistungen hier in Annaberg.

Und wieder war es die Fürstin in „Paganini", mit der sie im Sturm die Herzen der Annaberger Musiktheaterfreunde eroberte: „Sie besitzt neben vorteilhafter Bühnenerscheinung die Vorzüge eines gut geführten, leuchtenden Soprans und verfügt auch über Charme und das nötige Temperament" – meinte der Kritiker der „Union" am 26.10.57 über „den neuen, glänzenden Stern am Annaberger Operettenhimmel" (Sächs.Tageblatt, 28.10.57). Tatsächlich entwickelt sich Lotte Buschan, neben ihrer weiteren Liebe zur großen Oper, hier in Annaberg auch zu einer gefeierten Operettensängerin, die den von ihr gestalteten Partien eine besondere Qualität verlieh, wie sie sonst in diesem Fach nicht immer anzutreffen ist. So begegnen wir ihr nun als „Die keusche Susanne" oder als Wirtin „Im weißen Röß'l" auf den Greifensteinen, wo sie die komischen Seiten ihrer vielfältigen Gestaltungsmöglichkeiten voll ausspielte. Auch hier, wie in den vielen anderen Rollen, die sie in dieser Annaberger Zeit verkörperte „überzeugt Lotte Buschan durch charmantes Aussehen und sauberen Gesang...", wie der langjährige Musikkritiker, Chorleiter und Gesangslehrer, Werner Naumann, am 4.1.1958 in der Annaberger „Volksstimme" schreibt. Die Buschan war sich auch nicht zu fein, die Strapazen der vielen Abstecher quer durch das Erzgebirge und besonders hinauf zu den Greifensteinen mitzumachen. Und so konnte man sie eben auch in den so genannten „Wandelkonzerten im festlich illuminierten Waldschlößchenpark" in Buchholz, unter der

Stabführung des unvergessenen MD Erich Vietze, den Csárdas aus der „Fledermaus" singen hören. Zu ihren größten Erfolgen am Annaberger Theater gehören wohl aber u.a. die Gräfin in „Figaros Hochzeit", die Oberin des Klosters in „Mam'zelle Nitouche" und selbstverständlich die Frau Zirkusdirektorin Induna im überaus erfolgreichen „Feuerwerk" in der Spielzeit 1965/66. Bei den Kindern wird sie wahrscheinlich die größten Eindrücke mit ihrer komisch-skurrilen Darstellung der Hexe in Humperdincks Märchenoper „Hänsel und Gretel" hinterlassen haben. Die heute erwachsenen Kinder von damals werden sich noch daran erinnern können, wie brechend voll zu jener Zeit der Saal gerade bei diesem Weihnachtsmärchen immer war, obwohl es wegen Bauarbeiten am Theater interimsmäßig im Filmtheater „Glückauf" in der Ernst-Thälmann-Straße gegeben wurde. Werner Naumann (der Klavier- und Gesangslehrer des Autors) schrieb zur Premiere am 19.12.1962 in der „Freien Presse": „Ganz hervorragend in Maske, Kostüm und Spiel erschien Lotte Buschan. Sie stellte eine Knusperhexe auf zwei steckendürre Beine, wie man sie sich nicht köstlicher wünschen konnte. Auch gesanglich schöpfte sie ihre Partie völlig aus." Ebenso gestaltete sie die kleineren Rollen, die in den Jahren danach folgten, mit der ihr eigenen Qualität – und überall schaute noch die Große Dame von ehemals leidenschaftlich hervor.

Wer das Glück hatte, mit Lotte Buschan auf der Bühne zu stehen, wie mir dies kurzzeitig vergönnt war, oder wer sie in ihren großen und kleinen Partien bewundern durfte, wird bestätigen, welch großen Verlust das Annaberger Theater hinnehmen musste, als sie am 31.12.1976 ihren geliebten Annaberger Brettern – die auch ihr die ganze Welt bedeuteten – „Adieu" sagte und in den Ruhestand ging. Ab April 1992 verbrachte Frau Buschan ihren Lebensabend dann gut umsorgt – sowohl vom dortigen Personal als auch von der Familie Arnold aus Geyer – im Altenpflegeheim an der Waldschlößchenstraße. Dort bekam sie sicherlich noch einen kleinen Teil der „Streicheleinheiten" zurück, die sie uns jahrzehntelang von der Bühne herab mit ihrer wundervollen Stimme gab, bevor die große Sängerin im Januar 1994 für immer ihre Augen schloss.

Sprachblätter

Porträt des Künstlers, Wissenschaftlers und Kommunisten Carlfriedrich Claus (1930–1998) aus Annaberg

Als er damals noch durch die Straßen seiner Heimatstadt Annaberg ging, wird er von dem einen aufmerksam und überschwenglich gegrüßt, andere wieder nicken ihm unsicher zu, und manche tuscheln grußlos hinter ihm her. So war es schon immer hier in dieser kleinen erzgebirgischen Stadt, in der einer ihrer bekanntesten Künstler beheimatet war. Nur die Spötter, die es früher zuweilen häufiger gab, sind etwas weniger und kleinlauter geworden, dafür haben aber jene, die sich mit der Kunst und den Künstlern zu gern schmücken, – auch dann, wenn sie deren Werk nicht begreifen, – Zuwachs erhalten. Claus, der fast jeden Menschen erst einmal duzte, stellte keine Kunst her, mit der man sich oder die Wohnung verzieren könnte.

Es ist nichts zum belanglosen Schauen oder genussvollem Entspannen – es ist vielmehr eine anstrengende Begegnung mit überaus Ungewöhnlichem, Faszinierendem, Geheimnisvollem, Undurchschaubarem, Transparentem, bei dem sich der Genuss über das Denken oftmals erst nach Stunden, Tagen oder auch Jahren einstellt. In den 60er und 70er Jahren des vorigen Jahrhunderts war der bekennende Kommunist Claus den Kommunalfunktionären ein zumindest Unbehaglicher, mit dem man aufgrund der eigenen kulturellen Begrenztheit nicht recht umzugehen vermochte, ihn ablehnte, verschwieg oder gar diffamierte. Und dies alles mit einem Künstler, der sich offen in seinem Werk zu den fortschrittlichen Menschheitsidealen nachdrücklich und aktuell bekennt, wie sie seit der Antike, in der Ethik der Religionen, dem Renaissance-Humanismus bis hin zu den großen Soziallehren neuerer Zeit immer wieder gelehrt und zuweilen auch gelebt worden sind. Nun sind einfache Gemüter meist vordergründige „Formenmenschen". Die Form ist es, die den Oberflächler, auch unter den so genannten Gescheiten, zunächst anzieht, anspricht, erregt, verleitet, ablehnt, abstößt oder wenigstens kopfschütteln lässt. Die spezifische Formsprache wird es auch bei Carlfriedrich Claus sein, die zunächst einen gewissen Abstand zu seinem Werk produziert und zugleich in diesem Verharren die nähere Beschäftigung mit ihm provoziert. Da aber die Form auch immer aktiv auf den Inhalt verweist, wenn sie nicht in Formalismus abtrifft, so ist der Annäherungsprozess an die Kunst des Carlfriedrich Claus kaum von dem gegenüber anderen Kunstwerken und Künstlern unterschieden. Nur die Erkenntnis-Überraschung wird eine größere sein, wenn man sich nach bewusster Schlüssel-Suche hineinziehen lässt in den tiefgründigen Inhalt seiner Werke. Claus vermittelt dann in hoch sensibler Weise, mit nicht geringem, intellektuellem Anspruch versehen, Botschaften und Informationen, gibt Denkanstöße und setzt Hoffnungszeichen zu dem und über das „was die Welt im Innersten zusammenhält". Er gemahnt die Menschen daran, mit dieser „Leihgabe Erde" sinnvoll, also auch sinnlich umzugehen. Und während Claus dies so denkt, schreibt er es zeichnend nieder, ohne dass seine derart sprechenden Blätter für das Leben des Beschauers Rezepte formulieren wollen. Enttäuscht wird der nicht sein, der wirklich große Kunst auch immer nur als Anregung und Vermittlung für individuelle Lebensmodelle begreift und sie als Möglichkeit zur Selbsterkenntnis, auch als eine Vorstufe zur Welterkenntnis, versteht. Eben dies leistet das Werk von Claus in unaufdringlicher Weise auch, und es hebt sich damit vom derzeit oftmals grellen Kunstmarkt wohltuend ab.

Sprachblätter werden seine grafischen Werke von der Kunstwissenschaft genannt. Und Sprache – auch in schriftlicher Form – ist für Claus tatsächlich der konzentrierteste Ausdruck seines Denkens. Gepaart und verwoben mit den ihm eigenen grafischen Zeichen, oftmals auf beiden Seiten des uralten Materials Papier angesiedelt, entstehen Konzentrationsflächen von höchster Spannkraft, philosophischem Tiefgang, ästhetischem Wohllaut, sprachlicher Brillanz sowie zeichnerischer Feinnervigkeit bei einer allgegenwärtigen, unglaublichen Transparenz. Wer sich mit den literarisch-künstlerischen Äußerungen, seinen wissenschaftlichen Texten näher befasst, der wird überrascht sein vom exzellenten Sprachwissenschaftler, Philosophen, Psychologen und kenntnisreichen Historiker, dessen hoher Bildungsgrad es ihm erlaubt, uns einen differenzierten Einblick in die Strukturen der Welt und die Sichtweisen, Gefühle und Träume vieler ihrer Bewohner zu vermitteln. Seine theoretischen Schriften aus den Jahren 1952 bis 1989 sind in diesem Zusammenhang äußerst aufschlussreich. Eine Reihe seiner Texte haben im zweiten Teil des Kataloges zu seiner Chemnitzer Ausstellung 1990 Platz gefunden. Eine Ausstellung im Übrigen, die damals nicht nur von der Kunstwissenschaft als ein Ereignis von Rang bezeichnet worden ist.

Die „innere Art" für seine spätere Entwicklung wird, wie bei so vielen Künstlern, auch bei Carlfriedrich bereits im Elternhaus, im Kindesalter installiert worden sein. Ein Elternhaus, in dem eine wohltuende ästhetische Atmosphäre gepflegt wurde, wo eine aufgeklärte Weltsicht und die damit einhergehende Toleranz gegenüber Andersdenkenden und -lebenden sowie sozial Schwächeren herrschte.

Carlfriedrich Claus befasste sich auch mit der künstlerischen Fotografie: Hier ein Foto vom Schulanfang des Autors im Jahre 1953, an dem die Familie Claus teilnahm und Carlfriedrich fotografierte

Geboren wurde Carlfriedrich Claus am 4. August 1930 in Annaberg im Erzgebirge, gegenüber der alten Rechenschule, in der Adam Ries viele Jahre lebte und lehrte. In Annaberg erlebte er aber auch die frühkindliche Isolation in einer deutschen Kleinstadt der Nazizeit wo ihn „Unsicherheit und Angst zur Schule begleiteten, weil seine Eltern nicht mit dem herrschenden Regime übereinstimmten und alles auf die persönliche Erziehung des einzigen Kindes konzentrierten", wie der Schriftsteller und Vertraute des Künstlers, Gerhard Wolf, in seinem „Dialog mit Dichtern" über Claus bemerkt.

Eigene Erinnerungen des Autors an frühe Begegnungen mit Carlfriedrich Claus wissen um dessen ungewöhnliche Kindheit, die voller geistiger Spannungen und unkonventioneller Ventile war. Sein alter Plattenspieler, das Tonband, die Schreibmaschine – alles steht noch scheinbar am selben Platz wie vor Jahrzehnten, als er mir Musik und Gesänge fremder Völker vorspielte, sie wissend kommentierte und versuchte, sie auf Papier zu transkripieren.

Bis zu seinem Ende wohnte der Künstler noch in der elterlichen Wohnung, in der Johannisgasse/Hintereingang zum Filmtheater „Gloria-Palast" mit Büchern und „Urväter Hausrat vollgepfropft" bis unter die Decke, an der noch immer jener faszinierende Kronleuchter aus alten Tagen hing und von den Clausens, den „feinen Leiten" – wie man das Kunsthändler-

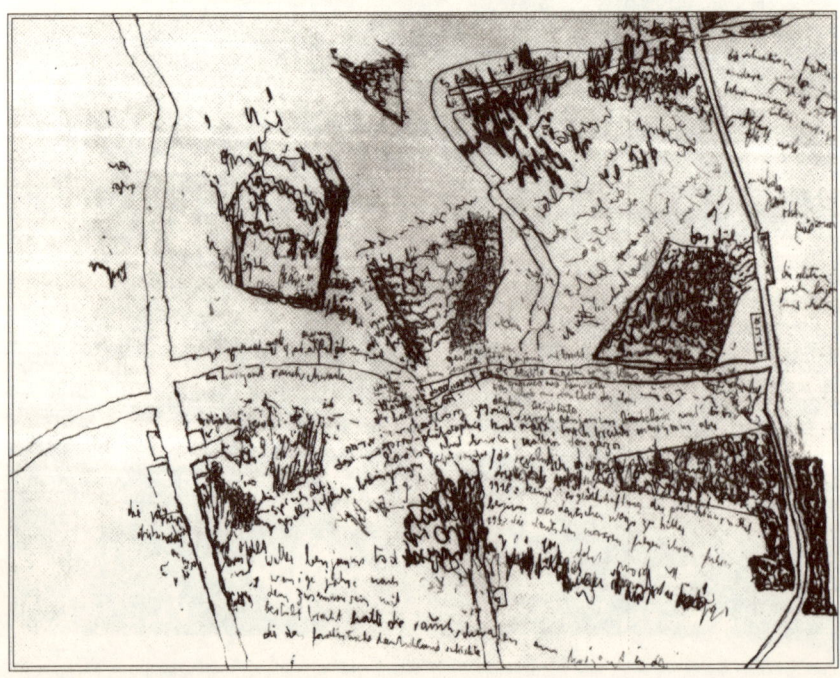

Eines der Sprachblätter von Carlfriedrich Claus

ehepaar von der Buchholzer Straße in Annaberg nicht immer neidlos nannte – nachdenklich kündete. Leider hat man bei der Einrichtung der Gedenkstätte für den Künstler die gesamte schöpferische Atmosphäre von einst gründlich zerstört. Ein Tisch, ein Türrahmen und eine Kochmaschine sollen offensichtlich ein paar Zeichen in die Vergangenheit setzen, die aber keine Erinnerung an Carlfriedrich Claus mehr aufkommen lassen, so wie ich ihn kannte. „Für konzentrierte Arbeit und hinsichtlich meines labilen Gesundheitszustandes ist dieser abgelegene Wohnort ausgezeichnet", bekennt Claus gegenüber Wolf.

Die Vorbehalte und das Misstrauen seitens der Annaberger wegen seiner asketischen und „asozialen" Lebensweise kennt er längst und lebt damit: „Wie ich allgemein eingeschätzt werde: als armseliger, arbeitsscheuer Kaufmannsgehilfe... kein Geld, keine Frau, kein Diplom, nicht mal ein Bauch." Dafür aber reich an Wissen, welches sich unter anderem in konzentrierter Form in seinem „Geschichtsphilosophischen Kombinat" wiederfindet. Dieses zwischen 1959 bis 1964 enworfene theoretische Werk entsteht nach seinen eigenen Aussagen als „versuchte dialektische Vermittlung von: Sinneswahrnehmung – Denken – Gedankenstoff – Affekten – Sprechklängen – Schreibbewegungen – Schrift und Beschreibstoff". Eine derartige Universalität des Denkvermögens sowie dessen Übertragungsversuche in künstlerische Zeichen und Gebilde mit Hilfe der Sprache, der Schrift, der Linien und Farben – des Dialogs mit einem aufgeschlossenen Partner – ist nahezu einmalig in der heutigen Zeit und verführt zum Vergleich mit Künstlern aus der Renaissance-Ära. Ist Claus also ein zu spät geborener Renaissance-Mensch oder ein zu früh gekommener Utopist, der mit seiner Kunst auch Hoffnungszeichen setzen will für das natürliche und soziale Überleben auf unserem arg strapazierten Planeten? Beides wird er womöglich sein, denn das gesamte Werk des Carlfriedrich Claus verweist darauf. Neben den Sprachen Afrikas, mit denen er sich in früheren Jahren befasste und die er mir als Junge auf einem alten Tonband vorspielte, sind Studien des Hebräischen sowie Beschäftigungen mit der tibetanischen Malerei – in der sich bildliche und kalligraphische Elemente treffen – später verstärkt hinzugekommen, deren Anzeichen allerdings schon in seinen 1964 erschienenen „Notizen zwischen der experimentellen Arbeit" sichtbar werden.

Ab und an kam der Künstler aus seiner Annaberger „Clausur", um sich der Welt zu öffnen und auch durchaus verbindliche, heitere und verblüffend unkomplizierte Begegnungen mit Menschen zu haben. Wir sehen ihn auf Fotos in Karl-Marx-Städter Runden von Leuten (ab 1995 wohnte er dann in Chemnitz), die kritisch zur Politik in der DDR standen und dazu Rotwein tranken. Auch in Annaberg hatte er Kontakt zu solchen Künstlern, denen eine wirkliche Demokratisierung des Lebens am Herzen lag. Diese Gruppen profitierten von ihm mehr als das umgekehrt der Fall war. Zum Teil wurde er aber auch gemieden, da er sich in zahlreichen Diskussionen immer wieder zu seinen marxistischen Positionen – auch im Werk selbst – offen bekannte.

Aber auch seine intime Lebensweise stieß nicht selten auf Ablehnung und kleinstädtisches Unverständnis. In einem Interview gegenüber der „Freien Presse" gibt Claus dazu Auskunft: „Für mich war immer ein sehr wichtiges Problem mein Verhältnis zur Sexualität. Ich lebe allein. Im Allgemeinen müsste man annehmen, dass ich entweder Onanist oder Mönch der katholischen Kirche bin. Eine andere Möglichkeit wird eigentlich nicht gesehen. Von entscheidender Bedeutung waren in dieser Hinsicht Paracelsus, Lenin, Ho Chi Minh und Mao Tse-tung für mich. Mir geht es nicht um Verdrängung des Sexuellen, sondern um Verwandlung. Eben das ist der Inhalt der drei zentralen Sprachblätter Aurora, die sich mit diesen von mir gesehenen Problemen auseinandersetzen. Durch Verwandlung des Sexuellen werden unerkannte Energiebereiche des Körpers aktiviert."

Schaut man auf seine Ausstellungs-Chronologie, so finden sich darunter weltberühmte Namen von Museen in New York, Rom, Tokio, Amsterdam, Philadelphia, Leningrad, Sao Paulo, Oxford sowie deutsche Museen in reicher Zahl, – immer wieder mal Karl-Marx-Stadt/Chemnitz und vielleicht zwei- oder gar dreimal in all den Jahren auch sein Heimatstädtchen Annaberg. Der Prophet, der vermutlich auch hierzulande nicht das gilt, wonach sich die internationale Kunstwelt geradezu zerreißt, um ihn ausstellen zu können, dieser bescheidene und zurückgezogen lebende Künstler hat ein Werk von kolossal quantitativen, aber noch mehr geistigem Ausmaß hinterlassen, das es für viele erst noch zu entdecken gilt. Bekanntlich lebte Claus in einer Partnerschaft mit dem Grafiker und Dichter Klaus Sobolewski, der im Jahre 2006 den Freitod wählte.

Am 15. April 1994 erhielt er die Ehrenbürgerschaft seiner Heimatstadt und das Bundesverdienstkreuz. Damit begann die Entdeckung des bisher kaum beachteten Künstlers, die sich nach seinem Tod am 22. Mai 1998 in Chemnitz fortsetzte: Zum 75. Geburtstag im Jahre 2005 wurde die Wohnung, in der er über Jahrzehnte lebte und arbeitete, vom Förderverein „Carlfriedrich Claus " Lebens- und Arbeitsort in Annaberg-Buchholz e.V". und mit finanzieller Unterstützung der Stadt Annaberg (37.000 Euro) zu einer nüchternen Begegnungs- und Ausstellungsstätte umgebaut.

Im Annaberger Kunstkeller wurde ebenfalls ein Studienraum eingerichtet. Beide Räumlichkeiten werden nur von wenigen Interessierten – meist keine Einheimischen – aufgesucht. Dabei hätte Carlfriedrich Claus gerade jetzt den Annabergern mit seiner Kunst so viel zu sagen ...

Eine Verwurzelte

Martha Weber (1904–1998) und ihre Gedichte

Tiefe, schöne Furchen ziehen sich durch das bebrillte Antlitz der greisen Weber Martha aus Schönfeld-Wiesa. So jedenfalls tritt sie uns auf dem Titel-Foto des Buches „Aus dem Lebensbuch – Gedichte und Briefzeilen" lesend gegenüber. Es ist das Verdienst von Wolfgang Behring, welche die fast 15-jährige Stille um Martha Weber behutsam zu durchbrechen vermochte. Wer allerdings die dort aufzufindenden poetischen Äußerungen lediglich als naturhafte Reflexionen oder pastorale Miniaturen begreift, der hat die empfindsame und zuweilen auch hintergründige Dichterin nur zur Hälfte verstanden.

Idyllisches wird bei ihr niemals zur weltfernen Idylle. Ihre vielfachen Verwurzelungen bei uns hier oben sind die Quellen für ihre durchaus auch poesievollen Liebeserklärungen an die erzgebirgische Heimat aus ihrem nunmehr flachländischen Aufenthaltsort.

Wer die etwas zusammenhangslos beigefügten Briefzeilen – leider immer ohne Jahres- und Quellenangaben – aufmerksam liest, wird bald spüren, dass diese Frau selbst ein markantes „Lebensbuch" ist, ein weiblicher Dicknischl, in dem sich die Geschichte unseres Jahrhunderts in sehr individueller Weise spiegelt. Bedauerlich, dass über's Leben der Weber im Buch kaum informiert wird. Wie sollen jüngere Leser, und auch spätere, jemals erfahren, warum es zu Brüchen, Schweigen, Verschweigen, Enttäuschungen, Ignoranz u. a. im Dichterleben des Mitgliedes des Schriftstellerverbandes der Deutschen Demokratischen Republik kommen konnte?

Die lyrisierend-elegischen Andeutungen von Winfried Neubert zu Beginn des wertvollen Büchleins sind da wenig hilfreich. Deshalb soll hier kurz nachgetragen werden: Martha Weber wurde am 13. April 1904 in Wiesa geboren und starb am 03.09.1998 in Lützschena, wie der Ort dann hieß, in dem sie 70 Jahre lebte und auch unter dem Pseudonym Martha Liebscher schrieb. Sie kam aus einfachen dörflichen Verhältnissen und gelangte erst mit über fünfzig Jahren an das Literaturinstitut „Johannes R. Becher" in Leipzig, wo Louis Fürnberg auf sie aufmerksam wurde und erste Lyrikbände von ihr ermöglichte. Seinen besonderen Wert erhält die wichtige Publikation durch die künstlerisch ausgezeichneten Fotos von Wolfgang Koch. Erstaunlich, wieviel „Farbe" er mit seinen überaus sensiblen, in der Heimat verwurzelten schwarz-weiß Bildern in den Band einbringt. Im Zusammenwirken mit Martha Webers Texten haben wir es schließlich mit einem „Lebens-Hilfe-Buch" (Verlag Erzgebirgs-Rundschau) von besonderem kulturellen Wert in unserer oftmals doch recht kulturlosen Zeit zu tun. Ein Büchlein, das Ruhe und Kraft gleichermaßen spenden kann, wie aus ihm auch langlebige ästhetische Genüsse zu beziehen sind, die man sich keineswegs entgehen lassen sollte.

Weihnachtsspruch
Ob es Schnee gibt oder nicht,
immer kommt das Himmelskind
durch den feuchten, kalten Wind,
mit der lieben Weihnacht Licht.

Winters Zeit
Winters Zeit, du weißer Traum!
Sternbeschneit Flur, Haus und Baum!
Glockenschall die Nacht durchdringt,
der das Lied vom Kinde singt.

Martha Weber in ihrer Wohnung in Lützschena bei Leipzig im November 1983

Als kurzer Einblick in das Schaffen von Martha Weber soll hier ihr „Bekenntnis" (1956) folgen, das sie quasi als Entschuldigung an die Erzgebirgsheimat schrieb, als sie diese gen Leipzig verließ:

Bi freiwillig gegange,
mei Hamit, aus dir,
de du bist doch ewig
tief drinne in mir.

Un ah in der Fremde
Is 's hämlich un gut,
de viele sei Freind mir,
dos macht noch mehr Mut.

Nu ka iech 's bekenne:
Blieb jeds derhäm klaabn,
dos wär e wos Falsches,
Verännring muß 's gaabn.

Nu hob ich mei Dörfl
vertauscht mit dr Stadt
un laaf über Stroßen,
wie Schuhlaader glatt.

Un fühl mich gelücklich
bei weltfremde Leit
n häng an dr Haamit
grod, weil se is weit.

Denk fruh an de Liebn,
an Barg, Fluß un 's Tol
un wäß nu, mei Haamit,
die is überol!

„Harmonie" und „Dumme Sau"

Über paar Buchholzer „Dicknischl" von damals und heute, ihre einst schöne Stadt und ihre „Hymnen"

Buchholz i. Sa.

Noch immer fristet Buchholz sein Dasein als Stief-Schwestern-Stadt im schattenreichen Weichbild Annabergs. Durch jene zwanghafte Lebensgemeinschaft, die sich späterhin in der Bindestrichstadt Annaberg-Buchholz noch stärker ausprägen wird, ist die einst schöne Terrassenstadt offenbar behindert, an die kulturellen Leistungen und künstlerischen Äußerungen anzuknüpfen, wie sie dort vor über 150 Jahren existierten. Damit sollen diesbezügliche Aktivitäten der jüngeren Vergangenheit keineswegs geschmälert oder gar negiert werden. Einem Vergleich mit denen aus dem 19. Jahrhundert halten sie jedoch in keiner Weise stand.

Das geistige Leben jener Jahre, und damit die wesentlichsten kulturellen Äußerungen der Buchholzer Bürger, vollzog sich hauptsächlich über Vereine, die sich mit den Künsten, dem Sport, der Wissenschaft sowie der Geschichte befassten.

Die Buchholzer – insbesondere ihr männlicher Teil – müssen ein überaus sangesfreudiges Völkchen gewesen sein, denn in alten Schriften jener Zeit wird den zahlreichen Gesangsvereinen ein markanter Platz eingeräumt. Diese weitverbreitete Sangeslust erreichte ihren Höhepunkt im Jahre 1850 als „...auf dem schönen Buchholzer Marktplatze, vor der Kulisse der schönen alten Häuser und angesichts des Stadtgründers Friedrich des Weisen..." ein großes Sängerfest stattfand, welches den damals bekannten Lithographen C. A. Müller aus Freiberg zu jener künstlerischen Wiedergabe anregte, wie wir sie heute noch im Erzgebirgs-Museum in Annaberg betrachten können. Ein anderes Erinnerungsblatt vom 4. Obererzgebirgischen Männergesangsfest in Buchholz, das in seinem Kopf-Medaillon den misshandelten Orpheus zeigt, ist damals kurzerhand von der Zensur verboten worden.

Zu den älteren Vereinen ist sicherlich die „Liedertafel" zu rechnen. Jener Männerchor, der am 17. April 1837 gegründet wurde ist u.a. von Kurt Mitte und Richard Wagner (nicht mit dem Opernkomponisten zu verwechseln) aus Buchholz geleitet worden. Nur wenige Jahre später (1839) formierte sich der „Liederkranz" und im Jahre 1847 der Kirchengesangsverein „Euterpe". Weitere sangesfreudige Buchholzer Männer vereinigten sich dann 1864 in der „Harmonie". Auch über zwei Militärgesangsvereine verfügte die Stadt. So gab es den von 1871, der sich „Militär-Gesangsverein I" nannte und jenen, der 1883 als „Kameradschaft" gegründet wurde. Ob die beiden Musikkapellen, die in Buchholz ansässig waren, auch gemeinsam mit den Chören musizierten, geht nur im Bezug auf die Sängerfeste aus der Literatur hervor. Sowohl die „Stadtkapelle" unter der Leitung von Ernst Schluttig, als auch das „Steinigerische Musikcorps" hatten ihren künstlerischen Höhepunkt bei der Umrahmung der Feierlichkeiten zum 400-jährigen Stadtjubiläum. Nicht unerwähnt darf der immer wieder mit Stolz angekündigte Zitherclub bleiben, der sich in der Erzgebirgsstadt den Namen „Alpenrose" gab, und der ab 1887 die Umgebung bespielte.

Einen besonderen Stellenwert im kulturellen Leben von Buchholz nahm die 1945 gegründete Konzert- und Ballgesellschaft „ODEON" ein. Diese gemeinnützige Konzertagentur, die um 1900 über 200 Mitglieder zählte, verpflichtete zahlreiche in- und ausländische Künstler für Konzerte nach Buchholz und organisierte überaus gefragte Bälle für ihre Mitglieder und deren Gäste.

Da Buchholz über kein eigenes Theater verfügte, traten wandernde Schauspieltruppen und fahrende Musikanten u.a. in den Sälen der Hotels „Deutscher Kaiser" und „Deutsches Haus" auf. Wer sich allerdings exquisiteren Kunstgenüssen hingeben wollte, der besuchte ab 1897 das Annaberger Theater und konnte dort vielleicht sogar den großen Eduard von Winterstein in der Titelrolle von Goethes „Egmont" erleben.

Zum kulturvollen Buchholz der damaligen Zeit gehörten auch zwei Turnvereine. Der Verein „Frisch und Frei" mit seinen etwa 400 Mitgliedern und der größere „Männerturnverein" mit über 500 aktiven Sportlern. Ab 1892 waren dann auch in diesem Verein Damen zugelassen, während der kleinere zunächst ein reiner Männerverein blieb und erst 1895 Damen zuließ. Eigens zur Aufnahme der holden Weiblichkeit wurde eine „Damenabteilung" mit 84 Turnerinnen gebildet und sogar eine „Jungfrauenabteilung" geschaffen, die es – damals – immerhin auf 96 Buchholzer Jungfrauen brachte.

Viele kulturelle Aktivitäten und laienkünstlerische Impulse gingen auch von der „Alten Schule", der Fröbel-Schule (1837) aus. Besonders die Lehrerschaft war es, die ihr Wissen in die pädagogische und wissenschaftliche Vereinsarbeit einbrachte und so das geistige Klima in der Stadt wesentlich mit gestalten half. Erwähnung verdient hier u.a. der pädagogische Verein „Freie Vereinigung" (1892) und die Gesellschaft „Lautane", die bereits 1842 mit dem Ziel gebildet wurde, die Verbreitung und Durchsetzung einer allgemeinen Volksbildung zu organisieren. Ähnlichem Anliegen diente auch der „Kaufmännische Verein", dessen wissenschaftliche Vorträge sowie seine Vielzahl und Qualität, eine beachtliche Konkurrenz zu ähnlichen Bestrebungen in Annaberg darstellte. Auch der 1894 gegründete „Geschichtsverein" hat im Zusammenwirken mit der wissenschaftlichen Bibliothek in der Bürgerschule, der Volksbibliothek im Rathaus und der später eingerichteten Stadtbibliothek zur Anhebung des allgemeinen kulturellen Niveaus der Bürger von Buchholz beigetragen.

Begleitet und unterstützt wurde diese günstige Atmosphäre von dem am 8.9.1854 erstmals erschienen Amtsblatt „Obererzgebirgische Zeitung" mit einem speziellen „Generalanzeiger für Buchholz". Viel gelesen wurde auch in Buchholz das „Annaberger Wochenblatt", das sich regelmäßig auch Buchholzer Themen annahm. Eine Umfrage aus jener Zeit kommt zu dem Ergebnis, dass in Buchholz 60 Zeitschriften politischen und etwa 150 Zeitungen allgemeinen Inhalts gelesen wurden. Eine Zahl, die im Vergleich mit anderen Städten des erzgebirgischen Raumes relativ hoch ausfällt.

Nicht näher eingegangen werden kann hier auf die Kultur des ausgeprägten Hotel- und Gaststättenwesens, des Handels, den zunehmenden Fremdenverkehr und der ihn begleitende Service für die Stadt und ihre Besucher. Ebenso müssen die kräftigen Impulse, die von den Kirchen und Religionsgemeinschaften, dem Handwerk und durch die zunehmende Industrialisierung in die Stadt kamen, in dieser Darstellung zunächst vernachlässigt werden. Die soziale Differenzierung in Buchholz des 19. Jahrhunderts brachte auch Formen der politischen Kultur hervor, die sich im stärker werdenden Interesse am politischen Geschehen der Stadt und des Landes bzw. im individuellen politischen Verhalten ausdrückte. Rückblickend wird dazu 1901 festgestellt: „Die Mehrzahl der Bürger gehören dem Nationalliberalismus an, ein Teil dem Konservatismus zu. Die Arbeiterschaft hat sozialdemokratisch gewählt."

Kartengruß aus Buchholz um 1920

Diese kurze Rückschau sollte nicht nur der Konservierung von Gewesenem dienen, sondern auch als Anregung für die Einwohner von Buchholz verstanden werden sowie den heutigen Verantwortungsträgern Mut machen, über Verschüttetes, Untergegangenes, Vergessenes, Unterdrücktes oder auch nur Schlummerndes nachzudenken und vielleicht an einer Wiedererweckung der einen oder anderen kulturellen Aktivität mitzuwirken. So lange aber Buchholz im Schatten von Annaberg agieren muss, wird es immer als Stiefkind behandelt werden. Aber vielleicht kommt ja einstmals der Tag, an dem unser dann unabhängiges altes Buchholz noch einmal in jener inneren und äußeren Schönheit erstrahlt, von der es in der Festschrift zum 400-jährigen Gründungsjubiläum heißt: *„Du bist schön, bestrahlt von der Sonne am Morgen, am Abend bestrahlt von dem Glanz des Mondes zur Nacht. Du bist schön, wenn am Abend in tausend Lichtern du leuchtest, dreifach schön am Abend der Weihnacht..., denn Du bist ein Stück Poesie, das zur Wahrheit geworden. Daher ist es begreiflich, daß wir, die Deinen, Dich lieben, daß der Wanderer, der Dich erschaut, erstaunt rastet, daß jährlich immer mehr kommen, sich Deiner freuen, bei Dir einige Wochen zu weilen...!"*

Und im „Glück auf"-Heftchen vom Juli 1898 schwärmt der Verfasser geradezu davon, *„... daß die Stadt Buchholz im Erzgebirge vor allen anderen landschaftlichen Beziehungen große Vorzüge hat, ist allgemein bekannt, und durch ihre Terrassenklage vom Sehmatale die Anhöhen hinan, sowie durch ihre enge Umrahmung mit Gärten und Laubwäldchen, endlich durch ihre äußere Umgrenzung der Waldschlösschenumgebung und des Stadtwaldes im einzelnen bewiesen."* Sowohl in dieser Beschreibung als auch in nachfolgenden Reiseführern, Kalendern oder Erzgebirgsheften stehen immer wieder die gärtnerischen Anlagen des Waldschlösschenparkes, sein freundliches Villenhaus, sein Denkmal, der Weiher und die Teichschänke im Mittelpunkt der Betrachtungen und Besuchsempfehlungen.

Auch die Buchholzer Teichschänke grüßt um 1920 mit eigenen Ansichtskarten

Wie sehr die Sauberkeit der Stadt und ihres Umfeldes für den Tourismus ausschlaggebend ist, wurde schon damals bemerkt. Mit besonderer Bewunderung ist der Fleiß der Buchholzer registriert worden, wie dies z.B. bei den Aufräumungsarbeiten nach dem „gewaltigen Märzorkane" im Jahre 1897 im Stadtwald der Fall war. Dabei hat sich offenbar der „Buchholzer Verschönerungsverein" – ein Zweig des hiesigen Erzgebirgsvereines – besonders hinsichtlich des Anlegens von 16 km Wegen sowie der Schaffung „prächtiger Aussichtspunkte im Stadtwäldchen" hervorgetan. Im Wanderbuch des Obererzgebirges von 1922 wird Buchholz immerhin noch auf zwei Seiten recht ausführlich beschrieben. Ein „Kenner im Sächsischen Heimatschutz" wird dort mit folgenden Worten zitiert: *„Das Städtebild in seinem vorderen Teil vom Waldschlösschen bis zur Kirche gehört augenblicklich zu den schönsten unseres Heimatlandes, der anmutige Wechsel von großen und kleinen Einzelbauten und die Einheitlichkeit der Baugruppen und Bedachungsart verleihen dem Bilde einen außerordentlichen Reiz."* Auch durch die aus ökonomischen und verwaltungstechnischen Zwängen veranlasste „Lebensgemeinschaft" mit dem erdrückenden Annaberg hat dieses St. Katharienberg im Buchenholze von seinem alten Glanze noch nicht alles eingebüßt. Freilich bezieht sich diese Aussage zuerst auf die noch vorhandene und teilweise zweckentfremdet genutzte Architektur, aber insbesondere auf die Einmaligkeit seiner städtischen Gestalt. Dabei wird der – nicht selten selbstverschuldete – kulturelle Verfall auf vielen Gebieten, wie er auch hier seine Spuren in den zurückliegenden Jahrzehnten hinterlassen hat, nicht ignoriert werden können. In der einschlägigen Literatur nach 1945 findet man dann auch mit verblüffender Konsequenz nur noch äußerst spärliche Auskünfte über die ehemals hochgelobte und geschichtsträchtige Stadt, die noch immer über fast alle öffentlichen Bauten verfügt, die ein Gemeinwesen benötigt, um zum Wohle seiner dort lebenden Bürger zu funktionieren.

Das „Brockhaus Reisehandbuch für das Erzgebirge und Vogtland" (1976) erwähnt Buchholz mit ganzen sechs Zeilen, und im so genannten „Historischen Führer" der Bezirke Leipzig/Karl-Marx-Stadt (1980) endet die gesamte Geschichte von Buchholz bereits nach 49 Jahren, denn „...B. blieb nach dem Niedergang des Silberbergbaues um 1550 wirtschaftlich hinter Annaberg zurück."

Kein Wunder also, wenn über unser Buchholz außerhalb des Erzgebirges kaum etwas gewusst wird. Um so mehr scheint es an der Zeit zu sein, dass sich die Buchholzer Dicknischl selbstbewusst und weniger fremdbestimmt mit der wechselvollen Geschichte, ihren kulturellen Traditionen, und ihren „vermarktungsfähigen" Eigenheiten befassen, um auch darüber zu einer noch stärkeren Identifikation mit diesen Werten zu kommen und dem Fremden ihre Stadt als besuchens- und l(i)ebenswert zu empfehlen. Außerdem haben sich die hiesigen Dicknischl schon vor Jahren so was wie eine eigenen „Nationalhymne" gegeben, das „Buchholzer Nationallied": Es ist nicht bekannt, wer den strophenreichen (vergleichbar mit dem „Heiligohmd-Lied") Bänkelgesang verfasst hat. Vermutungen gehen in Richtung Felix Kube (1909–1985), der auch die Buchholzer Originale gezeichnet hat. Das „Buchholzer Nationallied" darf nicht mit dem „Buchholzer Hymnus" verwechselt werden, der bekanntlich vom Buchholzer Kantor Richard Wagner (so hieß der Mann wirklich) stammt und der ihn nach einen Text von Paul Schulze in klassischer Form komponiert hat. Das „Buchholzer Nationallied" wird nach der Melodie von „Jetzt kommt das Militär, mit Säbel und Gewehr..." gesungen. Die im Text vorkommenden Originale sollen tatsächlich alle gelebt haben. Bei den mit * bezeichneten könnte es sich z.B. um folgende Buchholzer Dicknischl, Sperr- und Gutguschn und Saufköppe handeln: Um den Polizeier Richter („Richter Pui oder Poi"), dem Vorsitzenden des Buchholzer Schützenvereins Kaden („Kaden Schütz"), den Fritz Hübner (der gerne Enten fütterte – „Antel Fritz"), das trinkfeste Original Otto Fröhner. „Dr Aff" soll ein etwas verhutzelter Kohlenträger gewesen sein, den man wegen seiner Nachäfferei von anderen Originalen so nannte. Die anderen Figuren konnten noch nicht identifiziert werden.

Die Vermutung, dass einige Texte – es soll noch weitere geben – auch von Arthur Schramm stammen könnten, hat sich nicht bestätigt. Vielmehr soll unser „Klaanes Getu" in einem der Verse vorkommen und im „Annaberger Nationallied" eine ganze Strophe erhalten haben.

Buchholzer Nationallied

In Buchholz da is es schie,
do ka mer Booden gieh.
Denn gleich nabn Stangewald,
do is de Boodanstalt.
Un war net schwimme kah,
hält an der Stang sich ah.
Un drübn im weißen Sand
Sitzt allerhand:
De Wätätä! (Dieser Buchholzer Schlachtruf
ist immer vor dem Refrain auszustoßen!)

Refrain:
Dr Astel Paul, dr Augustin,
de Kokusnuß, dr Zacherlin,
dr Wicht, dr Pui*, dr Kaden Schütz*,
de Baumel un dr Andelfritz*,
dr Hübner Thet, de Schmidel Pfeif,
dr Wolf Max un dr Schneider Helm,
de Schleich, dr Aff, dr Fröhner Otto –
die warn a mit do!

Vor mehrern Gahrn konnt mer hie
Ins Waldtheater gieh.
Do fraat sich Gruß un Klaa,
ne Tell sich ahzesah.
Dos war ä schienes Stück,
doch hatten se kä Glück,
denn als Statisten konnten se dort sah:

Hot mer's Theater satt,
giehts in de öbre Stadt.
Mer fährt dann mit dr Bahn
vom Bayrschen Bahnhuf an.
Nu giehts de Kühwad hie,
dr Zug blebt plötzlich stieh.
Beim Engert Gustav nei,
do rammelt glei:

Un nu zu guter letzt
giehts off 'n Kirchhof jetzt,
do muß ne Hochzich sei,
Sperrguschn stelln sich ei.
Es fängt zu Lauten ah,
un an denn Brautzug dann,
do schließt sich an:

In Annaberg zur Kath,
do giehts vu früh bis spat,
do zieht sich alles hie,
es wird gesumpft bis früh.
Na, kommen sie mal ran,
hier sit ne Riesendam
un drübn im Hypodrom
da reiten schon:

Druhm rümm in Wiesenthol,
da sei de Leit wie toll.
Un of dann Fichtelbarg,
do is ä gruß Gewarg,
do fahrn de Sportzüg nauf,
vu Chamtz do unten rauf,
denn heit gibt's uhm ze sah
gar Vielerla:

Refrain:
Dr Astel Paul, dr Augustin,
de Kokusnuß, dr Zacherlin,
dr Wicht, dr Pui*, dr Kaden Schütz*,
de Baumel un dr Andelfritz*,
dr Hübner Thet, de Schmidel Pfeif,
dr Wolf Max un dr Schneider Helm,
de Schleich, dr Aff, dr Fröhner Otto –
die warn a mit do!

167

Und wo wurde das „Buchholzer Nationallied" vermutlich aus der Taufe gehoben, am meisten gesungen, und wo erklingt es noch heute in feucht-fröhlicher Runde? Natürlich in der Gaststätte zur „Dummen Sau". Deshalb soll dieser Ur-Buchholzer Kneipe ein kleiner Text gewidmet sein:

„Dumme Sau"

Das feucht-fröhliche Kulturzentrum von Buchholz – und weit darüber hinaus

Wie mehrfach beschrieben, war Buchholz früher eine kulturvolle Stadt mit vielen Vereinen, zahlreichen Gaststätten und vergnügungssüchtigen Bürgern. Nur die Letzteren haben sich wieder einigermaßen aus ihren Wendedepressionen heraus entwickelt, finden aber kaum Orte, um ihren Leidenschaften zu frönen. Bis auf eine Ausnahme: Die diplomatische Funktion in Sachen Stadtvermarktung, Kulturzentrum und gastliche Stätte in einem übernimmt nahezu einsam – von anderen spärlichen Aktivitäten hier mal abgesehen – „Dicknischl" Frank, der umtriebige Wirt der Gaststätte „Dumme Sau" auf der Karlsbader Straße, gleich neben dem Haus, in dem einst der spätere Liedermacher Anton Günther seine Lithographen-Lehre absolvierte.

Die „Dumme Sau" entwickelte sich in den letzten Jahren zum alternativen Kulturzentrum von Buchholz, wo nicht nur die Buchholzer selbst gern einkehren, sondern auch gutbetuchte Geschäftsleute aus dem nahen Annaberg und nicht selten auch zeitweilige „Erzgebirgs-Nestflüchter" aus dem Ausland hier aufschlagen. Das Besondere an dieser Kneipe ist ihre Atmosphäre, die einer alten erzgebirgischen Hutznstub sehr nahe kommt und in der ein umsichtiger Wirt die differenzierten Bedürfnisse seiner Gäste nicht nur kennt, sondern auch alles dafür tut, dass die auch befriedigt werden. Selbst wenn die Kneipe brechend voll ist, und das ist sie fast immer, findet Frank – eben ein echter Wirt – immer noch ein paar Minuten Zeit, mit einzelnen Zechern paar Worte zu wechseln oder ihnen wenigstens im Vorübergehen sein Erkennungszeichen „Dumme Sau" an den Kopf zu werfen und die Biere – ohne Nachbestellung – auf den Tisch zu stellen. Diesen Kampfruf hat er von seinem Vorgänger im Wirts-Amt übernommen, der alle Gäste damit begrüßt haben soll. Zugegeben, eine für Fremde etwas gewöhnungsbedürftige, aber durch und durch herzlich gemeinte Art für ein ehrliches Willkommen. So sind sie eben, die Erzgebirger, – ob hier in Buchholz, drüben in Annaberg oder irgendwo in der Welt, wo sie sich ihre Hutznstuben als Heimatinseln errichtet haben.

Sie sind nicht nur gerne Gäste, sondern auch liebenswerte Gastgeber. In der „Dummen Sau" bekommt man das über die Speisenkarte am besten zu spüren. Hier werden noch die Gerichte so zubereitet, wie man sie von zu Hause kennt und wie sie sich über Jahrzehnte, – vielleicht sogar über Jahrhunderte – kaum verändert haben. Hier schmecken die Soßen nach echtem Fleischsaft, die Klöße sind von Anfang bis Ende Handarbeit und mit frischen Zutaten versehen. Das Schweinefleisch kommt mit einer Kruste auf den Tisch, nach deren Verzehr man sich alle zehn Finger leckt und man bedauert, dass man nur zwei Hände hat. Selbst die einfache Bockwurst, das Beefsteak (so heißt hier die Boulette der Berliner oder das Fleischpflanzerl der Österreicher) oder der Rollmops werden durch die Atmosphäre zu einem Festmahl veredelt. Und erst de Fettbemme!! Leute, de Fettbemme beim Frank sind eine Vorspeise, bei der die eine Bemm auf die andere immer wieder Appetit macht.

Man konnte neulich weitgereiste Gäste dabei beobachten, wie sie aus dieser köstlichen Vorspeise eine Hauptspeise machten, also den ganzen Teller (natürlich ohne Teller) aufaßen, um dann doch noch das knusprig gebratene Läuferschwein als Hauptgang und Nachtisch zu verspeisen. Nur gut, dass endlich die beiden Nachtwächter kamen und die Truppe zur Ordnung riefen. Ein Kulturprogramm der besonderen Art übrigens.

Hans-Jörg Seifert (l.), Geschäftsführender Gesellschafter vom Annaberger Posamentenunternehmen Ruther u. Einenkel und Frank Odzuck, Generaldirektor von Zwack Unicum, Ungarn, im angeregten Gespräch in der „Dummen Sau"

Man kann die beiden Herrn, die zur internationalen Nachtwächterzunft gehören, auch als kenntnisreiche und heitere Stadtführer durch Annaberg erleben. Wem nun der Lobgesang auf die „Dumme Sau" in Buchholz zu heftig ausgefallen ist, der sollte sich schleunigst selbst auf den Weg machen und bei Frank vorbeischauen, spätestens dann wird er erfahren, was für eine „Dumme Sau" er bisher war...

Und wie es sich für eine urige Kneipe im Erzgebirge gehört, hat die „Dumme Sau" auch eine eigene „Hymne", die auch als „Gute-Quelle-Lied" bekannt ist, schließlich hieß die Gaststätte früher mal offiziell so. Vermutlich hat das Lied in den 60er Jahren (Billard hat es wohl früher dort nicht gegeben) ein Stammgast gereimt. Der Verfasser (offensichtlich ein Erzgebirger, der die Mundart in Schriftform schlecht beherrschte, oder ein Zugereister) ist jedenfalls noch unbekannt, er könnte sich aber ermitteln lassen, da seine Stammtischbrüder genannt werden. Auch die Melodie ist nicht überliefert, es wurde aber auf alle Fälle in einem Marschrhythmus im 4/4-Takt gereimt, so dass eine einfache, schon bekannte Melodie dazu passen wird. Übrigens kann ich mich noch erinnern, dass mein Vater einen Arbeitskollegen aus Buchholz hatte, den sie den „Hübner Piep" nannten, er kommt in der 7. Strophe vor. Wer Näheres zu den Figuren im Lied oder zu seiner Herkunft und Entstehung beisteuern kann, sollte das unbedingt tun:

1. *In Buchholz gibt es ene Kneip, do is es wirklich schie;*
   Do hat mer immer Zeitvertreib, drum gieht mer gerne hie.
   Dr Wirt is allen wohlbekannt, de „Dumme Sau" wird er genannt,
   dos is de „Gute Quelle", liegt mitten in dr Stadt,
   trinkst du dort när 12 Helle, dann hast ene Latt.

2. *Wenns virmittig im elfe is, do do kommese langsam a,*
   dr Kuckuck mit dr Kiepenkist, un a dr Tangelma,
   dr Stackl find sich a gleich ei, un gleich dernach kimmt dr Bey Bey,
   do wärd ä Lied gesunge, aus dr guten alten Zeit,
   un vir de Fanster traten a viel neigierge Leit.

Buchholz i. Sa.

3. Mit ruhig festen Schritten, kimmt 's Füssel agerannt,
   Dar läßt sich net lang bitten, er hätt en mächtgen Brand,
   dann gibt er eine Lage aus, un alle zollen ihm Applaus.
   E mancher wird verolbert, dos wissen se genau,
   doch übel nehme gibt 's net, am Stammtisch bei dr „Sau".

4. Dr nächste in dr Runde, nu kriegt mer ner kann Schrack,
   kimmt mit en grußen Hunde, a noch de klane Zwack.
   Un aner dr kimmt agerast, dar hätt 's Trompetl bal verpaßt,
   er kaft sich blus en Bittern un nimmt drzu ne Pries,
   ar muß gleich wieder hamgieh, sei Fraa die hot Toppklies.

5. Am Mittwoch müßt ihr mal hiegie, do is bestimmt wos lus,
   mar sieht se im Billard rim stieh, mit Stackn kle un gruß.
   Un endlich ham se ausgelust, dr Struppi hot ne ersten Stoß.
   Ihr Gäste, aber macht viel Platz, denn der stößt färchterlich,
   dr Ball kimmt ner su agerast, übern Rand naus in de Küch.

6. Dr schwarze Fritz is a drbei, mit seine langen Bee,
   „da hammersche" schreit er zwischennei, mei Que is viel ze klee.
   Dr Jup gibt sich de größte Müh, er macht derbei ganz krumme Knie,
   dar schiebt su gern vu hinten, do is er uff dr Höh.
   Hot er kenn Ball getroffen, dann lags nur am effee.

7. Freitog, su in dr achten Stund, do komme bessre Leit,
   mit mogeln und mit Kaffeeskat, vertreim die sich de Zeit,
   dr Schneider Walt, dr Hübner Piep, dr Wagner Willy macht a gleich mit,
   doch ener dar paßt gut auf, dos is ja allbekannt,
   dar wirbelt gleich viel Staub auf, wenn ener hat „Vollhand".

8. „Olympia-Spieler" könnt ihr sah, ganz hinten in dr Eck,
   de Kiebitz drängeln sich gleich nah, den bleibt de Spucke weg.
   Dr Roman, dr is ganz perplex, gewinne tut ner de „Spielhex",
   dr Fritz dr hot 's im Köpfchen, des is bei ihm su Brauch,
   dr annre trinkt viel Schnäpschen, un hots dann ner im Bauch.

9. Ihr lieben Leite merkt es eich, wenn ihr wollt mal ausgehn,
   gieht nach dr „Guten Quelle" hin, do is es wunderschön!
   Is a dr Ton dort etwas rau, mer is ja in dr „Dummen Sau",
   su manches wird dort viergebracht, manch saft'ge Witze auch,
   dr Wirt am allermeisten lacht, es wackelt ihm dr Bauch.

Tannhäuser

**Erinnerungen eines Dicknischls an eben solche
im Annaberger Männer-Chor**

Wie gut war es doch, dass der Annaberger
„Erzgebirgs Rundschau" einstmals der Einfall kam, Texte zu veröffentlichen, die vor 100
Jahren im „Annaberger Wochenblatt" zu lesen
waren. Dadurch habe ich nun endlich erfahren, dass der ehemalige Männergesangsverein
„Tannhäuser" aus Annaberg – würde er noch
bestehen – auf eine 120-jährige Tradition zu-
rückblicken könnte. Wahrscheinlich ist jener
stimmgewaltige Männerchor in den 70er Jahren des vergangenen Jahrhunderts sang- und
klanglos eingegangen. So wie ein paar Jahre
später auch noch der niveauvolle „Städtische
Chor Annaberg", der jahrzehntelang unter der
bewährten Leitung meines verehrten Klavier-
und Gesangslehrers Werner Naumann stand.

Zu beiden Chören hatte ich in meiner Jugendzeit persönlich enge Kontakte. Während ich im „Städtischen Chor Annaberg" viele angenehme Stunden echter sangesbrüderlicher (und -schwesterlicher) Harmonie erlebt habe und häufig als Bass-Solist auftreten durfte, ist mir der „Tannhäuser"-Männerchor durch ein anderes Ereignis in wohltuender und nachhaltiger Erinnerung geblieben: Mitte der 60er Jahre war es. Ich spielte ab und an auf dem alten, schwarzen Klavier in der ehemaligen „Pilsener Bierstube" (Obere Schmiedegasse, heute

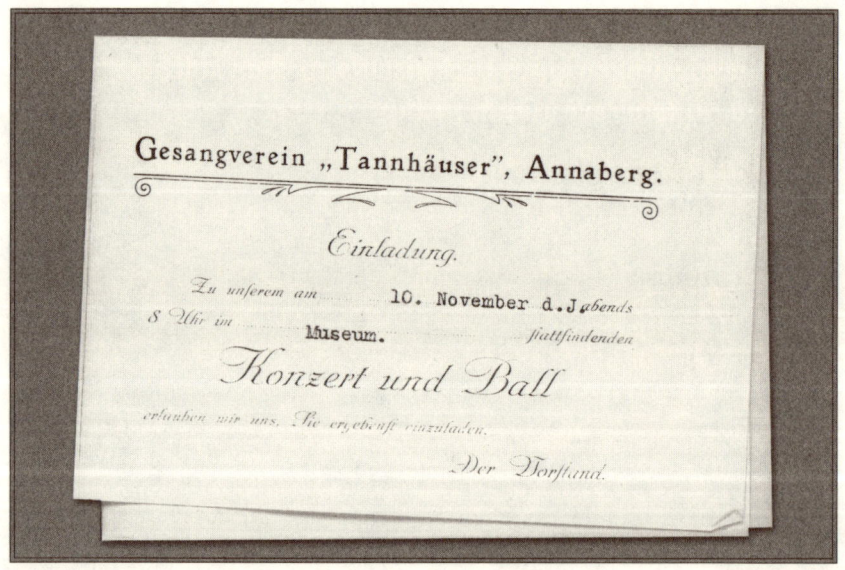

Bestattungsunternehmen – wie sinnig!) Lieder aus Opern und Operetten und sang mit den Gästen. Ein Hut oder das Biertablett des Wirtes – von meinem Schulfreund Friedhelm Ludwig ersonnen – machte die feucht-fröhliche Runde und die nächste Sülze mit knusprigen „Eigeschnietne" (Bratkartoffeln) zum 49-Pfennig-Bier war gesichert.

Ein bekannter Annaberger Malermeister war es, der mich ob meiner wuchtig-männlichen Stimme – wie er meinte und damit sicher nicht falsch lag – zur nächsten Chorprobe des „Tannhäuser" ins „Böhmsche Tor", dem jahrzehntelangen Vereinslokal jener Annaberger „Klang-Körper", einlud. Da saß ich nun als Jüngster unter den etwa 40 sangesfreudigen Herrlichkeiten unserer Stadt und ihrer näheren Umgebung. Der alt-ehrwürdige Saal des traditionsreichen Gasthofes erbebte unter den Hymnen, Volks- und Trinkliedern jener gewaltigen Erzgebirgskehlen. Mittendrin ich, der schmale Knabe mit seiner tiefen Bass-Stimme, die sich zwischen besagtem Malermeister und jenem stadtbekannten, immer mit hochrotem Dicknischl herumlaufenden Annaberger Fäkalien-Fahrer behaupten musste. Stock Hans, – so hieß jener kleine, drahtige und überaus musikalische Mann aus Frohnau, auf den alle Mannspersonen hörten, – ob es sich dabei um die richtigen Tonhöhen, den Rhythmus, die Harmonie oder auch nur um die zahlreich-notwendigen Bier-Pausen handelte. Am Ende der Chorproben wurden die Mannsbilder jedes Mal froh gelaunt von ihren, an erzgebirgischen Kräuterlikören nippenden Ehegesponsten an einladend langen Tischen

Der einstige Probesaal des „Tannhäuser-Chores" in der Gaststätte „Böhmisches Tor" im Jahre 2006

im Gastraum vom „Böhmschen Tor" mit bestem erzgebirgischen Bier erwartet. Die betrübliche Nachricht erreichte uns vor der nächsten Chorprobe: Unser Dirigent, der Stock-Hans ist tot! An diesem Tag wurde nicht gesungen, dafür aber viel getrunken…! Wenige Tage später stand ich als Chorleiter vor meinen „Tannhäusern". Sie waren alle der Meinung: Wer Klavier spielen kann, eine kräftige Stimme hat und dem heiteren Gerstensafte nicht abhold ist – der soll fürderhin unser Dirigent sein! Und ihr Wille geschah…

Leider war es mir nur etwas mehr als ein Jahr vergönnt, dieser herrlichen Gemeinschaft gleichgesinnter, dickschädeliger Sangesbrüder vorzustehen. Der „Zapfenstreich" rief mich aus meiner Heimat fort nach Leipzig und damit von den „Tannhäusern" weg. Ein kleines Liedchen hatte ich den Männern 1965 noch zum Abschied komponiert – natürlich ein Trinklied, was sonst. Es soll noch mehrmals die alten Mauern vom „Böhmschen Tor" zum Erzittern gebracht haben – leider habe ich die Tannhäuser-Schwingungen meiner Komposition nie mehr am eigenen Leib verspüren dürfen. Auch ist mir bisher nicht bekannt geworden, wer den Chor nach mir übernahm, aus welchen Gründen es ihn heute nicht mehr gibt und wo man die Chronik dieses bejahrten Chores auffinden könnte. Sollte es in Annaberg vielleicht eines Tages doch wieder möglich sein, neue (eventuell auch noch alte) „Tannhäuser" zu finden, die sich wöchentlich einmal im historischen Vereinslokal, im „Böhmschen Tor" (die Gaststätte und den Saal gibt es noch), zum feucht-fröhlichen „Sängerkrieg" treffen? Die sich dann von engagierten und fachkundigen Händen leiten lassen, um die alten Lieder zum Lobe unserer erzgebirgischen Heimat und unserem schönen Annaberg zu singen, während ihre Liebsten – jeglichen Alters – auf sie nippend warten.

Womöglich könnte der Chor dann auch bald wieder in seinem ursprünglichen Domizil, im „Bellevue mit unserer Stadtcapelle", auftreten, wie dies im „Annaberger Wochenblatt" im November vor 120 Jahren zu lesen war. Wäre das nicht eine „Schöne Aussicht" für die musikalische Traditionspflege in unserem einst so sangesfreudigen Annaberg?

Die Posamenten-Lady

Vorlaute Betrachtungen über meine Schulfreundin Doris Seifert (Burkert)

Obwohl Doris die Klassenbeste war, ist dennoch etwas aus ihr geworden. Meist kam es anders in den Jahren: von den einstigen Strebern hört man heute kaum noch was, und aus den vorlauten, aufmüpfigen, undisziplinierten Knaben – kaum Mädchen – sind Ingenieure, Programmdirektoren beim Fernsehen, Chefredakteure und sogar Lehrer hervorgegangen. Doris war in allen Fächern Spitze. Ein „gut" im Musikunterricht oder später in Stabü (für nicht durch das DDR-Schulsystem geformte: es handelt sich hier um das Unterrichtsfach Staatsbürgerkunde, eine Art Religionsunterricht für Ungläubige, oder solche, die es werden sollten...) trieb ihr mitunter kleine Tränen in ihre Augen. Aber nicht nur die Augen waren es, die unsere pubertären Blicke auf sie richteten.

Auch sonst gehörte sie mit zu den schönsten Mädchen der 1a bis 10a in der gelben Pestalozzi-Schule mit den getrennten Eingängen für beide Geschlechter. Auch die Jungs aus den anderen, meist höheren Klassen schauten ihr nach, was uns gar nicht behagte. Dafür pfiffen wir dann später den Mädchen aus den unteren Klassen hinterher. Vier Jahre jüngere hatten sogar gute Chancen, später solch einen Kerl aus der A-Klasse lebenslänglich an sich zu binden, wie eigene Erfahrungen zeigen. Aus der Sicht des 14-Jährigen gehörte Doris mit zu den Klügsten, aber auch eingebildetsten Mädchen in der gelben Schule am Berg. Ich kann mich nicht erinnern, dass dieses Schneidermädel aus der Annaberger Kleinen Kirchgasse jemals ein „genügend" nach Hause gebracht hat. Ein Prädikat, das bei mir eher „sehr gut" bedeutete und meine Eltern mitunter zu Freudentänzen und zur Erhöhung des Taschengeldes um 50 Pfennige veranlasste. Ihre Eltern waren Selbstständige, also gewisse Exoten in einer Zeit, in der man meinte, dass vielleicht der Schneidermeister Burkert – das war der Vater von Doris – aus seiner Dachwohnung ausziehen würde, um sich eine privatwirtschaftliche Konfektionsexistenz aufzubauen und so einer der gefürchteten Kapitalisten aus ihm werden

könnte. Wir Jungen gingen auch deshalb auf Distanz zu ihr, weil ihre Nähe so etwas wie Fleiß, Strebsamkeit und Ordnung ausstrahlte. Durchweg Eigenschaften, die uns in unserer weiteren Entwicklung scheinbar nur gestört hätten. Während wir durch alterstypische Frechheiten wie Mädchen necken, Witzchen erzählen, Lehrer ärgern oder in der Mathematikstunde durch Lieder singen die Aufmerksamkeit der jungen Dame auf uns zu lenken, blieb diese Klassen-Lady eiskalt und belächelte unsere Bemühungen. Schlimmer noch: Sie begackerte jene schüchternen Annäherungsversuche mit ihren in etwa gleich gestrickten Freundinnen Ilona und Karin. Hugo Vogel, unser Bio-, Sport- und Lebenslehrer, aber kam, sah – und durfte ihr sogar über das schöne braune Haar

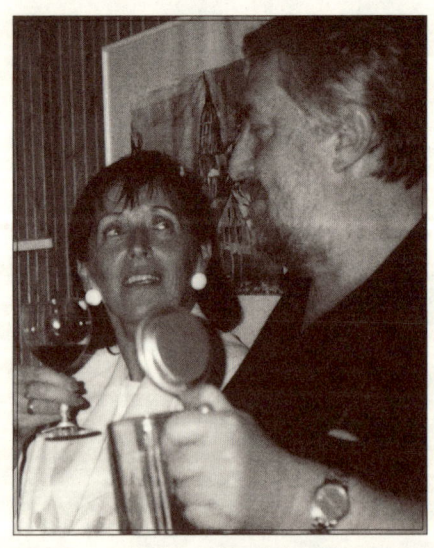

Die „Posamenten-Lady" Doris Burkert besucht 2002 ihren Schulfreund in seiner Hutznstub an der Donau in Budapest

streichen und ein Lob für ihren mädchenhaften Fleiß und ihre sagenhafte Ordnung ins Ohr säuseln. Vielleicht hat er ihr damals auch eingeflüstert, dass sie später studieren solle, gescheit genug war sie jedenfalls dafür. Es war auch jene Zeit, in der ich zunächst heimlich zu Hause am alten Radio – aus dem bassige Opernarien dröhnten, wenn die Eltern weg waren

– meine Stimme entdeckte. Der Musiklehrer Gottfried Baden – wegen seiner vielen Kinder meinte er, der Annaberger Bach zu sein – führte mein Stimmmaterial dann öffentlich der Klasse vor, womit er neben Neid und Verwunderung bei den Jungs, endloses Gekichere bei den Mädchen auslöste. Anfangs sang ich noch mit roten Ohren, dann aber machten mir die Auftritte vor der Klasse nichts mehr aus, ich war eh der Beste von allen – wenn auch fast nur in diesem einen Fach. Nur bei einer ärgerte es mich, dass auch sie ihr überlegenes, ja fast arrogantes Lachen gegen mich richtete, wenn ich lauthals sang – „Doris, warum hast du das getan?!" Mehr als fünfunddreißig Jahre mussten vergehen, um von ihr dann eines Tages so ganz nebenbei zu hören, dass sie schon damals zur heimlichen Bewunderin – meines Organs, mehr leider nicht – gehörte. Nicht nur sie allein übrigens, sondern auch ein paar andere kichernde Mädchen aus meiner Klasse, wie sie mir „im fortgeschrittenen Alter" gestand. Die Zeit verging im Flug. Klassentreffen folgten in großen Abständen. Begegnungen zu Weihnachten nahmen zu. Man traf sich wieder und das ist bis heute so geblieben... Irgendwann in dieser Zeit hörte ich dann, dass sie tatsächlich auf die Worte ihres Lehrers reagiert

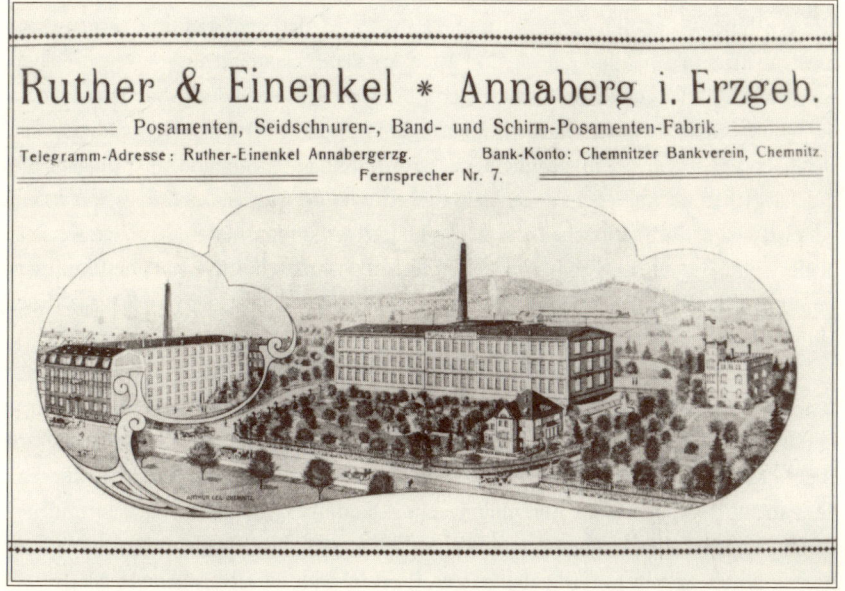

haben dürfte, denn ich traf sie als Diplom-Ingenieurin und freute mich über ihre Regelverletzung, indem aus unserer Klassenbesten doch etwas Gescheites geworden war. Und wiederum Jahre später, als man zeitweilig politisch zweckentfremdete Familienunternehmen wieder zurückrevolutioniert bekam, erlebte ich sie in einem geräumigen Annaberger Büro, auf einem Chefsessel sitzend, an einem Cheftelefon Anweisungen gebend – als Chefin, ach was sag ich, als stolze Posamenten-Lady einer traditionsreichen Erzgebirgs-Fabrik, in der man aus Zwirnen, Fäden, Garnen und Stricken die wundervollsten textilen Gebilde strickt, häkelt, spinnt, wirkt, klöppelt, flechtet – alles falsch!? – nun, dann eben zaubert. So ist sie halt auch eine Zauberin geworden...

Freilich bewerkstelligt sie das nicht alles allein. Ohne ihren Angeheirateten hätte sie dessen vererbtes Kapital nicht in dieser gescheiten Weise vermehren können. Hans-Jörg ist mit seinen goldenen Händen und dem wachen Verstand das Herz des Unternehmens, und Doris das Hirn und die Seele, die nie herzlos daherkommt. Für einen mittelständischen Betrieb sind hier enorme Investitionen getätigt worden. Viele bürokratische Hürden waren zu nehmen, ganz zu schweigen von den lieben Verwandten, die plötzlich finanzielle Morgenluft witterten und den Aufbau der Firma nicht unbedingt erleichterten. Die beiden Seiferts (so heißt die Burkert Doris von damals nun schon seit vielen Jahren) haben es aber jetzt geschafft. Die Kassenbücher befinden sich seit Jahren im schwarzen Bereich, was ja in der Ökonomie nur Gutes bedeutet. Als „Unternehmer des Jahres 2005" – mit dem so genannten „Unternehmer-Oscar" – hat man Doris und Hans-Jörg Seifert vom traditionsreichen Posamentenbetrieb „Ruther und Einenkel" in Annaberg deutschlandweit ausgezeichnet. Selbstverständlich ist das ein Verdienst von vielen. Aber vielleicht zuerst doch von dieser Frau an der Spitze. Ihrem Organisationstalent, ihrem Gespür für Machbares und Notwendiges, auch weit über die Grenzen des Erzgebirges hinaus, sowie ihr menschenfreundlicher Umgang mit der Belegschaft und ihr lebenslanger Fleiß sind ein paar der Quellen des Erfolgs, was erneut beweist, dass es auch weibliche Dicknischl gibt. Jetzt wirkt man an der Nachfolge. Karsten, beider Sohn, der einzige Erbe, wird, soll, vielleicht, wahrscheinlich – ganz bestimmt das Unternehmen weiterführen. Dabei sollte er allerdings auf einen Partner vom Schlage seiner Mutter nicht verzichten...

Und für ihr Kichern, während ich im Musikunterricht sang, habe ich Doris mit meiner ersten Arien- und Lieder-CD zu unserer beiden recht runden Geburtstage im Pöhlberg-Restaurant „bestraft". Als ich ihr mein Geschenk überreichte, musste ich zurückdenken: Wenn das alles unser gemeinsamer Lehrer Hugo noch erleben könnte, er würde sicherlich über meine spätpubertären Anwandlungen verständnisvoll-genüsslich lächeln und bestimmt wie einst über das Haar der nunmehrigen Frau streichen, um dieser erzgebirgischen Dicknischlerin wie einst ins Ohr zu flüstern: „Haste fei schie gemacht, meine Maad!"

Zum Neinerlaa

Über den gastronomischen Buschmann-Dicknischl

Endlich! Kann man da nur ausrufen. Endlich ist aus dem Annaberger Ratskeller das geworden, was sich die Annaberger und die immer mehr werdenden Gäste aus nah und fern seit Jahren gewünscht hatten: Ein original erzgebirgisches Gasthaus, das auch noch auf den urigen Namen „Zum Neinerlaa" (Zum Neunerlei) hört. Dem umtriebigen und einfallsreichen Annaberger Gastronomen Karl-Heinz Buschmann ist es zu verdanken, dass es kaum noch einen nicht neidischen Wirt in der Stadt gibt. Gebirgs-Neid eben, weil man selbst nicht auf die Idee kam, die längst überfällige Hutznstub in Annaberg zu eröffnen.

Um so erfolgreicher agiert Buschmann im gemütlich eingerichteten Lokal (drei seiner Buden stehen auch auf dem Weihnachtsmarkt), das schon so manchen gastronomischen Fehlversuch über sich hat ergehen lassen müssen. Zuletzt hatte sich hier ein Italiener mit Pizza und Spaghetti versucht. Kürzlich hat er sein von der Stadt gepachtetes Restaurant zugeschlossen und das Weite gesucht. Die Polizei sucht ihn seitdem immer noch… Das war Buschmanns Chance, zumal die Eröffnung des Weihnachtsmarktes vor der Tür stand. Seit der Eröffnung dieser großen Hutznstub stehen nun hier die neugierigen und hungrigen Gäste an, um einen Platz im stets ausgebuchten „Neinerlaa" zu bekommen. Ohne Vorbestellung geht gar nichts, – schlimmer als zu DDR-Zeiten, meinte ein ehemaliger Annaberger aus Buchholz. Es ist zum einen der Mythos des uralten erzgebirgischen Festgerichtes, der die Massen derart anzieht, und zum anderen das wirklich gelungene Konzept eines umsichtigen Wirtes, der es auch raffiniert verstanden hat, sich finanzielle Hilfen von der Stadt zu besorgen. Begrüßung in Mundart: freundlich, derb, herzlich. Dann die nahezu ständige Anwesenheit von Buschmann, der schon allein vom Typ her nichts anderes machen sollte, als ein solcher umsichtiger Wirt zu sein.

Na, und dann das Essen selbst: Neunerlei in dreierlei Gestalt (Variationen aus Buchholz, Grumbach und Elterlein) – mit Gänsekeule, Kaninchenschenkel oder ein Stück vom Schwein in der Mitte des extra für viel Geld designerten Tellers, umgeben von den notwendigen Vertiefungen, die die Heiligabendgerichte aufnehmen. Hier könnte der berechtigte Einwand

Gaststätte zum „Neinerlaa" im Annaberger Ratskeller

kommen, dass es doch eigentlich einen Verstoß gegen die Tradition bedeutet, wenn es dieses Gericht auch außerhalb des „Heiling Ohmd" gibt. Richtig und falsch zugleich: Was Buschmann hier zelebriert, kann man auch als erzgebirgischer Traditionalist durchgehen lassen, ja, man muss es sogar unterstützen. Schließlich macht er damit die zahlreichen Fremden – aber auch viele junge Einheimische – auf etwas aufmerksam, das es so nur in dieser Gegend gibt und das es wieder zu beleben, zu erhalten und zu verbreiten gilt. Dass nun auch umliegende Restaurants das „Neinerlaa" anbieten, scheint dann doch des Guten zu viel, aber offenbar für das Geschäft nicht schlecht zu sein, wie es schließlich die bereits alljährlich im Sommer in die Welt verschickten Traditions-Stollen auch geworden sind.

Die bedeutungsschwangeren neun Speisen waren bei unserem Besuch allesamt großartig zubereitet, es schmeckte wie dr Ham und ganz typisch nach erzgebirgischer Weihnacht. Auch die Biere und Schnäpse sowie die urige Betreuung durch bewusst engagierte arbeitslose, immer freundliche Nicht-Kellnerinnen waren hervorragend. Und was wird nach Weihnachten, stellen sich viele – nicht nur die Neidhamml – die Frage? Karl-Heinz macht natürlich weiter. Das „Neinerlaa" wird dann als eine schmackhafte Nebensache auf der sehr ansprechend gestalteten Karte bleiben. Hauptsachen werden aber dann die typischen Gerichte der erzgebirgischen „Gutguschn" sein. Wie er uns verriet, will er selbstverständlich viele Rezepte aus dem ersten authentischen Kochbuch des Erzgebirges „Gutgusch" nachkochen. Bleibt uns nur, dem engagierten Wirt Karl-Heinz Buschmann viel Glück für die Zeit auch

Karl-Heinz Buschmann („Dr Op") mit seinen Servier-Grazien im „Neinerlaa" mit dem Neunerlei

nach Weihnachten zu wünschen. Denn nur mit langem Atem, mit weiterer Unterstützung durch die Stadt, insbesondere durch die Bürgermeisterin, sowie durch eine gleichbleibende Spitzenqualität in allen Bereichen kann er die Neider in seiner Branche davon überzeugen, dass sich gastronomische Leidenschaft, gepaart mit fachlichem Können und liebenswerter Hartnäckigkeit letztlich lohnen – auch im mitunter schwerfälligen Annaberg…

Die eben geschilderten Eindrücke stammen vom 3. Advent 2006. Und wie die Zeichen danach stehen, scheint Karl-Heinz einigermaßen durchgehalten zu haben, obwohl heutzutage die Gaststätte außerhalb der Weihnachtszeit schon wieder häufiger geschlossen ist. Eigentlich hat der Mann immer durchgehalten. Er musste es auch. Stammt er doch aus einfachsten Verhältnissen, die er selbst als arm beschreibt. Um so erstaunlicher ist es – oder vielleicht gerade deswegen – mit welcher Energie er seine gastronomische Laufbahn ausrichtete.

Jedes Jahr um die Weihnachtszeit, wenn ich meine Heimatstadt aufsuche, dann begrüßte er mich und meine Frau Eveline (die einst in der Annaberger Scherbank 14 Nachbarskinder waren) mit einem Glühwein, einem freundlichen Willkommen und vielen Neuigkeiten. Er zeigte dann stolz seine Buden, die von Jahr zu Jahr mehr wurden und die den guten Erzgebirgsgeschmack mittlerweile auch auf vielen anderen Märkten verbreiten helfen.

Denn was Karl-Heinz dort anbietet, ist alte Regionalküche pur. Das bestätigen die alten und jungen Einheimischen und die Fremden – insbesondere die, die immer glaubten, Weihnacht für sich gepachtet zu haben – sind erstaunt, satt und begeistert, wenn sie an den „Gutguschn-Buden" von Buschmann in Stimmung gekommen sind, denn ein Glühwein oder ein Kräuterlikör gehört meist dazu. Hoffen wir also, dass dieses typische Restaurant im Zentrum der Stadt überleben möge. Nicht allein um Buschmanns willen, sondern um etwas Gescheites, Schmackhaftes und Traditionelles aus der Erzgebirgs-Region den Gästen aus aller Welt – und die kommen hoffentlich immer zahlreicher hierher – auftischen zu können.

Weltraum in Holz

Annäherungen an den Bildhauer und Weltreisenden Dietmar Lang aus Frohnau

Der kleine Ort Frohnau im Weichbild von Annaberg-Buchholz, der nunmehr offiziellen Hauptstadt der Region, ist die Wiege des Erzgebirges. Wenn man auch einst am Schreckenberg die ersten Silberadern fand, verarbeitet und in die Welt geschickt wurde das edle Metall von Frohnau aus. Und als das „Berggeschrey" verstummte, waren es Kupfer und Eisen, die den Namen des erzgebirgischen Bergdorfes am Leben erhielten. Heute sind aus jener Zeit nur noch zwei Gebäude erhalten: Das alte Hammerwerk und das Herrenhaus. Aber auch ein drittes Anwesen erregt immer wieder das Interesse der Besucher. Unweit vom Frohnauer Hammer, fast nebenan, steht „Langs Erzgebirgshaus".

Ein schönes Fachwerkgebäude, das nahezu 250 Jahre auf dem Buckel hat. Im Inneren zeugt es von der Geschicklichkeit, der Fantasie und dem Fleiß einer ganzen Region, deren Menschen sich vor Jahrhunderten einem Material zugewendet haben, sich aus Not auch seiner annehmen mussten, welches sie unmittelbar umgab und das seither ihr Leben bestimmt: Holz. Dieses Haus gehört dem weit über die Grenzen hinaus bekannten und in Fachkreisen hoch angesehenen Holzbildhauer Dietmar Lang. Es scheint wie gebaut nur für ihn und seinesgleichen. Hier befindet sich zunächst die Präsentations- und Verkaufsfläche, der „Männlladen", mit wundervollen traditionellen Figuren wie Berg- und Räuchermänner, Engel und Pyramiden oder Spinnen, wie sie den alten venezianischen Lüstern nachgeahmt wurden. Arbeitsorte schließen sich an, die nahezu unmerklich in die Schnitzerschule hinüberführen, in der die Meister dem Nachwuchs zeigen, wie man Holz zum Sprechen bringt. Nur Auserwählte dürfen die oberen Räume, den Wohnbereich, betreten. Bereits auf dem Weg dort hin und in den Zimmern erst recht, wärmt die Anwesenheit von Holz in den verschiedensten Arten, Varianten, Strukturen und Bearbeitungen die Sinne. Dieses warme Material verleiht dem alten Fachwerkhaus und seinen Gemächern eine wohltuende Ruhe und Behaglichkeit. Es provoziert zu nachdenklicher Gelassenheit. Nicht nur die Augen werden verwöhnt von den Skulpturen und Reliefen, die der Künstler Lang hier überall sinnvoll verstreut hat, auch

Die Oberbürgermeisterin von Annaberg-Buchholz, Barbara Klepsch (r.), dankt Dietmar Lang (Mitte) und Dr. Hans-Joachim Schmiedel (l.), den Initiatoren des Internationalen Bildhauer-Symposiums „RIESig" im Juni 2008 auf dem Pöhlberg

der Duft des Holzes und die Berührung der bearbeiteten Kunstwerke erschließen dem Laien einen besonderen Zugang zur Natur und damit auch zu sich. Nur ein Mensch, der mit all seinen Sinnen diesen Teil der Natur genießen kann, ist auch fähig, aus diesem Material Genussvolles für andere zu gestalten. Nur wer in der Lage ist, seiner Fantasie Bildhaftigkeit zu verleihen, kann dieses Material Holz bilden. Nur der ist wirklich Holzbildhauer. Und Dietmar ist ein Meister dieser Zunft.

Der gebürtige Annaberger hat vom 11. Lebensjahr an sein ganzes Dasein dem Holz geweiht. Es hat sich ihm dafür dankbar gezeigt – und das schon fünfzig Jahre lang. Nachdem er die Pestalozzi-Schule im Jahre 1965 nach zehn Jahren beendet hatte, ließ er sich zum Holzbildhauer ausbilden, mit allem was dazu gehört, um richtig spalten und schneiden, schnitzen und drechseln, leimen, malen, ölen, wachsen, brennen, sandeln, vergolden, färben, beizen, schleifen, wassern – und sonst noch was zu können. Um das alles – und noch viel mehr – zu beherrschen und auch weiter vermitteln zu können, reicht eine einfache Lehre nicht aus. Und so finden wir ihn in den Jahrzehnten danach auch immer wieder als Lernenden und Lehrenden: Drechslerlehrgang, Leiter der Volkskunstgalerie „Frohnauer Hammer", Arbeitsgemeinschaft Schnitzen, Meisterstudium, Vergolderlehrgang, Lehrgangsleiter in Hamburg und Senftenberg, Stipendiat in Bad Segeberg… Diese unvollständige Aufzählung verdeutlicht im Ansatz die Unrast dieses engagierten Künstlers, der sich keineswegs nur im Holz auszudrücken versteht, obwohl er darin Meisterliches und Unerwartetes von sich gibt, wie in den zahlreichen nationalen und internationalen Austellungen zu besichtigen war und ist. In seinem Buch „Schnitzen" (Fachbuchverlag Leipzig, 1984) gibt er praktische und verständliche Anleitung für Schnitzer und Holzbildhauer – mittlerweile ein Standardwerk. Aber Dietmar Lang ist auch auf anderen Gebieten äußerst aktiv, so z. B. als 1. Vorsitzender des „Verbandes Erzgebirgischer Schnitzer e.V.", dem Dachverband der örtlichen Schnitzervereine des Erzgebirges, der über 800 Mitglieder zählt. Oder die Mitarbeit bei der Gestaltung der ständigen Ausstellung im Daetz-Centrum Lichtenstein in Sachsen, dort insbesondere die Bereiche Europa und Amerika. Auch politisch hält er sich nicht zurück. Sein vielseitiges Allgemeinwissen, gepaart mit einem umfangreichen Spezial- und Faktenwissen, die langjährigen Erfahrungen in „zwei Welten", all das bringt ihm Anerkennung und Respekt ein, nicht nur in der Ortsgruppe der CDU, dem Stadtrat, dem er bis 2007 angehörte, bei der akzeptierten und durchsetzungsstarken Oberbürgermeisterin Barbara Klepsch, sondern auch bei politischen Gegnern oder nur Andersdenkenden. Selbst dann noch, wenn negative Erfahrungen mit bestimmten Ethnien seinen Toleranzbegriff zeitweilig stark beanspruchen. Auf den diskursfreudigen und wortgewandten Dietmar hört man, wenn er etwas sagt, weil er das Gesagte vorher geprüft und durchdacht hat. Ein Vorgang, der zwar als ein allgemein menschlicher Zug angenommen wird, jedoch hier oben bei den erzgebirgischen Dicknischln nicht ohne Weiteres vorausgesetzt werden kann. Auch der Geschäftsmann Lang wird als zuverlässiger, loyaler und fairer Partner geachtet. Er ist eine ehrliche, erzgebirgische Haut aus gutem Holz geschnitzt – wie man hier oben so sagt. Nicht nur sein langjähriger Freund Dr. Hans-Joachim Schmiedel schätzt seine Aufrichtigkeit und Offenheit. Wer mit Dietmar zusammen ein Bier trinkt – oder auch mehrere – der merkt nicht erst dann, dass man einem sehr geselligen und unterhaltsamen Individualisten gegenübersitzt. Wäre diese Individualität, diese produktive Eigenprödelei bei ihm nicht vorhanden, wäre er auch auf handwerklichem und künstlerisch gestalterischem Gebiet nicht derart kreativ und erfolgreich geworden. Und das ist er in mehrfacher Hinsicht, aber insbesondere in seiner künstlerischen Ausdruckskraft und technischen Beherrschung des Materials Holz, wie sie sich nicht nur in traditionell-gegenständlichen Kunstwerken wie Bergmännern, Holzreliefs oder Landschaften zeigt, sondern auch in plastischen Formstudien oder abstrakten Gebilden, die den philosophierenden Meister verraten, ihm die Anerkennung auch über Deutschlands Grenzen hinaus gesichert haben. Schließlich hat die Welt immer nur besondere Individuen vorangebracht, von denen man noch nach Jahrhunderten spricht. Auch all die anderen Eigenschaften, wie sein Blick auf das Wesentliche, der Horror vor Zahlen und Finanzabrechnungen, oder das sich Nicht-Einordnen und Nicht-Unterordnen in Vorgedachtes unterstreichen seinen starken Charakter. Aber auch Gastlichkeit und Großzügigkeit zeichnen den Individualisten aus, den wahrscheinlich so richtig nur seine Frau Anne lenken – nicht beherrschen – kann, falls das überhaupt notwendig sein sollte. Sie strahlt viel Lebensfreude und Heiterkeit aus, obwohl sie als Pädagogin für komplizierte Kinder nicht wenigen Belastungen ausgesetzt sein dürfte. Aber ihr Verständnis für die Kunst ihres Mannes, ihr kluges Urteilsvermögen, ihre Eigenständigkeit sowie die Freiräume, die sie ihm gewährt, sind offensichtlich Garant für diese jahrelange harmonische Beziehung.

Aber Dietmar Lang lebt noch in einer „dritten Welt", einer Welt, weit weg vom Erzgebirge in Zeit und Raum. Es sind die untergegangenen oder verschollenen Hochkulturen der Ägypter, der Mayas, Inkas, nordamerikanische Indianer und insbesondere deren künstlerische Ausdrucksformen, die es ihm angetan haben. Bei den Letzteren faszinieren ihn die Totem-Kulte, die damit verbundenen Rätsel und Mythen, die dabei benutzten Masken oder das Design auf Waffen oder Amuletten. Er hat sich zu diesem Themenkreis nicht nur umfangreich belesen, u.a. in Graham Hancocks Buch „Spur der Götter", sondern er unternimmt auch Studien-Reisen um die ganze Welt, um diesen Spuren nachzugehen, sich Anregungen für seine Kunst zu holen und sie darin zu verwerten.

Dabei schaut er auch genau auf die Lebensweise hinter den Kunstwerken, sieht den (Über)Lebenskampf dieser Völker und Menschen – und schließt Freundschaften mit ihnen. So war er u.a. in fast ganz Europa, Peru, Mexiko, Australien, Kanada, Ägyten, Nepal, Südafrika, Chile, Neuseeland, Sri Lanka, Argentinien und den USA. Im Januar 2008 hat er sich gemeinsam mit seinem Freund schließlich noch in die Antarktis schippern lassen, mit dem

Dietmar Lang schafft beim Internationalen Holzbildhauer-Symposium „RIESig" im Juni 2008 auf dem Pöhlberg eine Skulptur mit der Kettensäge

er aber auch einige andere Reisen unternahm und der von sich sagen kann: „Dem Dietmar habe ich mein neues Hobby, das Schnitzen, zu verdanken. Jeden Donnerstag bin ich in seiner Schnitzerwerkstatt in Frohnau mit anderen Schnitzern zusammen." So ist es nicht verwunderlich, dass nun Hanjo, wie Hans-Joachim in Annaberg und Frohnau genannt wird, auch gestalterisch auf den „Spuren der Götter" wandelt. In kürzester Zeit sind beeindruckende Indianermasken entstanden, die sich sehen lassen können und die bereits bei seinem Bildhauer-Meister Dietmar Anerkennung gefunden haben. Der wiederum hat sich ganz oben in seinem Frohnauer Fachwerkhaus, dem Himmel sehr nah, einen „Weltraum" eingerichtet. Der ausgebaute Dachboden spiegelt nicht nur die Weltläufigkeit dieses Holzbildhauers aus dem Erzgebirge wider, sondern vereint auch Objekte aus allen besuchten Erdteilen in Schränken, Vitrinen und auf Tischen. Es handelt sich hier um eine Art Zukunftsmuseum des Dietmar Lang, das permanent erweitert wird. Natürlich gibt es andernorts Sammlungen mit Gegenständen aus besagten Weltgegenden, aber keine, die derart absichtsvoll zusam-

Dietmar Lang (l.) und sein Freund Dr. Hans-Joachim Schmiedel beim Bier im „Böhmischen Tor"

mengetragen wurde und durch die man eine solch spannende und sachkundige Führung vom Weltreisenden und Sammler selbst erhält. Nach drei Stunden Erklärungen, Hinterfragungen und Diskussionen darf man sich dann in einen der Sessel im „Weltraum" fallen lassen, denn das ist der Zeitpunkt, wo Dietmar ein zweites Bier und einen dritten Schnaps spendiert, – auf halber Strecke gabs schon mal einen. Er bevorzugt zwar Whisky, obwohl er den Wildfruchtlikör „Klaanes Getu", in memoriam Arthur Schramm, kreiert hat und exklusiv in Langs Erzgebirgshaus verkauft. Und dass er eine besondere Beziehung zu diesem Erzgebirgs-Original hat, kommt auch noch zur Sprache. Bekanntlich war Arthur nicht nur einer seiner skurrilen Skatbrüder, sondern Dietmar war auch an Schramms Wohnungsauflösung beteiligt und hat ihm schließlich die letzte Ehre bei dessen Beerdigung 1994 erwiesen. Was das Erzgebirge angeht, so ist nicht so sehr die nostalgische Geschichte für ihn von Interesse, obwohl er ein überaus engagierter Patriot ist, sondern eher die aktuellen Vorhaben, die er mit angeregt hat und an deren Umsetzung er aktiv beteiligt ist. Dazu gehört z.B. die Deckung des Daches vom alten Frohnauer Hammerwerk mit 40.000 typgerechten Holzschindeln. Als Mitglied des Hammerbundes hat er wesentlichen Anteil, dass diese Schindel-Odyssee im April 2008 endlich ein gutes Ende gefunden hat und sich die ästhetischen Vorstellungen, der Sachverstand sowie die Dicknischlichkeit auch eines Dietmar Lang letztlich durchgesetzt haben. Mit eben solcher Leidenschaft arbeitete er gemeinsam mit Freund Hanjo am erfolgreichen Internationalen Holzbildhauer-Symposium 2008, das er einfach, aber doppel-sinnfällig – in der Adam-Ries-Stadt Annaberg „RIESig" nannte.

Dank seiner zahlreichen internationalen Kontakte, seiner Vorträge und Symposien, sind aus zahlreichen Ländern der Erde Holzbildhauer am Pöhlberg am Werke gewesen, um u.a. auch mit der Motorsäge riesige Skulpturen zu schaffen, die dann in Annaberg, Frohnau, irgendwo im Erzgebirge oder im restlichen Teil der Welt von Menschen zeugen, die sich einen Weltraum in Holz erschaffen haben, in dem es sich LANGe überleben lässt …

Alte Wurzeln – neie Triebe

Über die Erzgebirgs-Gruppe „Wind, Sand und Sterne"

Vergleiche hinken, sind Geschmackssache und meist ungerecht. Und dennoch drängen sich beim Anhören der Lieder von „Wind, Sand und Sterne" Vergleiche mit den „Randfichten" auf, zumal beide Formationen sich Themen ihrer erzgebirgischen Heimat annehmen, sie in musikalischen Bearbeitungen und zudem noch in Mundart darbieten. Damit sind aber auch die Vergleiche nahezu erschöpft. Schließlich gibt es nichts Unterschiedlicheres als diese beiden Zusammenschlüsse von Musikanten aus dem Erzgebirge. Haben die „Randfichten" eine nach Millionen zählende Fangemeinde, die sich hauptsächlich aus naiven, schenkelklopfenden Musikkonsumenten zusammensetzt, so zieht die Truppe um Stefan Gerlach wahrscheinlich mehr solche Musikkenner an, die über Text und Musik auch nachdenken wollen, ohne sich dabei deren unterhaltenden und – wenn es sein muss – auch blödelnden Charakter zu verschließen.

Ihre Fangemeinde ist allerdings beständig im Wachsen begriffen und über Jahre auf einem entsprechenden hohen Rezeptionsniveau angesiedelt. Die meist selbstgemachten Texte von „Wind, Sand und Sterne" sind intelligent, ehrlich, lebensnah sowie nicht selten sensibel und poetisch. Und die anderen Lieder von der Truppe sind in ihrer Art gescheit interpretiert. Alles Aussagen, die so auf die – durchaus auch mitunter originellen – Texte der „Randfichten" nicht zutreffen. Der spürbarste Unterschied liegt aber in der Musik.

Die stampfenden bayerischen Begleitrhythmen auf recht einfallslosen Melodieführungen bei den Fichten-Musikanten aus Johanngeorgenstadt, stehen im krassen Gegensatz zu der an bester Rocksubstanz orientierten flexiblen Mannschaft aus Dorfchemnitz. Die musikalische Vielfalt, die hauptsächlich von Gerlach ins Spiel gebracht wird, ist wohltuend abwechslungsreich und farbenfroh. Am besten sind die Musiker dann, wenn sie eigene Mundart-Texte mit handgemachter Musik vortragen. Und am allerbesten in ihren nachdenklichen, manchmal sogar etwas elegischen Liedern, die nie zur Idylle oder gar zum Kitsch verkommen. Immer wird das dahinter eigene Erlebte deutlich und künstlerisch überzeugend rübergebracht.

Stefan Gerlach und seine Gruppe „Wind, Sand und Sterne" zum Konzert

Derber dann schon die Lieder von Christoph Rottloff, der sich mitunter auch von einer Seite zeigt, die durchaus die Frage provoziert „Wos is hier lus?", wie ein Titel von ihm heißt. Witzig und intelligent zugleich solche Lieder von Rottloff wie „Mir haben e Hitra-Bratel" (hochdt.: Hintragbrettchen, franz.: Tablett) und das traditionsreiche Tschumperlied „In dr Rittersch-grü", das er um fünf Strophen bereicherte. Oder das „Buchholzer Lied" (1910), das noch heute in launiger Runde in der Gaststätte „Dumme Sau" in Buchholz gesungen und hier mitreißend und lustig interpretiert wird.

Viel erfährt man aus der Lebensgeschichte der musikalischen Erzgebirgs-Poeten, wenn man z.B. die Texte „Zwischen Traam und Illusiu", „Salling" (dt.: etwa „damals", „einst") oder – ganz großartig – „Of meine Art" und „Hamkehrlied" (alle Gerlach) hört. Torsten Reuter singt seinen „Schwerenöter" und die Ballade von der „Karla" als einzige Lieder auf der aus-gesprochen hörenswerten ersten CD in Hochdeutsch, was von daher etwas als „überregiona-ler" Fremdkörper wirkt. Dass er auch ganz anders kann, erlebt man in seinem gelungenen „Sperrguschen-Lied". Sehr ansprechend auch die Balladen vom Stülpner Karl und seiner Frau, die auf gelesene Jugenderlebnisse von Stefan Gerlach zurückgehen (der übrigens mit seiner Anton-Günther-CD für positive Aufmerksamkeit gesorgt hat), wie er in der beige-legten ausführlichen Textbroschüre erläutert. Hier, wie auch an anderen Stellen innerhalb der 14 Titel, verlassen die Musikanten ihren gekonnt adaptierten Rocksound und kommen nahezu „zupfgeigenhanselig" daher. Eine Spielart, die hervorragend zum Anliegen dieser „Neien Triebe" passt, die sich aus den „Alten Wurzeln" des Erzgebirges nähren.

Wie stark „Wind, Sand und Sterne" in der Heimat verwurzelt sind, davon kündet auch der uralte Hirtengesang „Noouo", aus der Gegend um Lauterbach, den Christoph Rottloff von seiner Großmutter noch vorgesungen bekam und den er hier meisterlich als ein wertvolles Erbstück bearbeitet hat. Spätestens beim Anhören dieses ungetümelten Volksliedes wird deutlich, wie viel „Wind, Sand und Sterne" aus dem Erzgebirge auf die CD der gleichnamigen Truppe gekommen sind, wie nah sie damit ihren Leuten wirklich stehen und gleichzeitig den Nichterzgebirgern einen starken Eindruck von der aktuellen Befindlichkeit der Leute und ihren Traditionen vermitteln.

Hier haben stabile, wetterfeste erzgebirgische Bergfichten, Dicknischl halt, mitten aus unserem Wald, Lieder auf den Markt gebracht, die sich nahezu in allem von solchen Fichten unterscheiden, die nur am Rande des Erzgebirgswaldes – aber eben so gut am Rande des Bayerischen Waldes – wachsen (könnten), daher aber auch als erste „de stickische Luft" der Kritik abbekommen. Daran sieht man halt, dass Vergleiche eben nicht nur hinken, sondern dazu auch irgendwo noch unfair sind ...

Lyrische Dicknischl

Kurzporträts erzgebirgischer Dichter und Dichterinnen aus Annaberg und Umgebung

Carl Friedrich Döhnel

Christian Lehmann

Heinrich Köselitz

Max Schreyer

Emil Müller

Hans Siegert

Bruno Herrmann

Hermann Lötsch

Amalie von Elterlein

Luise Pinc

Gertrud Drechsler

Zur älteren Dichtergeneration ist **Carl Friedrich Döhnel** zu zählen. Auch sein Vater war Kaufmann und Handelsherr, allerdings ein etwas begüterterer als der von Amalie von Elterlein, der Heilig-Ohmd-Lied-Dichterin. Seine Wiege stand im schönen Schneeberg, dort ist er am 12. Juni 1772 zur Welt gekommen. Döhnel studierte Rechtswissenschaft (vermutlich in Leipzig), promovierte zum Dr. jur. Um 1800 finden wir ihn dann im kleinen Ort Wiesenburg bei Zwickau wieder, wo er eine bescheidene Anwaltskanzlei betrieb und als Notar rund um Zwickau tätig war. Er starb in der Robert-Schumann-Stadt am 28. Juli 1853. Obwohl er (als Rechtsanwalt war das wohl notwendig) hochdeutsch schrieb, sind ein paar seiner Gedichte auch in erzgebirgischer Mundart bekannt geworden. Mann muss wissen, dass das Erzgebirgische erst zu Beginn des 19. Jahrhunderts salonfähig wurde und den Weg von der derben Volkssprache auf purer Kommunikationsebene auch in die Volkspoesie und später dann auch in die Heimat-Literatur und ins Liedgut fand. So gesehen kann Carl Friedrich Döhnel zu den Mitbegründern der erzgebirgischen Mundartdichtung gerechnet werden. Am bekanntesten ist wahrscheinlich sein achtstrophiges Gedicht „'s gebirgische Maadl", das er 1819 – vermutlich als Widmung an seine Frau, die aus armen Verhältnissen stammte – geschrieben hat (erstmals 1839 als mündliche Überlieferung, ohne Autor, im „Sächsischen Bergrreyhen" in Grimma gedruckt) und von dem hier die ersten drei Strophen als Kostprobe wiedergegeben werden sollen:

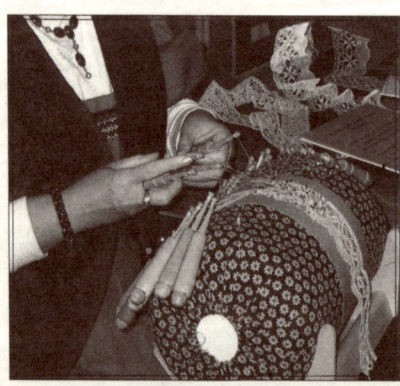

's gebirgische Maadl

Ich bi e gebirgisches Maadl,
bi munner, net falsch un aah gut,
dreh flessig ben Klippeln mei Faadl,
su arm ich bi, ho ich doch Mut'

Ho Ardäppln när of men Tischl,
Kaa Schminkele Butter derbei,
doch bi ich gesund wie e Fischel
un breng aah kenn Doktor niischt ei.

'n Sunntig, do därf ich mich putzen,
do här ich de Predigt erscht a,
nooch gieh ich zun Schwasterle hutzen,
wie gucken mer alle uns a! (...)

Natürlich können wir mit einem noch älteren Poeten aus unserer Gegend aufwarten, obwohl er weniger Gedichte verfasst hat als vielmehr als Chronist und kenntnisreicher Volkskundler des Erzgebirges in die „Erzgebirgs Annalen" – wie auch eine Schrift von ihm heißt – eingegangen ist. **Christian Lehmann** wurde am 11. November 1611 in Königswalde, ganz nahe bei Annaberg, in eine Pfarrersfamilie – in der es schon acht Kinder gab – hineingeboren. Auch er wurde Pfarrer. Aber davor besuchte er noch die Fürstenschule „Sankt Afra" in Meißen (1622–1625), taucht im Kirchenchor in Halle auf, ist als Schüler 1628 in der Stadtschule in Guben registriert, 1631 findet sich eine Eintragung im Schulregister von Stettin und ab 1633 hat er die Stelle eines Diakons in Elterlein inne. Ab 1638 ist er dann Pfarrer in Scheibenberg, eine Position, die er bis zu seinem Tode am 11. Dezember 1688 begleitet. Die Scheibenberger Zeit ist auch im Hinblick auf seine volkskundlichen Forschungen sowie seiner landeschronologischen Arbeiten die produktivste. In Scheibenberg ist auch sein wohl wichtigstes Werk entstanden, der „Historische Schauplatz des Obererzgebirges", der allerdings erst nach seinem Tode, 1699 in Leipzig erschienen ist. Viel ist von seinem sonstigen Werk nicht erhalten. Man vermutet mehr als 100 Briefe, in denen er Erzählungen in erzgebirgischer Mundart untergebracht hat. Aber sie sind bis heute nirgendwo aufgetaucht. Erhalten blieb ein Schriftstück, das offenbar Teil eines Theaterstückes gewesen ist und das Prof. Helm aus Marburg 1916 in der Hessischen Landesbibliothek unter den Briefen (die es bis dahin offensichtlich noch gab) fand. Es handelt sich dabei um ein Gespräch in (alt)obererzgebirgischer Mundart zwischen Leuten vom Dorf, vielleicht sogar welchen aus Königswalde. Von Christian Lehmann wurde diese derbe Bauernsprache seiner Heimat als leicht latinisiertes „Dubenroismi" bezeichnet, was Dr. Sieber zu der Annahme verleitet, dass es sich dabei um „Ich bin von droben ro (runter)", also um das Pentand zu „Ich komme vom Gebirge her..." handeln könnte. Manfred Blechschmidt hat es dann auf „Von drubn ro" verkürzt, während sich K. Rösel in den „Sächsischen Heimatblättern", Dresden 1961, für „Dubenroisches Gelatsch" entscheidet, wenn er über dieses wichtige erzgebirgische Sprachfragment schreibt.

Es soll hier nur ein Satz dieser für heutige Lesegewohnheiten komplizierten Lehmannschen Transkription wiedergegeben werden, den der „Berg-Toffel" zum „Puusch Görg" sagt:

> *„Je, dass dich dä Rooben, host denn äben derrothen! Wenn e armer Schwiz ä Tholer drezze hot nein gebaut, un de starken Gewärcken springe o, sä muß wohl ennlich in de Est spalten. Unner Schichtmäster is ä erberer Zeßig. Er iß när noch äppere ä paar böhmesche Gulden schüllig, ober är hudelt mich off dä thauer..."*

Handelt es sich bei den oben genannten Schreiberlingen um mehr oder weniger bekannte Namen, so sollen jetzt ein paar folgen, die weniger oder aber in anderen Zusammenhängen bekannt sind. Da wäre zuerst **Heinrich Köselitz** zu nennen, der am 10. Januar 1854 in Annaberg (natürlich im bekannten Haus am späteren Köselitz-Platz beim Schutzteich) geboren wurde und dem sein künstlerischer und ideologischer „Ziehvater" Friedrich Nietzsche den Namen Peter Gast verpasste. Unter diesem Namen hat er nicht nur Vorworte zu den Werken des großen deutschen Philosophen verfasst, sondern auch Gedichte in Hochdeutsch geschrieben, die z.T. von Nietzsche vertont wurden. Unter seinen längst vergessenen Werken befand sich auch eine Oper namens „Der Löwe von Venedig", die er selbst komponiert hatte und die letztmalig 1936 im Chemnitzer Opernhaus zur Aufführung kam. Weniger bekannt sein dürfte, dass „Nietzsches liebster Gast" (wie ich ein Porträt über den weltläufigen Annaberger auf Seite 43 betitelt habe), allerdings dann unter dem Namen Köselitz, der Herausgeber der „Gedichte und Geschichten in erzgebirgischer Mundart" war und selbst so genannte Schnurren schrieb. Ab dem Jahre 1900 erschienen ein paar Bändchen mit seinen kleinen, frechen und lustigen erzgebirgischen Texten. Nach einem unruhigen Leben zwischen Italien, der Schweiz und Deutschland starb er am 15. August 1918 in seinem immer wieder gern besuchten Annaberg. Die Beschäftigung mit diesem ungewöhnlichen Erzgebirgs-Menschen lohnt sich, wie eine Kostprobe seiner Schnurre „Dr Baasenbinder" (1895) bekräftigen soll:

Dr Baasenbinder

Wenn uneraans of en Barg stieht: über sich ne Himmel, unner sich de ganze Harrlichkaat – Städt, Flüss un Waller un klennere Barg - , do ka mer sich mannichsmol net losen ver Lust, mer muß de Händ ausbraaten un schreie oder e paar Wörter reden oder gar enn Porzelbaam schlogn! Annere tunne sich wieder annersch aus in ihrer Freed.

Do derbei fällt mer dr Barmsgrüner Baasen-Traugott ei. – Wie daar ne Baasenhannel afing, ging er mit 'n Baasn of 'n Buckl hausiern; spöter hot er sich es Waagel mit enn Hund genomme. Of de Letzt kunnt 'r sich sugar enn Letterwogn un e Pfaar aschaffen – su tat sei Hannel flacken! „Nu wird oder gelei bis of Leipzig gefahrn!" sat er do bei sich un machet aah richtig mit enn ganzen Fuder Baasen über Schwarzenbarg, Grühaa, Zwänz, Stollbarg nei nooch Penig un Borne bis Liebertwolkwitz. Wie er nu dorten de Ahöh nausgelästert kam un in dr Probsthaider Gegnd of aamol dos ugeheire Schlachtfald sohch, wu schu dr Napolion hatt Leipzig unten liegn saah, do wur'sch ne ganz grußartig üms Herz rüm. Er hielt a, knallet mit dr Peitsch, doß de ganze Schmitz in Franzen ging, un schrier, wos zun Maul raus kunnt: „Na Leipzig! – Wenn – de – Gald – hast: Baasen – sei – do!"

Nahezu weltweit bekannt ist sein Lied, aber vom Autor und gleichzeitigen Komponisten kennen nur Eingeweihte den Namen. Oder wer weiß schon, dass „Dr Vugelbeerbaam" von **Max Schreyer** stammt (übrigens: „Dr" heißt im Erzgebirgischen „Der" und ist nicht die Abkürzung von Doktor, – aber vielleicht gibt es ja einen Dr. Vogelbeerbaum). Von Schreyer also, jenem späteren Oberforstrat, der am 7. September 1845 in Johanngeorgenstadt geboren wurde, die Realschule in Annaberg und Chemnitz besuchte, bevor er an die Forstakademie nach Tharandt ging und von da an Förster und Forstmeister an verschiedenen Stellen des Erzgebirgswaldes war. Zuletzt lebte und arbeitete er viele Jahre in Großpöhla bei Schwarzenberg, bis er am 27. Juli 1922 in Pulsnitz starb. Schreyer war in seinem volkskünstlerischen Schaffen recht produktiv. Aber von all seinen Gedichten, Liedern, Erzählungen und einem Schwank in erzgebirgischer Mundart sowie einem Schauspiel in Hochdeutsch ist nur das Lied vom Vogelbeerbaum (sein langes Lied von „De Schwamme" kennt kaum noch jemand) bekannt geblieben. Allerdings musste er regelrechte Kämpfe ausstehen, weil man ihm die Urheberschaft am Text streitig machen wollte. Der Heimatforscher F.H. Löscher kümmert sich aber um diese Anschuldigungen, die unter anderem lauteten, dass es diese Melodie und auch diesen Text schon viel früher gegeben haben sollte, während Schreyer das Gegenteil beteuerte und betonte, dass sowohl Text als auch Melodie von ihm stammen. Erst nach seinem Tod konnten alle Zweifel über die Autorenschaft Max Schreyers am „Vugelbeerbaam" zerstreut werden. Heute kennt man das Lied weit über die Grenzen Deutschlands hinaus. Mitunter wird immer noch behauptet, dass es aus dem Rheinland komme, oder aus der Pfalz, oder aus… – nein, es kommt aus den Wäldern des Erzgebirges, wo unser Max Schreyer von einer prächtigen Eberesche zum Schreiben seines einmaligen „Vugelbeerbaam" (1887) angeregt wurde. Und wer heute an Schreyers Grab auf dem Friedhof von Pulsnitz kommt, der kann sehen, wie sein „Letzter Wunsch", den er im Lied (vierte Strophe) ausgedrückt hat, von Getreuen aus seiner Heimat tatsächlich erfüllt wurde:

Un wenn iech gestorbn bi
– iech waar'sch net derlaabn –
do pflanzt of menn Grob fei
enn Vugelbeerbaam"

Man muss nicht drumrum reden, aber einige Autoren, die heutzutage vergessen sind, haben es auch so verdient. Die Grenzziehungen zwischen Kitsch und Kunst sind bei der Volksdichtung mitunter sehr kompliziert. Zumal noch immer nicht hinreichend geklärt ist, wo für den einzelnen – und um eine individuelle Betrachtungsweise kann es sich zunächst nur handeln – der Kitsch aufhört und die Kunst beginnt; oder umgekehrt. Viele eigene Erfahrungen, emotional Erlebtes oder auch durch die Zeit Verklärtes sowie die sozialen Umstände, die Herkunft und der Bildungsstand fließen in die Beurteilung solcher ästhetischer Kategorien mit ein und prägen die Maßstäbe sowie das Beurteilungsvermögen des Individuums.

Der am 27. Mai 1863 in Annaberg geborene **Emil Müller** (gestorben 20. November 1940) ist dabei nicht der einzige „Grenzfall". Seine Gedichte sind durchaus dem Leben abgelauscht und mit sprachlichem Talent in Verse gebracht, die uns noch heute angenehm berühren. So etwa, wenn er „De klenn Gassln" (1940) in einer nahezu hexametrischen Form bedichtet und eine Idylle von Abgeschiedenheit und Ruhe beschreibt, die sowohl romantisierend-kitschig gewertet werden kann, aber genau so als eine realistisch-colorierte Momentaufnahme anschaubar ist, wie sie nahezu jedem von uns in unseren kleinen Heimatstädten begegnet ist, oder wonach sich unser vom Lärm der Großstadt strapaziertes Gemüt von Zeit zu Zeit sehnt – und das nicht nur zur Weihnachtszeit. Dieses Gedicht war übrigens Emil Müller letztes Werk bevor er starb, und das er angesichts des großen Dresden seiner kleinen Heimatstadt Annaberg widmete. Müller kam aus einer Posamentenmacher-Familie und konnte in Annaberg sowohl die Schule als auch das dortige Lehrerseminar besuchen. Er war dann ein Leben lang Lehrer und später Oberlehrer in Annaberg, Ehrenfriedersdorf, Schönefeld, Leipzig und Dresden. Oder schauen wir uns sein bereits 1909 geschriebenes „Wiegnliedl" an, das mit seinen vier Strophen an die deutsche romantische Wiegenliteratur in gekonnter Weise anschließt und sie sogar in der Mundartdichtung des Erzgebirges fortsetzt und damit aufhebt. Außerdem gehört Müllers Wiegenlied zu den wenigen innerhalb dieser Literaturgattung, die das Kind geschlechtsneutral ansingen und darüber hinaus das Lied, oder Gedicht, auch noch von beiden Geschlechtern gesungen bzw. gesprochen werden kann (obwohl ihm in einer Fassung ein „Hansele" untergeschoben wurde, steht im Original „Mei Kindele").

Schließlich sind die meisten Wiegenlieder so gedichtet, dass sie nur von der Mutter dem Kind ins Ohr gesäuselt werden können. Ich kenne nicht wenige Väter, die ihren Kindern deshalb reine „Mutterlieder" an der Wiege gesungen haben, – falls sie dort überhaupt gesungen haben... Deshalb scheint es mir nützlich – nicht ohne einen Hinweis auch auf den Erzähler und Volksstückeschreiber Emil Müller zu geben – hier sein „Wiegnliedel" aufzuschreiben:

Susuu, susuu –

Mei Kind deck de Baanele schie zu!
Sist möchte aans ne eiskalten Schneema reiführn,
daar tut alle nacketen Füsseln derfriern.
Mei Kindele oder – susuu - - ,
dos deckt sich de Strampeln schie zu.

Susuu, susuu –
Mei Kind, mach de Guckeln hübsch zu!
Dr Rupperich lauscht fei, un wan 'r derwischt,
dan markt er sich nochert un brengt 'n dann nischt.
Mei Kindele oder – susuu - - ,
doa macht seine Guckaagn hübsch zu.

Susuu, susuu –
Kinnel, dos hält itze Ruh!
Un wenn dann heit obnd fei es Graamannele kimmt,
dos alle de uartign Kinner mietnimmt,
Mei Kindele kriegt es net – susuu - - ,
dos hält itze schie Ruh.

Susuu, susuu –
Mei Kinnel, mei guts, schlof zu!
Un tram vu Rosining un Zuckerzeig viel,
Vu Hundeln un Schaafeln un allerhand Spiel.
Mei Kindele schlöft – susuu - - ,
un iech ho derweile ze tu.

Auch einer, dem das schöpferische Klima auf dem Annaberger Lehrerseminar gar nicht schlecht bekommen sein dürfte, ist der am 17. Januar 1868 in Hammerunterwiesenthal geborene **Hans Siegert**, der bei seinen Großeltern im Forsthaus von Tellerhäuser (bei Oberwiesenthal) aufwuchs und dort, in der waldreichen Umgebung, seine ersten Eindrücke sammelte, die sich später in seinem Werk wiederfinden. Nach Beendigung seines Lehrer-Studiums (1882–1888) in Annaberg bekam er im benachbarten Buchholz eine Anstellung als Hilfslehrer. Um 1891 finden wir ihn dann als Lehrer und später als Schuldirektor in Leipzig wieder, wo er auch am 6. Juni 1941 starb. Siegert ist nicht nur wegen seiner zahlreichen Gedichte, Erzählungen, Theaterstücke (in Mundart und Hochdeutsch) einigermaßen bekannt geworden, sondern insbesondere auch wegen seiner volkskundlichen Arbeiten, in denen er sich auch für die Förderung der erzgebirgischen Mundart einsetzt. Obwohl Hans Siegert bei den Großeltern aufwuchs, kommt doch sein inniges Verhältnis zu seiner alten Mutter wohl am besten in seinem Gedicht „Mei Mutter schlöft" (1925) zum Ausdruck. In der letzten Strophe – nachdem er die „tausend tiefen Falten" in ihrem Gesicht besungen hat – scheint gar so etwas wie eine religiöse Mutterverehrung durchzuschimmern wenn er dichtet: „Mei Mutter schlöft! Dos heilge Bild, dos will ich lang behalten!" Seine Naturverbundenheit sticht in vielen seiner Gedichte hervor, aber insbesondere im „Frühgahr" (1941):

Dr Frühling is kumme,
su hobn se geredt,
ja afange tat er,
ober da war er net

Nu is er gekumme
Weit haar über Nacht,
hot alles verännert,
verzaubert mit Macht.

Ich salber,
ich bi e ganz annerer Ma,
dos hot mer dr Frühling
allaa ageta.

Ich fühl's in dr Nos,
ich fühl's in dr Brust:
Ich ho wieder orndlich
De Schnupp n de Hust.

Dass selbst Bürgermeister im Erzgebirge zu Dichtern berufen sind, soll das nächste Beispiel zeigen. **Bruno Herrmann** heißt der Mann, und er war ab 1900 seines Zeichens Bürgermeister in Lauter, später dann hier auch Kammerrat, was sich wesentlich vom Kamerad unterscheidet, der er aber durchaus gewesen sein soll. Geboren ist er allerdings im schönen Königswalde nahe dem noch schöneren Annaberg am 16. Dezember 1870. Er setzte nach seiner Zeit als Bürgermeister das Handelsgewerbe, das bereits sein Vater betrieb, in Leipzig fort. Bevor er am 1. Dezember 1927 dort starb, legte er aber noch fest, dass er in Lauter begraben sein wolle, was dann auch geschah. Hinterlassen hat uns Bruno Herrmann (bitte immer mit zwei „r") ein Bändchen mit seinen Dichtungen, das ein Jahr nach seinem Tode erschien sowie ein paar Erzählungen in erzgebirgischer Mundart. Erhaltenswert von seinen Gedichten scheint mir nicht nur die ach so wahre Überschrift „Dorten ubn sei mir derham" zu sein, sondern auch die Bestätigung, die sie durch die weiteren Strophen dieses Tschumperle-Liedes erfährt:

Wu sich Sachsen grenzt mit Bähme,
Barg un Waller schockweis stieh,
hunnert Bachle munner rauschen,
Blümle uhne Zohl still blüh,
dorten gibt's e lustigs Laabn,
dorten gibt's e lustigs Laabn,
nirgnst aah is de Walt su schie,
uns zieht's nooch dr Haamit hi. (...)

Die immer mal wieder zu hörende Behauptung, dass Literatur über das Erzgebirge und seine Bewohner nur von denen produziert werden kann, die zeitlebens körperlich ihrer Heimat verbunden bleiben, weil sie nur dann auch sinnlicher erfahrbar sei, widerlegt der Annaberger **Hermann Lötsch** gründlichst. Natürlich hat er während seiner Tätigkeit in Annaberg, Altenberg, Eibenstock und Ölsnitz die unmittelbaren Eindrücke aus seiner Heimat verarbeitet und in Gedichten, Liedern und Erzählungen wiedergegeben. Aber selbst während seines Studiums oder seiner Aufenthalte in Mainz, London, Paris und Grenoble versiegte seine spezifische Art, an die Heimat zu denken, keineswegs. Man kann sicherlich nicht behaupten, dass das Gegenteil eingetreten wäre, wie bei so manchem, der sich aus der Heimat entfernt hat, aber seine literarischen Äußerungen sind in der Fremde niemals ganz versiegt. Schließlich sind es die Kindheitsprägungen, die lebenslänglich nachwirken. Hermann Lötsch ist am 18. August 1880 in Annaberg geboren, hat dort auch die Schule besucht und war nach seinem Studium zunächst Hilfslehrer in Gelenau und Geyer, bevor er in die weite Welt hinauswanderte, um 1943 (Datum nicht bekannt) als Studienrat in Lübeck zu sterben. Von seinen Werken ist vielleicht – neben seinen Mundarterzählungen, die häufig die Schule oder die Schulzeit zum Thema haben – die Ballade von der „Geisterstund of 'n Schrackenbarg" (bei Annaberg) das Interessanteste, die aber wegen ihrer Länge hier nicht wiedergegeben werden kann.

Die weibliche Seite der Erzgebirgs-Poesie

Viele der aufgeführten Heimatdichter haben seitenweise auch Reime auf ihre Weibsn gemacht. Ob es dabei das Großmütterlaa, de eigne Fraa, 's Annerl mit denn Kannerl oder halt nur 's Maadl aus denn Arzgebirg war, alle wurden immer irgendwie liebevoll bedacht. Nur ganz selten schaute das zänkische Weibsbild unter der Ufnbank vor. Wie aber hielt es das schönere Geschlecht mit der poetischen Reflexion ihrer Umwelt, zu der ja auch die Mannsen gehören.

Es ist also an der Zeit, dass wir uns auch mal der weiblichen Seite der Erzgebirgs-Poesie – unseren Heimatdichterinnen zuwenden. Zugegeben – mal abgesehen von **Amalie von Elterlein** – ist die Anzahl und die Popularität dieser Frauen eher gering im Vergleich zu ihren dichtenden und singenden Männer. Sicher hängt das in erster Linie mit der sozialen Stellung der Frau im Erzgebirge zusammen. Kinder, Kochtopf und Kirche waren – und sind noch immer – die bevorzugten und von männlicher Seite wohlgelittenen Refugien der meisten Erzgebirgsfrauen. Da viele dieser Damen mit künstlerischen Ambitionen auch noch aus kleinen Dörfern kommen, wo die Häusler- und die Landwirtschaft zusätzliche Belastungen bedeuten, sind nur sehr wenige anzutreffen, die ihren Blick über den Webstuhl oder Klöppelsack erhoben haben, um die kleine Welt um sich auch lyrisch oder gar mit Prosatexten einzufangen.

„Heit is dr Heilge Obnd, ihr Maad, kummt rei, mer gießn Blei..." – wird nahezu in jeder Erzgebirgsstube zur Weihnachtszeit nicht nur am Heilgobnd gesungen. Manch einer weiß auch noch, dass dieses „Heiligobndlied" von Amalie von Elterlein stammt, oft in der Annahme, diese Frau sei in diesem Ort bei Annaberg geboren worden. Vielmehr ist unsere Johanne Amalie Benkert am 27. Oktober 1784 in Annaberg zur Welt gekommen. Erst im Jahre 1804 heiratet Amalie den Erblehn- und Gerichtsherren Karl Heinrich von Elterlein auf Drebach. Also einen reichen Mann aus jenem Drebach bei Wolkenstein, wo Pfarrer Rebentrost vor fast 200 Jahren Krokusse in die Erde gesteckt haben soll, die sich derart vermehrten, dass heutzutage während der Blütezeit ganze Völkerwanderungen in Richtung

Drebacher-Krokuswiesen zu beobachten sind. Die Gemeinde tut aber auch alles dafür, dass die bunte Pracht im alljährlichen Blühen nicht erlahmt und steckt im Herbst immer mal paar Zwiebeln nach.

Unsere Liedermacherin stammt aus mittelständigen Verhältnissen, der Vater war Kaufmann und betrieb einen kleinen Olitätenhandel. Später zog sie dann in den Ortsteil Pfeilhammer in Pöhla, wo übrigens auch das „Heiligobndlied" um 1830 entstanden sein soll. Noch immer streiten sich Heimatforscher darüber, ob dieses nahezu 150 Strophen umfassende Weihnachtslied tatsächlich eine Dichtung der Amalie von Elterlein sei. Möglicherweise stammen die ersten fünf bis zehn Strophen wirklich von ihr, zumal hier eine geschlossen inhaltliche Thematik sowie eine große Übereinstimmung im Versmaß nachgewiesen werden kann. All die anderen 140 Strophen sind in den Jahren danach von Volkssängern aus allen möglichen Gegenden und aus den unterschiedlichsten Anlässen dem Lied angehängt und teilweise dann auch unserer Amalie aus Annaberg (nicht selten verunstaltet „modernisiert") untergeschoben worden.

Sie starb am 20. November 1865 in Schwarzenberg, übrigens in dem Haus, in dem fast 100 Jahre später eine der berühmtesten Schwarzenbergerinnen fast 20 Jahre wohnte: Elisabeth Rethberg, die „Erzgebirgische Nachtigall" und gefeierte Opernsängerin auf allen großen Bühnen der Welt.

Von der Amalia von Elterlein ist, außer ihrem volksnahen Tschumperle-Lied, keine andere poetische Äußerung bekannt. Für alle, die die heimliche „Hymne des Erzgebirges" (natürlich neben dem „Feierobnd-Lied" von Anton Günther) noch nicht kennen, hier die ersten Strophen in der Originalversion (mit einem kurzen angehängten – letztlich untauglichen – Übersetzungsversuch der beiden ersten Strophen für Nicht-Erzgebirger):

Dr Weihnachtsheiligobnd

Heit is dr Heilge Obnd, ihr Maad,
kummt rei, mer gießn Blei;
Rik, laaf geschwind zer Hanne-Krist,
die muß beizeiten rei.

Ich ho menn Lächter agezündt,
satt nauf ihr Maad, die Pracht!
Do drübn bei eich is 's aah racht fei,
ihr hatt e Sau schlacht.

Der Weihnachtsheiligabend

Heute ist der Heilige Abend, ihr Mädchen,
kommt herein, wir gießen Blei:
Friedericke, lauf schnell zur Hanne-Christel
Sie soll zeitig rüber (herein) kommen.

Ich habe meinen Leuchter angezündet,
schaut hinauf, ihr Mädchen, diese Pracht!
Da drüben bei euch ist es auch recht fein,
ihr habt eine Sau geschlachtet...

Lott, dortn of dr Hühnersteig,
do liegt men Lob sei Blei;
Mad, rafel när net su dort rüm,
sist wird de Krinerts schei.

Denn's Masvolk hot sei Frahd an wos,
sei's aah, an wos när will;
mei Voter hot's an Vugelstelln,
dr Kar daar hot 's an Spiel.

Satt a, ihr Maad, dos rare Licht
Fer zweeazwanzig Pfeng,
ich muß meins in e Tippel stelln,
mei Lächter is ze eng.

Iech gieß fei erscht, wan krieg ich do?
Satt a, enn Zwackenschmied.
De Karli lacht, die denkt wuhl gar,
ich maan ihrn Richter-Fried?

Kar, zünd e Weihraachkarzel a,
doß's nooch Weihnachten riecht,
un stell's hi of dan Scherbel dort,
daar unterm Ufn liegt.

Mer haben aah sachzen Butterstolln,
su lang wie de Ufenbank;
heit wird emal gefrassen waar,
mir waarn noch alle krank.

Eine Dichterin, die vielleicht auch wegen ihres etwas fremd klingenden, aber dadurch leichter zu merkenden Namens bekannt geblieben ist, kommt aus dem Dorf Satzung, oben an der Grenze zu Böhmen und heißt **Luise Pinc**. Im Jahre 1501 wird Satzung erstmals urkundlich erwähnt. Der Name des Ortes ist vermutlich auf das Wort „Saatzung" – wie Niederlassung, Ansiedlung – zurückzuführen. Er gehörte zum kurfürstlichen Amt Wolkenstein. In den Jahren 1536/1537 kommt Satzung zur Pfarrei Arnsfeld und 1693 wird die Pfarre selbstständig, und mit Steinbach – dem heutigen wundervollen Weihnachtsdorf – bekommt der Ort noch eine Filialkirche dazu. 1764, während des Siebenjährigen Krieges, marschiert das österreichische Regiment Luzani durch den Ort. Und am 26.9.1779 besuchte gar Kaiser Joseph II. Satzung – warum, ist nicht bekannt. Vermutlich befand er sich auf einer Reise nach Böhmen. Zuvor hielt er sich in Kallich (bei Rübenau) und in Reitzenhain (siehe „Reitzenhainer Mannl") auf. Um 1780 versteckt sich dann noch zu allem Unglück der erzgebirgische Rebell Karl Stülpner im „Tischer-Haus", dem späteren Geburtshaus der Heimatdichterin Luise Pinc, die kam nämlich am 15.12.1895 als Luise Seifert hier zur Welt. Sie wurde durch ihre Lieder, Gedichte und Theaterstücke in erzgebirgischer Mundart bekannt. In der Heimatstube von Satzung ist ihre original erhaltene Erzgebirgsstube zu besichtigen sowie eine Sammlung von über 1000 Puppen und Teddy's. Betreut wird die sehenswerte Ausstellung von Fam. Weißer, Ziegengasse 21, 09496 Marienberg OT Satzung. Unter der Telefonnummer 03 73 64 / 85 47 kann man sich vorher anmelden, da das Interesse an der „Tischer Maad", wie die Princ seit ihrer Schulzeit genannt wurde, doch nicht so groß ist, als dass man ständige Öffnungszeiten einrichten müsste. Dabei sind ihre Verse durchaus in einer angenehmen Sprache und klaren Versform verfasst, die sich in nichts von denen ihrer männlichen Dichterkollegen aus dieser Zeit unterscheiden. Ihr Mann, der Pinc Anton, der im Ort Schumacher war, gehörte oft zum ersten Publikum, dem sie ihre Gedichte – meist mit ihren beiden Töchtern (dann auch zu öffentlichen Veranstaltungen) – vortrug und ihre Lieder vorsang. Ihre Anlehnung an das NS-Regime hat man ihr eine Zeit lang übel genommen. Das „Obndlied" aus dem Jahre 1956 soll hier einen kleinen Einblick in das Schaffen von Luise Princ ermöglichen:

Dr Wald is schlofen gange –
zensrüm is friedliche Ruh,
un meine gruße Sehnsucht
deckt aah de Nacht mit zu.

Vun Dorf haar Glockenlaiten.
de Starn ziehe auf zur Nacht,
un übern Barg haar lechten
viel Lichter aus 'n Schacht.

Es rüsten sich de Bargleit
derham zer nachtlichn Schicht.
Glück auf! Glück auf! Mög scheine
racht hell ihr Grubenlicht.

Un hinnern Baam dr Monden,
daar guckt zun Fanster rei –
ganz ruhig ward 's in Haisel,
mei Kindel schlöft aah ei.

Ein Jahr später, am 16. März 1896, kam in Bärenwalde die Tochter des Werkmeisters Göschel, **Gertrud Drechsler** (ihr Mann war Willy Drechsler, Heirat 1921) auf die Welt. Sie besuchte die Volksschule, lernte den Beruf einer Stickerin und war später als Haushaltsgehilfin in Chemnitz tätig. 1952 zog sie dann wieder in ihre alte Heimat zurück. Neben einem Kinderbuch (1948) in Hochdeutsch schrieb sie Erzählungen, Gedichte und Lieder hauptsächlich in Mundart (Gedichtband erschien 1933). Offenbar unter dem Eindruck der Kriegserlebnisse in Chemnitz und der neuen Hoffnung, die sich auch im Erzgebirge mit der DDR-Gründung bei so manchem Optimisten einstellte, verfasste Gertrud Drechsler 1950 ihre Verse „Guter Rot" (Guter Rat) und erinnert damit etwas unfreiwillig an die agitatorischen Ratschläge eines Arthur Schramm, die er als mehrfach gewendeter Patriot seinen Landsleuten in dieser Zeit zurief:

Zieh dich net zerück!
Kumm, versuch dei Glück!
Schalt dich aah mit ei,
bist willkumme fei!

Mach e fruh Gesicht
un erfüll dei Pflicht!
Reich wird su e Laabn,
kannst mer'sch wirklich glaabn.

Tu's när mol probiern!
Un ball würscht de's spürn,
vurwärts gieht's mit Macht,
wie de's net gedacht.

Dicknischl anonymicus

Oh, Arzgebirg! – Schramm oder nicht Schramm?

Hier ein paar Zeilen eines erzgebirgischen Anonymus, auch eine Art Dicknischl, der sich etwa gegen Ende der 70er Jahre zur damaligen Mangelwirtschaft in der DDR äußerte. Ich hatte diese Verse auch Arthur Schramm unter die Nase gehalten, um zu erfahren, ob sie vielleicht von ihm stammen. Er bestritt dies heftigst mit dem Hinweis darauf, dass er „seinen Staat in dieser Weise nicht zu diffamieren gedenke". Bei der „Bürgschaft" von Schiller kamen ihm allerdings dann schon leichte Zweifel, ob nicht doch die eine oder andere Strophe seiner Feder entfleucht sein könnte ...

Oh, Arzgebirg!

Oh, Arzgebirg, wie bist du schie,
ner deine Stroßn, die sei hie.
Von de Fichtn falln de Dangeln,
in de Bachel nischt ze angeln.

Do kriegst kann Maurer, kriegst kann Kimml,
aber e Kosmonaut, der war im Himml.
Dann ganzen Tog is e Gezeder,
wer kanne Westmark hat, der ka net feder.

Es gibt kenne Bodwann, kenne Fließen,
kenn Parika, kenn edelsüßen.
Zum Schreibn do gibt 's kee Blaupapier,
aber in dann Kosmos fliegn mir.

Es gibt kane Bretter für de Laubn,
für denn Trabi kenne Schraubn.
Abortpapier is schlacht ze kriegn,
aber ins Weltall ka mer fliegn.

Es gibt kann Teer für unere Stroßn,
weils Fleisch knapp wird, do zicht mer Hosn.
In dr Schul müssen se Lumpen sammeln,
dass mer kenne in dann Kosmos rammln.

Dos is nu alles vu dar Geschicht,
nu halt dei Maul un jammer nicht.
Uns is wetter nischt gebliem,
als dar gestank vu Behme driem.

Und hier noch ein paar Reime von anderen anonymen Erzgebirg(l)ern, die man immer wieder Arthur Schramm in den Mund gelegt hat, die aber nachweislich nicht von ihm stammen. An manchen Tagen und nach ein paar Schnäpsen war er allerdings davon überzeugt, dass kein anderes lebendes oder verblichenes Genie auf derartige poetische Ergüsse kommen konnte als seine Wenigkeit (wie er sich auszudrücken pflegte). Zur Erheiterung seiner „Gastgeber" hat er dann die Verse lautstark interpretiert (mal hochdeutsch, mal in Mundart), so dass wir sie manchmal auch heute noch fälschlicherweise da und dort als seine Geistesblitze vernehmen können. So soll also der anonymen Spezies mit ihren Sprüchen am Ende unserer Dicknischl-Parade etwas Platz eingeräumt werden, um uns schunzelnd zu verabschieden:

Hoch hinaus
Der Fichtelberg ist hoch und steil,
Schie heil!
Der Keilberg ist höher und steiler,
Schie heiler!!

Hitze
Im Wald da liegt ein Ofenrohr,
man stelle sich die Hitze vor.

Frühling
Im Frühling fällt vom Dach der Matsch.
Klatsch!

Herbst
De Blatter falln, de Bank sei leer
un Vugln sieht mer ah kaane mehr.

Wald
Hiem e Baam un driem e Baam,
in dr Mitt e Zwischenraam.
Un am Rand e Bach.
Ach!

Leuchten im Wald
Was leuchtet aus dem Wald heraus?
Es ist das Bergarbeiterkrankenhaus.

Grubenunglück
Rumpeldipumpel,
weg war der Kumpel.

Sonne
Die Sonne scheint ins Kellerloch,
ach, laß sie doch, ach, laß sie doch!

Überraschung
Im Sägewerk, da sägt man Bretter.
Donnerwetter! Donnerwetter!

SED
Schaut nur wie die Sonne lacht,
das hat die SED gemacht.

Sozialismus
Der Kumpel aus dem Stollen kriecht,
Glück auf!, der Sozialismus siegt.
(In Mundart wird aus siegt dann siecht)

Arzgebirg
Griene Kließ un Schwammebrie,
oh, Arzgebirg wie bist du schie!

Selbstbewusstsein
Goethe, Schiller, Lessing, Schramm,
sei de Besten, die mer hamm!

Prof. Gotthard B. Schicker ...

... wurde 1946 in Annaberg, Große Kartengasse 8, als Josef Bruno Gotthard Kajetan geboren; wuchs in der Ernst-Thälmann-Straße 21 (heute Buchholzer Straße, Pension Clärchen) und im Haus Hut-Schmidt (Mittelgasse 2) auf; ging in die Pestalozzi-Schule, lernte Konditor im Café Stoltze, hatte kreis-, bezirks- und republikweite Erfolge in der Bewegung „Junge Talente", sang am Annaberger Theater, in der „Pilsner Bierstube" (heute Beerdigungsinstitut), im Städtischen Chor Annaberg, leitete kurzzeitig den Männerchor „Tannhäuser" im Böhmischen Tor und den Wismut-Chor in Gera, studierte Operngesang, kam zum Leipziger Armee-Ensemble, wurde als Sänger am Theater in Gera und am Berliner Metropol-Theater engagiert, studierte Kultur- und Theaterwissenschaften an der Berliner Humboldt-Universität, baute das Schauspielhaus am Berliner Gendarmenmarkt auf der Grundlage seiner Diplomarbeit mit zum Konzerthaus Berlin um, war nach der Wende Stadtbezirksrat für Kultur und später noch fünf Jahre Kulturamtsleiter in Berlin. Er heiratete vor vielen Jahren die Annabergerin und Dipl.-Philosophin Eveline Figura, sie haben eine große Tochter Laura und einen noch größeren Sohn Marco zusammen in die Welt gesetzt. Seit 1994 lebt der heimatverbundene Erzgebirger mit der Familie in Budapest (Sohn in Wien), ist dort Herausgeber und Chefredakteur der traditionsreichen (gegr. 1854) deutschsprachigen Zeitung Ungarns PESTER LLOYD www.pesterlloyd.net und schreibt in seiner erzgebirgischen Hutznstub an der Donau jedes Jahr zu Weihnachten für seine Zeitung eine ganze Seite über das Erzgebirge. Aus seiner Feder stammen u. a. das 1. Kochbuch des Erzgebirges „Gutguschn", die erste sagenhafte erzgebirgische Hausapotheke „De Kreiterfraa" sowie das „Annaberger Theater ABC" – alle illustriert von Eveline Schicker-Figura. Darüber hinaus hat er zahlreiche Beiträge über Persönlichkeiten, Begebenheiten und Absonderlichkeiten aus seiner Heimat geschrieben. Einige davon findet man auf seiner Homepage www.erzgebirgs-treff.de bzw. in seinem neuesten Buch „Dicknischl – Erzgebirgsleute von damals und heute". Er ist Mitbegründer des Deutschen Theaters Budapest und Gründungsmitglied des Deutschsprachigen Lion-Clubs „Thomas Mann" Budapest sowie langjähriger Präsident bzw. Vorsitzender des Kuratoriums der Internationalen Medienhilfe (IMH/Köln). Im Jahre 2004 verlieh die Budapester Corvinus Wirtschaftsuniversität dem „Erzgebirger an der Donau" eine Titular-Professur für Kommunikations- und Medienwissenschaften. Seitdem bereite er sich auf die Rückkehr in seine Erzgebirgs-Heimat vor ...

Bildnachweis

Seite 14, 15, 29, 31, 40, 41, 42, 48, 49, 53, 55, 59, 67, 69, 70, 71, 79, 92, 99, 100, 109, 115, 118, 123, 127, 128, 131, 138, 139, 142, 145, 146, 151, 152, 162, 163, 167, 169, 172, 173, 176, 180, 181, 188 – Archiv des Autors

Seite

11:	Archiv Spielzeugmuseum Seiffen
12, 27:	Klaus-Dieter Dittel, Mittweida
13:	Ingo Beer, Schwarzenberg
18:	Margot Figura, Annaberg
20, 21, 23:	Hans Hesse, Ein Maler der Spätgotik in Sachsen
	VEB Verlag der Kunst Dresden, 1983
35, 36, 37:	Der Fürstenzug zu Dresden
	Dresden Information, 1981
66:	Dieter Knoblauch, Annaberg
76:	Kai Kullek, Zschopau
90:	Carlos Randow, Olbernhau
113, 116:	Archiv Druck- und Verlagsgesellschaft Marienberg mbH
129, 210:	Eveline Figura
136:	Manfred Pollmer, Geyer
157, 159:	Edith Seifert, Mühlbach
179:	Ruther u. Einenkel, Annaberg
186, 189:	Conni Lang
192, 193:	Stefan Gerlach, Zwönitz
196:	Archiv Druck- und Verlagsgesellschaft Marienberg mbH
199, 202, 208:	Claudia Mehner, Pockau
201:	Michael Süße, pixelio.de
202:	Kai Kullek, Zschopau
206:	Eva Pilz, pixelio.de
207:	Fabio Sommaruga, pixelio.de

Literaturverzeichnis

Wuttke, Robert: „Sächsische Volkskunde", G. Schönfelds Verlagsbuchhandlung, Dresden 1900.

Roch, Willy: „Adam Ries – Ein Lebensbild eines großen Rechenmeisters",
Verlag Klaus Edgar Herfurth, Frankfurt/M. 1959.

Wußing, Hans: „Adam Ries", B.G. Teubner Verlagsgesellschaft, Leipzig 1989.

Sandner, Ingo: „Hans Hesse – Ein Maler der Spätgotik in Sachsen", Verlag der Kunst Dresden, 1983.

Entner, Heinz: „Paul Fleming – Ein deutscher Dichter im Dreißigjährigen Krieg", Verlag Reclam, 1989.

Meltzer, Christian: „Historische Beschreibung des St. Catharinenberges im Buchholz",
Annaberg o. J., Reprintausgabe 1929.

Spreckel von, Harms: „Beitrage zur Geschichte der Annaberger Löwenapotheke", Annaberg
(Erzgebirge), Druck der M. Muschterschen Buchdruckerei, 1930.

Jenesius, Paul: „Chronicon Annabergense", Annaberg 1606, Reprintausgabe Verlag von Elterlein,
Stuttgart 1992.

„Die freie Bergstadt St. Annaberg", Landesverein Sächsischer Heimatschutz Dresden, 1933.

Weiße, Christian Felix: „Komische Opern" Carlsruhe bey Christian Gottlieb Schmieder, 1778.

Lehmann, Christian: „Historischer Schauplatz derer natürlichen Merckwürdigkeiten in dem
Meißnischen Ober-Ertzgebürge", Leipzig 1699, Reprintausgabe Stuttgart 1988.

Lehmann, Christian: „Erzgebirgsannalen des 17. Jahrhunderts", Union Verlag Berlin, 1986.

Nietzsche, Friedrich: Briefe an Peter Gast (Heinrich Köselitz), Insel Verlag, Leipzig 1908.

Gast, Peter (Köselitz, Heinrich): Briefe an Friedrich Nietzsche, 2 Bände,
Verlag Deutsche Nietzsche-Gesellschaft, München 1923/24.

Simchowitz, Sascha: „Der kranke Nietzsche", Frankfurter Zeitung, 7. August 1900.

Heinrich Köselitz: „Verwerrtes Volk", Humoresken, Grasersche Buchhandlung Annaberg 1900.

Winterstein von, Eduard: „Mein Leben und meine Zeit – Ein halbes Jahrhundert deutscher
Theatergeschichte", Verlag Arnold, Berlin 1947.

Henschel, Horst/Fridrich, Ehrhard: „Elisabeth Rethberg – Leben und Künstlertum",
Städtischer Geschichtsverein Schwarzenberg/Sa. 1928.

Roth, Joseph: Werke in drei Bänden. Hrsg. von Hermann Kesten, Köln/Berlin 1956.

Weber, Martha: „Aus dem Lebensbuch – Gedichte und Briefzeilen",
Verlag Erzgebirgs Rundschau Annaberg 1992.

Mitgliederverzeichnis der Freimaurer Johannis-Loge „Zum treuen Bruderherzen im Orient Annaberg", Löseke-Verlag Ehrenfriedersdorf 1871.

Uhlig, Hermann: „Schicklichkeits- und Ritterspiegel – Freimaurer-Winke für die erwachsene
Jugend der Stadt Annaberg", Verlag Max Helmer, Schwarzenberg 1919.

Archivalien zu Arthur Schramm (im Besitz des Autors sowie bei Frank Belger, Annaberg und Dietmar Lang, Frohnau) einschließlich Briefwechsel mit Zeitzeugen.

Briefwechsel Hugo Vogel mit dem Autor.

Archiv der Sängerin Lotte Buschan (im Besitz des Autors, übergeben von Wolfgang Arnold, Geyer, 4.9.1992).

Martin Schuffenhauer: „Der Reitzenhainer Mann vom Gott auserwählt", Aachen, Selbstverlag 1991.

Briefwechsel Martin Schuffenhauer (Sohn von Eugen Georg Schuffenhauer) mit dem Autor.

Kleemann, Samuel: „Die Lorenzianer", Dresden 1927.

„Licht ins Dunkel – Ein Echo auf die Broschüre ‚Die Lorenzianer' von Samuel Kleemann", Herausgeber: Selbstverlag des Vorstandes der Gemeinschaft in Christo Jesu e. V., Sitz Lengefeld i.E. am 20. März 1927.

„Wegbereiter der Vollendung – Das Botenbuch der Gemeinschaft in Christo Jesu", ohne Ortsangabe 1954.

Erlebnisberichte ehemaliger Mitglieder der Gemeinschaft in Christo Jesu im Archiv des Autors

„Katechismus der Katholischen Kirche", Oldenbourg, 1993.

Reim, Joachim: „Buchholzer Geschichte und Geschichten".

Heilfurth, Gerhard: „Anton Günther" Gesamtausgabe Glückauf-Verlag Schwarzenberg/E. 1937.

Walther, Friedmar: „Bild dir nischt ei! – Studie zu Glauben und Gottesfurcht Anton Günthers", Verlag Mike Rockstroh, Aue 2001.

Baechler, Jean: „Tod durch eigene Hand – Eine wissenschaftliche Untersuchung über den Selbstmord" (Les suicides). Ullstein, Frankfurt/M. 1981.

Baumann, Ursula: „Vom Recht auf den eigenen Tod – Die Geschichte des Suizids vom 18. bis zum 20. Jahrhundert", Böhlau-Verlag, Weimar 2001.

Wolf, Gerhard: „Sprachblätter, Wortwechsel", Reclam Verlag, Leipzig 1992.

Seifert, Doris und Hans-Jörg: „Ruther und Einenkel 1880–2005", Jubiläumsschrift.

Vogel, Hugo: „Zur Geschichte der erzgebirgischen Posamentenindustrie", Annaberg, Posamenten-Informationen 1/1978.

Freie Presse, Annaberg, 23./24.12.2006: „‚Zum Neinerlaa' ist kein Geheimtipp mehr" (Dirk Trautmann).

Dietmar Lang: „Schnitzen" Praktische Anleitung für Schnitzer und Holzbildhauer, Fachbuchverlag Leipzig, 1984.

Karl May: „Mein Leben und Streben", LKG mbH, Leipzig 1992.

Karl May: „Das Buschgespenst", Karl-May-Verlag, Radebeul bei Dresden, 1935.

Danksagung

Dank allen, die zum Gelingen dieses Buches durch An- und Aufregungen, Hin- und Querverweisen sowie der selbstlosen Preisgabe von Erinnerungen beitrugen. Aber auch all denen, die den „Dicknischln" mit ästhetischem Gespür Gestalt verliehen und sie verlegerisch und drucktechnisch feinfühlig betreut haben. Dankeschön auch jenen, die sich nicht davor scheuten, die Texte mitunter mehrfach zu lesen, um dem Fehlerteufel möglichst keine Chancen zu lassen.

Stellvertretend für all die aufgeschlossenen und engagierten „Dicknischl" soll hier insbesondere gedankt werden:
Herrn Manfred Dittrich, dem Geschäftsführer der Druck- und Verlagsgesellschaft Marienberg,
Frau Haike Haueis, der Projektleiterin des Verlages,
Herr Lothar Riedel, der dieses Projekt redaktionell begleitete,
Frau Claudia Mehner, die für Gestaltung und Layout verantwortlich zeichnet und
Frau Eveline Schicker für viele Anregungen, wenig Aufregungen und verständnisvolle Geduld …

Impressum

Verlag und Gesamtherstellung:
Druck- und Verlagsgesellschaft Marienberg mbH
Industriestraße 7, 09496 Marienberg
www.buchschätze.de

Printed in Germany 2008

ISBN 978-3-931770-76-1